논어
감각

논어 감각

윤채근 지음

근엄한 윤리의 액자에서 빼내어 실존과 생존의 감각으로

다반
일상의 책

어떤 삶을 살 것인가? 누구를 믿을 수 있는가? 무엇을 포기해야 하는가? 내가 걷고 있는 이 길은 제대로 된 길이 틀림없는가? 이 모든 질문에 누군가의 도움 없이 홀로 대답해야 하는 우리의 운명은 고달프고 쓸쓸하며 위태롭다. 고전적 의미의 스승을 상실한 시대에, 감당하기 힘든 엄청난 정보량과 극도로 복잡해진 사회관계 속에서, 우리에게 요구되는 능력의 기대치는 높아지고만 있다.

진정한 스승들인 과거의 성현들은 위대한 어록을 통해 불멸의 지혜를 남겨 놓았다. 하지만 그들이 살던 시대와 우리가 사는 시대는 다른 속도로 흐른다. 이 큰 낙차를 극복하려면, 고전의 언어를 현대적으로 번역하고 재해석하는 작업이 필요하다. 문제는 현대인에게 그럴 수 있는 시간적 여유가 주어지지 않는다는 데에 있다. 우리는 신속히 문제를 파악하여 타이밍을 놓치지 않고 해결책을 발견해야만 하는 빠른 사회에 살고 있다.

인류의 대스승 공자가 남긴 《논어》는 어떠한가? 《논어》에 담긴 지혜는 언뜻 진부하고 고지식하며 현실과 동떨어진 것처럼 보이지만, 그 속에는 삶의 다양한 고민들에 해답을 줄 수 있는 통찰들이 가득하다. 《논어》가 절박한 현실 문제와 무관해 보이는 것은 이 고전이 현대인의 감각과 속도에 어울리지 않는 옛 언어로 말하고 있기 때문이다. 일단 《논어》를 근엄한 윤리의 액자에서 빼내어 지금 여기의 속도와 감각에 맞게 재해석한다면, 그 순간 우리는 지금껏 볼 수 없었던 《논어》의 생생한 지혜와 마주하게 될 것이다.

이 책의 제목이 《논어감각》인 것은 공자가 남긴 불후의 지적 유산을 과거의 무게로부터 해방시켜 오늘 이 시대의 현실 감각 속에 되살리겠다는 의미를 담고 있다. 《논어》를 사상이나 윤리의 관점이 아니라 '실존의 감각', '생존의 감각'으로 읽어 냄으로써 우리는 이 파란만장한 세상 속에서 좀 더 현명하게 삶의 리듬을 타는 법을 배우게 될 것이다. 따라서 수천 년 전 공자가 구현했던 인생의 기술을 오늘의 감각으로 다시 읽는다는 것은 스승 공자와 함께 발을 맞추며 인생이라는 춤을 새롭게 추는 일이기도 하다.

이상의 이유로 《논어감각》은 지금까지 나온 《논어》 소개서들과는 다른 모양을 띠게 되었다. 우선 원문 인용을 본문 중간에 배치했다. 원문 인용의 앞부분은 일종의 프롤로그로서 전체 내용을 예고하는 동시에 원문에 대한 새로운 현대적 해석을 암시한다. 이어서 《논어》의 인용부가 오고 이를 구체적으로 해설하고 의미를 부여하는 뒷부분이 온다. 이러한 삼단 구성을 통해 《논어》를 '지금 여기'의 긴박한 세계로 소환해 내고자 했다.

본문을 전개하면서는 자유간접화법을 자유롭게 구사하기도 했다. 관찰자 시점으로 일화나 개념을 서술하다가도, 필요하면 공자의 시점으로 자유롭게 옮겨 들어가 그의 목소리로 말하기를 서슴지 않았다. 물론 제자들의 입장으로도 시선을 옮겨 오래전에 벌어졌던 스승과 제자 사이의 대화를 생생하게 극화하고자 했다. 말하자면 이 책은 때때로 경전 드라마나 논어 심리극의 모습을 띠기도 한다.

또한 《논어감각》은 개별 주제를 다루는 5개의 장들로 나뉘어 있긴 하지만, 그 안에는 일련의 연속적인 서사가 복선으로 숨겨져 있다. 스승 공자와 제자인 자공, 자로, 안회. 이 네 사람 사이에 벌어지는 인간적 갈등과 사연이 이리저리 변주되면서 이 책 전체를 관류(貫流)하고 있는 것이다. 그런 견지에서 이 책을 다시 뜯어읽으면 네 명이 주인공으로 등장하는 한 편의 소설이 될 수도 있다. 이 책 곳곳에 숨어 있는 이 복선들이 독자들의 유쾌한 탐사를 기다리고 있다.

이 책은 2008년에 이미 출간된 원고를 다시 다듬고, 거기에 20개의 절을 추가해 만든 개정증보판이다. 옛 원고가 지닌 문체의 느낌을 그대로 유지하고자 노력했지만, 그동안 흐른 세월의 무게만큼이나 필자의 생각도 많이 달라져 적지 않은 변화가 생겨났다. 이 책의 초기 원고가 쓰인 건 필자가 불혹의 나이를 통과하던 시점이었다. 미움도 사랑도 들끓던 시절이었고, 때문에 세상과 모나게 부딪치는 것도 두려워하지 않았다. 그래서 지금의 필자라면 부끄러워 감추고 싶었을 감정의 모서리들이 들쭉날쭉 튀어나와 있었다. 그런 뾰족한 부분들을 조금 부드럽게 다듬었다. 나머지 추가된 원고들은 기나긴 세월의 때를 묻히며 서랍 안에 잠들어 있다가 이제야 세상의 빛을 보게 되었다.

묵은 원고의 가치를 알아보고 출간을 제안해 준 다반 출판사 노승현 대표와 한때는 제자였지만 이제는 눈 밝은 전문편집인으로 성장한 민이언 편집장에게 새삼 심심한 감사의 인사를 전한다.

2020년 7월
모락산 서재에서

목차

제5장　선비의 길

제1장

관계의
예술

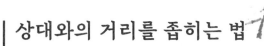

상대와의 거리를 좁히는 법

사람에게도 텃세권이 있다. 낯선 사람이 너무 가까이 접근하면 누구나 본능적으로 자기 공간을 지키려는 자세를 취한다. 그 공간을 얼마나 차지하느냐는 사람에 따라 다르다. 예수나 부처는 자기 존재를 위해 마련된 별도의 공간을 버리고 우주 전체를 스스로와 한 몸으로 사랑했다. 한편 타인에게 인색한 이기적인 사람들은 세계 모두를 가질 때까지 물리지 않고 텃세권을 확장하려 할 것이다. 그들에게 나눔이란 애초에 없다.

각자가 설정한 공간은 심리적 거리이기도 하다. 거리를 필요로 하지 않는 가족관계도 있고 거리를 잘 관리해야 하는 사회관계도 있다. 흔히는 보호되어야 할 나의 실존방어망 안으로 누군가 불쑥 들어오면 곧바로 공격으로 해석된다. 하지만 그 동기가 우호적인 것으로 밝혀지고 나면 두려웠던 최초의 침범은 오히려 소중한 추억이 되기도 한다.

나는 쉼 없이, 알거나 모르는 사이에, 누군가의 심리적 방어 공간 속에 슬쩍 들어가기도 하고 튕겨 나오거나 비껴가기도 하면서 오늘을 살고 있다. 나는 누군가에게 적으로 포착되기도 하고, 또 누군가에게는 본의 아니게 협력자라는 눈짓을 보냈는지도 모른다. 이 측량할 길 없는 무한궤도들의 교차, 우연과 필연의 꼭짓점들이 인생이다. 인생! 그건 누군가를 받아들이기 위해 애써 거리를 좁혀 가는 과정이며, 부딪쳐 산화되지 않기 위해 누군가와의 거리를 소리 없이 벌려 가는 노고이기도 하다.

> 공자께서 말씀하셨다. "비위 맞추는 말을 하거나 아양 떠는 얼굴빛 꾸미는 사람치고 어진 사람은 드물다."
>
> 《논어》 '학이'편

子曰, "巧言令色, 鮮矣仁."

《論語》 '學而'篇

공자는 평생 동안 제자 자로(子路)를 마뜩치 않아 했다. 자로는 처음 공자와 만났을 때 야만인처럼 거드름을 피웠고, 무엇보다 무례했다. 그래도 자로처럼 우직하게 공자를 따른 제자도 없다. 그는 평생 스승을 배신하지 않았고, 스승이 가르쳐 준 명분을 수호하다가 반역자들의 손에 장렬히 숨졌다. 늘 핀잔만 주던 공자도 그런 자로에게 말로 표현 못 할 깊은 애정을 느꼈던 것 같다. 그렇지 않고서야 스승의 어록에 그리 자주 출현할 수는 없었을 것이다. 그는 다른 의미에서 공자의 애제자였다.

자로 같은 인물은 상대와의 거리를 존중할 줄 모른다. 거칠고 투박해서이기도 하지만, 자기 스스로 그런 종류의 거리 자체를 만들어 놓지 않았기 때문이다. 다소 야성적인 이런 사람들은 한편 어린아이 같은 마음을 갖고 있기도 하다. 어리다는 것은 노회하게 계산된 심리적 거리를 구성할 줄 모르며 천진하다는 뜻이기도 하다.

상대와의 거리를 활용하고 이를 끝없이 결산하려는 자, 속으로 차변과 대변을 계산하며 누군가의 내면을 염탐하려는 자, 공자는 그런 자들을 가장 미워했다. 사기꾼의 머리를 가진 그런 자들은 타인과의 거리 설정에 능숙하다. 어느 정도 접근할 것인지, 어떤 순간에 몸을 빼야 할지, 그리고 언제 어떻게 침범할 것인지 등등. 그런 인격의 장사치들은 상대가 설정한 심리적 거리를 존중해서가 아니라 오직 활용하기 위해서 타인의 궤도를 인정한다. 타인의 궤도를 따라 같은 속도로 달리면서 어느 틈엔가 그 위에 슬쩍 올라타는 방법, 이것이 고도의 상술이자 사기술이다.

상대가 친 마음의 방어망을 무너뜨리기 위해 어질지 못한 자는 상대를 칭찬한다. 칭찬을 받은 상대는 경계심을 풀고 방심하게 되리라. 하지만 잘 생각해 보면 그 관계에는 뭔가 일방적인 것이 있다. 달콤한 말과 헤픈 웃음 뒤, 그 두꺼운 마스크 너머에 있는 자신의 마음만은 결코 열어 주지 않는다는 것. 교활한 사람은 말과 표정 외에는 자신을 노출하지 않는다. 때문에 그런 사람과의 만남은 허영심만 만족시켜 주는 공허한 일일 뿐이다.

자로를 보라. 그는 사기를 칠 이유가 없기에 무례할 수 있다. 난폭하게 자기를 드러낸 그의 폭력성은 그래서 어떤 측면에서는 정직한 행동일 수도 있다. 차선일망정 그건 간교한 심리적 게임보다는 순수하다. 그래서 공자는 뜬금없이 핏대를 올리며 자로를 꾸짖곤 했지만 결코 그를 내치지 않았고, 비가 오나 눈이 오나 그가 모는 수레에 올랐다. 어찌 보면 상대와의 심리적 거리를 계산하지 않는 자로 같은 사람들은 자신의 사적 공간을 아끼지 않았기에 어느 순간 대의를 위해 자신을 희생할 수도 있었던 것이다.

　공자는 《논어》 '자로' 편에서 이렇게 말하기도 했다. "굳세고 강하며 질박하고 어눌함이 어짊에 가깝다(剛毅木訥, 近仁)." 다소 거칠고 굼뜰지라도 기교를 수반하지 않는 소박한 인격이 인에 가깝다. 인이라고 하진 않았다. 그저 가깝다는 것이다. 그렇게 끝없이 인에 가까워지려는 단순함의 미덕! 어쩌면 행복이란 것도, 아니 사랑마저도 자기의 방어벽을 먼저 허물고 상대에게 불쑥 다가가는 것으로부터 시작되는 것은 아닐까?

윗사람과 대화할 때
피해야 할 세 가지

윗사람한테 잘하고 비위를 맞추는 데 이력이 난 사람들의 공통점은 자신도 그와 똑같은 대접을 받으려 한다는 사실이다. 설혹 아직 그런 대접을 요구할 처지가 아니라서 참고 있더라도 속으로는 생각보다 헐한 대접에 늘 서운해한다. 심지어 분노를 품고 있다.

윗사람이 대접을 받으려는 마음, 누리려는 마음을 들키면 그 순간부터 아랫사람들은 마음속으로 그를 깔보기 시작한다. 윗사람은 미처 깨닫지 못하는 사이에 아주 큰 약점을 들킨 것이다. 아하, 저 사람은 저 정도밖에 안 되는구나! 저 사람은 이렇게 해주면 다룰 수 있겠구나! 그렇게 깔보면서 겉으로는 극진히 대해 준다. 하지만 이는 조롱 섞인 양육에 가깝다.

윗사람을 대하는 정갈한 원칙 몇 가지만 정해 두고, 자신도 아랫사람들에게 그것만 기대하면 참 편리하지 않을까? 쓸데없이 미워하거나 서운해하는 데 공력을 낭비하지 않아서 좋고, 아랫사람들은 나를 편히 여길 테니 그들에게도 좋고, 윗사람들도 나에게 괜한 기대를 하다가 실망하지 않아서 좋지 않은가! 공자는 그런 원칙들을 아주 좋아했고, 그 시대 나름의 예법으로 정리했다. 그런 점에서 공자는 이것저것 변덕스럽게 따지는 모난 인간이 절대 아니었다. 그는 인간사 잘 굴러가게 하는 데 관심이 있던 현실주의자였다. 그래서 예에 관해 그가 남긴 말 가운데는 오늘날에도 여전히 쓰임새 많은 금쪽같은 명언이 아주 많다.

> 공자께서 말씀하셨다. "학덕 높은 윗사람을 모실 때 저지르는 세 가지 과실이 있다. 윗사람이 말하지 않았는데 먼저 말하는 것을 조급하다 이르고, 윗사람이 말을 꺼냈는데도 말하지 않는 것을 속을 감추어 은닉한다고 이르며, 윗사람의 안색을 살피지도 않고 말하는 것을 눈이 먼 맹목이라 이르니라."
>
> 《논어》'계씨'편

> 孔子曰, "侍於君子有三愆, 言未及之而言, 謂之躁, 言及之而不言, 謂之隱, 未見顔色而言, 謂之瞽."
>
> 《論語》'季氏'篇

공자가 말한 학덕이 높은 윗사람을 모시는 과정에서 저지르는 세 가지 허물은 모두 말과 관련된 문제들이다. 예나 지금이나 말이 문제다. 행동으로 윗사람의 마음을 다치게 하기란 여간 어렵지 않다. 술자리에서 생기는 실수도 따지고 보면 말이 발단이 된다. 말을 잘하는 것은 쉽지만 대화 상대자에 따라 절도 있고 적절하게 구사하기는 아주 어렵다.

첫 번째 허물은 윗사람이 말을 꺼내기도 전에 섣불리 자기 말을 먼저 시작하는 경우다. 이 심리적 조급증의 배경에는 여러 원인들이 있다. 우선 나를 초조하게 하는 침묵을 어떻게든 깨보려는 유치한 조바심을 들 수 있다. 이런 조바심은 흔히 경망함을 동반한다. 다음으로는 윗사람의 권위에 주눅 든 깊은 열등감이 있다. 열등감에 빠진 자는 윗사람의 의중을 이리저리 넘겨짚으려다 실언을 남발하게 된다. 또 윗사람이 자신의 얘기를 듣고 싶어 할 거라고 믿는 자아도취도 있다. 스스로에 도취된 자는 자신의 재담에 자신감은 있는데 결국 실속 있는 얘기는 꺼내 보지도 못하고 잡담이나 늘어놓다 담소를 마친다. 이 세 가지 경우의 단점들은 모두 인내력이 부족하고, 결국은 윗사람의 침묵이 가지고 있는 의미를 유연하게 통찰하지 못하는 인격적 유약함에 기인한다.

두 번째 허물은 윗사람이 먼저 말을 꺼냈는데도 말을 하지 않는 경우다. 이 의뭉스러움은 윗사람을 답답하게 만들고 의심하게 만든다. 간혹 입이 무겁다느니 덕이 있다느니 호들갑 떨며 이런 유형을 칭찬하기도 한다. 언뜻 지조 있어 보이고 순수해 보이기 때문일 것이다. 하지만 이런 사람들 대부분은 다른 생각에 골몰해 있다. 머릿속에서 여러 수를 굴리며 실언하지 않으려는 계산가다. 이런 의뭉스러움은 결코 스스로를 해롭게 만들지는 않는다. 술자리에서 죽은 듯 말을 안 하면 중간은 가지 않는가! 따라서 말이 없는 것은 성격이 아니라 이기적인 습관일 뿐이다. 그리고 다른 사람들의 말을 두루 다 듣고 그것을 종합하면서 자기 의견을 슬쩍 덧붙이면 대화의 최종 승자가 될 수도 있다. 그런 비열한 화법에 능통하게 되면 윗사람에게 좋은 인상을 주기도 한다. 언제나 중간은 가며, 게다가 조급증자들이 주변에 많을 경우 윗사람 눈엔 이런 부류가 가장 현명해 보이기 때문이다. 하지만 음흉하여 믿으면 안 된다.

마지막 허물은 윗사람의 안색은 보지도 않고 제 할 말만 하는 경우다. 이를 눈이 멀었다고 정의했다. 이런 맹목적인 사람들 대부분 다혈질이고, 일단 제 말에 취하면 위아래 안 가리는 유형이다. 윗사람에게 실수하는 건 물론이고, 동료들과도 사이가 좋지 않으며, 아랫사람들에겐 공포의 대상이다. 변덕스럽고 짜증 많고 독선적이기까지 하니 최악이라 할 것이다. 그런데 스스로는 매우 고상한 줄 착각하고 있으며, 자신이 얼마나 많은 사람들에게 상처를 주고 있는지 반성할 줄 모른다. 오히려 자신이 남들에게 상처를 받았다고 여기는 게 이 유형의 특징이다. 그러니 눈 먼 맹목이라고 공자가 물리치고 있다.

윗사람들은 바보가 아닌 이상 이 세 가지 허물들을 아주 쉽게 간파하며 그 원인까지 통찰한다. 심지어 지성적으로 다소 모자란 사람들도 나이가 쌓이면 사람 보는 눈만은 예리해진다. 그러니 숨기려고 하지 말지어다! 대신 실수를 되풀이하지 않기 위해 노력할지어다! 최소한 맹목자는 되지 말 것이며, 의뭉스러운 자도 되지 말 것이다. 어쩔 수 없다면 차라리 먼저 말을 꺼내는 실수를 하라! 그것이 가장 아랫사람다우며 후유증도 가장 적다.

상처 주지 않고
친구에게 충고하는 법

　친구들에게 충고하고 나면 갑자기 쓸쓸해진다. 친구에게 내 진정이 제대로 전달되었는지가 걱정이고, 설혹 그렇더라도 과연 그럴 자격이 있었는지 자신이 없어진다. 어쩌다가 그런 말까지 하게 되었을까 상념에 젖다 보면 결국 나도 한통속이었으면서 결정적일 때 군자연(君子然)하며 그들을 배신했다는 자책감도 든다. 충고한 날의 저녁은 술 생각이 간절해지지만, 그 또한 친구가 있어야 제대로 된 자리이기에 더 쓸쓸해진다.

　유난히 남의 입장을 배려한다면서 진즉에 했어야 할 말을 꾹 참고 있다가 술기운을 빌려 호통치고 나면 다음 날 아침은 무참하게 시작된다. 정말 하고 싶었던 말이 술주정이 되어 버리고, 품었던 진정을 속죄의 대상으로 삼아야 하는 안타까운 상황이 되고 보면 남에게 진실되기가 참 어렵다는 생각이 든다. 친구 사이엔 그래서 충고 같은 것은 가급적 하지 않아야 한다고 믿는다. 진정한 친구라면 충고하는 지경까지는 가지 않아야 할 것이다.

물론 친구의 충고가 나 잘되라는 뜻임을 모르는 바보가 어디 있으랴. 그러나 여간 정성스레 배려한 충고가 아닌 이상, 친구의 충고는 항상 예상보다 충격적이다. 그건 가족이 하는 충고처럼 서로 입장을 동일시하기 힘들고, 아예 생판 모르는 남이 해주는 조언이나 훈수처럼 가볍게 무시할 수도 없기 때문이다. 자, 어떠한가? 상처 주지 않는 충고의 비결, 그 답이 나왔지 않는가?

> 자공이 친구 사귀는 문제를 물었다. 공자께서 말씀하셨다. "온 마음을 다하여 권고하여 선으로 인도하되, 그렇게 할 수 없는 상황이라면 그냥 멈추어서 스스로 모욕을 받지 않아야 하느니라."
>
> 《논어》 '안연'편

> 子貢問友. 子曰, "忠告而善道之, 不可則止, 無自辱焉."
>
> 《論語》 '顔淵'篇

제자 자공(子貢)은 심술궂을 만큼 질문이 넘치는 사람이었다. 그는 홍수처럼 스승에게 질문을 한다. 금기도 거의 없다. 누가 감히 스승에게 인(仁)이나 의(義)가 아니라 친구하는 법을 물을 수 있으랴. 공자는 벗이 거의 없었던 인물이다. 그가 어린 시절 친구를 두었다는 기록이 어디에도 없고, 어록에서도 가까운 친구를 사귀었던 흔적이 보이지 않는다. 심지어 공자에게는 스승도 없었던 것 같다. 타인들과의 관계가 거의 없이 홀로 통달한 고독한 스승 공자에게 사교성 넘치고 친구들로 둘러싸였던 자공이 벗에 대해 물었다.

도락이나 취미를 함께할 수 있는 벗을 가져 본 적이 없었던, 아니 그런 친구들과 여유로운 시간을 누릴 기회가 없을 만큼 공부에 몰두했던 철인 공자. 그는 자신이 친구로부터 충고를 받는다는 상상은 할 수 없었던 듯하다. 아마도 어깨를 나란히 할 친구 자체가 없었을 테고, 간혹 있다 한들 공자의 고귀한 인격을 이해할 만큼의 도량이나 인덕이 부족했을 것이다. 그리고 아주 드물게 공자의 정신세계가 지닌 비범성을 발견한 친구들은 결국엔 그의 제자가 되고 말았을 것이다. 어쨌든 공자와 같은 천재적인 성현들에겐 친구가 없는 것이 운명이다.

그리하여 공자는 동시대 사람들에게 충고해 주던 경험을 살려 자공에게 대답했다. 절묘하다! 자공은 남들에게 입바른 말 잘하기로 정평이 난 사람이었다. 타고난 입담과 재치로 한 세상을 풍미했지만, 동료들에겐 독설가로 통했으리라. 그래서 자공에게 넌지시 충고도 할 겸 충고에 대해 충고했다. 충고하기에는 정말 기가 막힌 타이밍이 아닐 수 없다.

공자는 친구들을 바른 길로 이끌라고 권유한다. 공자는 그 이외에 다른 방식의 우정을 체험할 수 없었기에 마치 스승이 된 것처럼 친구를 대하라고 한 셈이다. 이건 옳지 못하다! 공자는 벗을 사귀는 데에는 일가를 이루지 못했음이 분명하다. 하지만 그가 제안한 충고의 방식은 아주 탁월하다. 우선 간절하고도 충심 어린 말과 태도로 설득하라고 했다. 선을 내세우는 데야 어떤 장사가 있어 배겨 내랴. 충고해도 좋다! 대신 간절하고 곡진하게, 마치 가족이 하듯이 하라. 충고하는 친구가 가족처럼 느껴지도록 친밀하고 두텁고 애정을 담아서. 그처럼 철두철미 자신의 입장이 되어 나오는 충고의 말은 감동적일 것 같다.

그러나 그럼에도 친구가 받아들일 태세가 아니라면 즉시 중지하라고 했다. 즉시 멈추고 더 이상 거론하지 말라. 그래도 계속한다면 상대를 모는 셈이 되는 것이고, 한번 이겨 보겠다는 욕심을 드러내는 짓이리라. 그러면 싸움이 되고, 충고하던 사람은 모욕을 받을 것이다. 상대가 나를 모욕하도록 만드는 것도 친구로서 할 도리가 아니지 않은가! 그러니 아무것도 아닌 양 그 자리에서 가볍게 벗어나라. 친구의 상황을 최대한 배려하고 그냥 기다려라. 그렇게 그저 옆으로 지나가던 사람이 상대의 옷에 묻은 먼지를 툭 털어 주듯, 싱겁게 한마디 한 것처럼 경쾌하게 벗어나라.

친구에게 하는 충고는 모름지기 가족처럼 간절히 하거나 낯선 사람이 하듯이 무심하게 해야 한다. 두 경우 모두 끝내 상처를 주지는 않을 테니까.

사람을 알아보는
세 가지 방법

쇼펜하우어 시대의 유럽에서는 골상학이 유행했다. 체형이나 인상을 기준으로 사람의 심리적 유형을 정리하려고 한 셈인데, 동양의 관상법과 통하는 면이 많다. 사람의 운명이 결국 누구를 만나느냐에 달려 있다면, 자신이 만나는, 혹은 만날 사람을 잘 선택하려는 노력은 아주 당연해 보인다. 그래서 인상을 좋게 하려고 점을 빼거나 심지어 얼굴 전체의 틀까지 뜯어고치는 일이 일어나는 것이다.

골상학적으로 비례가 적절하고 관상가들이 보기에 원만한 외모는 보편적으로 매력을 발휘한다. 따라서 모든 사람들이 보기 좋다고 생각하는 모습을 가지고 태어난 이는 성격도 모질지 않고 늘 자신감에 차 있는 편이다. 이렇게 좋은 외모가 좋은 성격과 연결된다는 것은 통계적으로는 믿을 만한 일이다. 하지만 우리가 누군가를 내 운명의 동료로 받아들일 때, 그저 그들을 바라보기 위해서만 선택하지는 않는다. 우리 모두는 그 혹은 그녀와 무언가를 도모하고,

위험을 함께 무릅쓰며, 때로는 실패의 쓴잔을 더불어 나눠야만 한다. 삶의 벼랑 끝에 내몰린 내 손목을 마지막까지 붙잡아 줄 사람을 외모로 판단할 수는 없다. 이것이 무서운 진실이다.

세계위인선집을 독파하던 초등학교 시절 큰 고민에 빠진 적이 있다. 소크라테스를 비롯한 위대한 인물들은 왜 그리도 못생겼을까? 달력에 나오는 멋진 신사 정장의 미남들은 왜 위인이 되지 못한 걸까? 어린 눈에 영웅이나 열사가 선남선녀의 모습이 아니라 무뚝뚝하거나 무서운 인상을 지녔다는 사실이 무척이나 이상했다. 그리고 오랜 시간이 흐른 뒤에야 비로소 깨달았다. 사람을 평가하는 근본은 외모를 통한 인상에 있지 않고 마음의 모습인 심상(心相)에 있다는 것, 인상은 그 사람과 나눈 교제 경험에 따라 얼마든지 변화할 수도 있다는 것을.

살아가면서 만나는 사람들을 딱히 적과 동지로 구분하기는 어렵다. 하지만, 불행하게도, 생에 있어 최소한 몇 차례인가는 누가 나의 적이고 동지인지 알아야만 하는 상황이 벌어지곤 한다. 그래서 우리는 선택을 하게 되는데, 그 선택의 갈림길에서 어리석어지지 않는 사람이 결국 인생에서 승리한다.

> 공자께서 말씀하셨다. "그가 행동하는 바를 보고, 그가 그 일을 하게 된 연유를 자세히 살피고, 그가 편안히 여기는 바를 깊이 헤아린다면 사람이 어찌 자기 본 모습을 숨길 수 있겠는가! 어찌 그 참모습을 숨길 수 있겠는가!"
>
> 《논어》 '위정'편

子曰, "視其所以, 觀其所由, 察其所安, 人焉廋哉! 人焉廋哉!"

《論語》 '爲政'篇

　공자가 제시한 사람 알아보는 법은 직관이 아니라 심리과학에 의지하고 있다. 직관은 때로 놀라운 통찰을 가능하게 하지만, 늘 주관화의 오류에 노출되어 있기 때문이다. 예컨대 우리의 직관적 판단들은 지나친 자기 과신이나 보고 싶은 것만 보려는 안일함 탓에 패착을 저지르곤 한다. 따라서 자기 자신조차도 잘 알 수 없다는 겸허함만이 위험한 자기기만으로부터 스스로를 구원해 준다. 나를 즐겁게 하는 기분 좋은 태도, 비위를 맞춰 주는 감탄사들, 당신만 믿는다는 신뢰 어린 눈빛, 내 속마음을 기막히게 적중시키는 달콤한 변설 등은 모두 직관의 오만을 조장하는 함정들이다.

　공자는 우선 그 사람의 행동을 보라고 말한다. 그 사람의 태도나 인상, 지위나 말에 현혹되지 말고, 그 사람이 어떤 행동을 일삼는가를 주시하라고 한다. 언뜻 쉬워 보이지만 이런 그윽한 응시는 강철 같은 인내를 필요로 한다. 사람은 의외로 칭찬이나 분위기에 약한 동물이라서 말의 성찬 속에 상대방의 행동을 놓치기 일쑤다. 또 상대가 지닌 권위와 부, 그로부터 풍기는 우아함에 주눅이 들거나 성급한 호의로 굴복하기 십상이다. 타인의 행동만 순수하게 바라본다는 것, 그것마저도 이렇게 힘들다.

　다음 단계로 공자는 그 행동의 동기를 살피라고 요청한다. 겉으론 우직하고 숨김없는 행동 같지만, 그 내면에는 고도로 계산된 이기적 이유가 도사리고 있을 수 있기 때문이다. 이를테면 자기 상관이 정직함을 선호한다는 사실을 눈치챈 교활한 부하는 정직함을 위장한다. 자신의 거짓말을 짐짓 고백하고 자신의 약점을 슬쩍 드러내어 상대를 안심시키며, 무엇보다 자신이 상대방에게 위협적인 존재가 아님을 바보스러운 천진함으로 연기한다. 세상에서 성공가도를 달린 약삭빠른 2인자들은 대개 이런 부류들이었다.

자신의 행동에 담긴 동기마저 위장할 수 있는 능란한 처세가들을 간파하기 위해 공자는 마지막 관문을 설치해 놓았다. 자신이 하고 있는 행동을 편안히 여기는지를 꼼꼼히 분석하라! 자신의 목적을 일시적으로 숨길 수는 있겠지만, 그것이 타고난 본성이 아니라면 그 행동은 갑옷처럼 불편할 것이고, 어느 순간에는 잠시 벗어던지게 될 것이다. 그때를 놓치지 말고 관찰하라는 것이 공자가 제시하는 최후의 방법이다. 누구나 자신이 편안하게 느끼는 몸과 마음의 상태가 있다. 상대가 진심으로 그러하다면 그 또는 그녀는 그 상태에서 아주 오래 있음은 물론, 그 상태를 즐길 수 있을 것임에 틀림없다.

술을 즐기는 나는 두 종류의 사람을 두려워한다. 술을 전혀 못하는 것도 아니면서 상황을 철저히 관리하며 이쪽저쪽을 재는 사람. 그리고 술이 몹시 강하여 상대를 거꾸러트려 약점을 보고야 마는 사람. 그들이 술이나 또 다른 그 무엇이 아니라 앞에 앉은 나를 좋아한다면 얼마를 어떻게 마시느냐는 전혀 중요하지 않을 텐데도.

진심으로 염려를 표현하기

　가까이에 계신 원로교수님이 군대 이야기라도 나올라치면 늘 들려주는 경험담이 있다. 서해안에서 간첩들과 치열한 교전이 있고 나서 두 명의 장교가 보인 태도가 그 주된 내용인데, 한 명은 사병들이 쓰러질 때까지 삽자루로 때렸다고 한다. 조준 사격을 하지 않고 하늘로만 발포한 것에 앙심을 품었다는 것이다. 아마도 간첩 한 명이라도 사살하여 진급하고 싶었던 모양이다. 그렇게 파김치가 되도록 맞고 난 뒤 다른 대위가 들이닥쳤는데, 내무실 안의 흉흉하고도 두려웠던 분위기는 물어보지 않아도 알 만한 것이겠다. 그런데 박은호 대위라는 그분은 짤막하게 "우리 애들 다친데 없어?"라고 묻고는 안심한 표정으로 화급히 되돌아 뛰어나갔다는 것이다.
　그렇게 그 대위의 이름 석 자는 오랜 세월이 지나서 그와는 아무 관계도 없는 내게까지 익숙해졌다. 그 때문인지 박은호라는 이름은 나 자신이 좋은 사람인지, 혹은 훌륭한 리더인지를 반성케 하는 좌우명이 되어 버렸다. 과연 개인적 이해관계가 눈앞에 있을 때조차 부하의 안위를 먼저 물을 수 있을까? 그저 인심이나 얻자는 허례가 아니라 진심에서 그 또는 그녀들의 삶을 걱정할 수 있을까?

누구나 타인을 걱정하고 배려할 수는 있다. 하지만 절체절명의 상황에서 누군가에게 작은 배려를 한다는 것은 실제로는 무척 어렵다. 인생이란 게 결국 자기가 잘 살자는 짓이고, 그로부터 한 치라도 벗어나면 불안해지는 게 필부필부들의 본성이지 않은가. 그렇다면 박은호 대위의 근심은 의식적이라기보다는 무의식적으로, 말하자면 본능적으로 성립되었을 것 같다. 무얼 재고 따지기 전에 부하들이 염려되어 견딜 수 없었던 것이고, 때문에 지휘본부를 잠시 이탈하여 허겁지겁 뛰어왔을 것이다. 그의 말보다 그의 그런 진실한 마음씀씀이가, 그리고 그것으로 공치사할 의도가 전혀 없는 순수함이 그의 이름을 부하들의 뇌리에 그토록 오래도록 각인시킨 것이리라.

> 마구간이 불에 탔다. 공자께서 퇴청하시어 말씀하셨다. "다친 사람은 없느냐?" 그리고 말에 대해서는 묻지 않으셨다.
>
> 《논어》 '향당'편

> 廐焚, 子退朝, 曰, "傷人乎?" 不問馬.
>
> 《論語》 '鄕黨'篇

마구간이 다 타버렸으니 당시로선 엄청난 손실이었을 것이다. 오죽하면 나라 규모를 세는 단위가 승(乘)이었겠는가? '만승지국(萬乘之國)' 하면 만 대의 수레를 동원할 수 있는 국가였으며 천승지국과 백승지국이 그다음 차례인 식이었다. 그리고 수레에는 말이 따랐을 테니 말은 곧 재산이었다. 그러나 공자는 단호하게 사람이 다쳤는가만 묻고 있다. 말에 대해서는 언급이 없었다.

그렇다면 이 일화는 재물에 대한 공자의 초연한 태도를 드러내 주고 있을까? 물론 그렇다. 하지만 말에 대해서는 묻지 않았다는 이 표현의 간결함과 그 뒤를 동여매는 깊은 침묵, 그리고 견고한 안정감은 다른 무엇을 암시한다. 즉 '사람이 다쳤느냐?'라는 공자의 깔끔하고도 결연한 물음은 말의 상황에 대해서 연거푸 묻지 않아야만 완성될 수 있다. 공자의 관심은 오직 사람이며, 그에게 사람이란 존재는 말과 연이어 안부를 물을 만큼 사소한 것이 아니다. 아니, 공자에게 사람은 절대적인 가치이기 때문에 말과 더불어 논하여 상대화시키는 것이 불가능하다. 오직 사람이 있을 뿐이다!

공자는 사람의 안위만을 묻고 그 주변 상황에 대해서는 철저히 침묵함으로써 그가 사람의 목숨이 지닌 가치를 얼마나 존중하는지를 몸소 증명하고 있다. 이는 걱정되어야 할 존재의 서열이 올바로 준수되었다는 사실 그 이상이다. 이처럼 하나의 질문을 이은 또 하나의 침묵이 첫 질문의 소중한 미덕을 한없이 높여 주고 있다. 생각해 보라! '사람은 다치지 않았는가? 그리고 말도 성하더냐?'라고 묻는 공자를.

걱정과 근심은 오직 하나의 대상으로만 쏠릴 때 제대로 된 걱정과 근심일 수 있다. 배려도 마찬가지이다. 하나의 상황에 존재하는 두 국면을 모두 걱정하거나 동등하게 배려할 수는 없다. 만약 누군가 그렇다고 주장한다면 그건 둘 중의 하나다. 겉으로는 둘 혹은 둘 이상을 모두 걱정하고 배려한다고 하지만, 속으로는 이미 그 가운데 하나에 마음이 가 있는 것이다. 아니면 그 모두에게 애초부터 관심이 없었던 것이다. 따라서 모든 존재를 다 아낀다는 거짓말은 정치적인 담론일 따름이다. 걱정은 순식간에 아끼는 존재를 찾아내어 마치 자력에 이끌리듯 그 대상 쪽으로 격렬히 전진한다. 사랑도 그런 것이 아니겠는가!

걱정과 배려는 즉각적이며 그러므로 애초부터 속일 수가 없다. 이것저것 고려하며 앞뒤를 재고 논리의 잣대를 들이댈 틈도 없이 마음속으로부터 솟구친다. 때문에 어떤 어머니는 트럭에 깔린 자식을 구하기 위해 트럭을 들어 올리기도 한다. 클로드 브리스톨이 지은 《신념의 마력》이라는 책에 나오는 실화다. 이렇게 말하고 보니 걱정이 많은 사람은 사랑이 많은 사람이고, 그러니 결국 행복한 사람이라는 생각이 들기도 한다.

원한을 갚는 현명한 방법

세계는 원한으로 직조된 거대한 그물망이라는 생각도 든다. 그런 점에선 토머스 홉스가 말한 만인 대 만인의 전쟁이라는 이론이 현실에 더 적합할지도 모른다. 용서하라, 화해하라, 사람을 믿어라 등등의 미사여구가 홍수처럼 쏟아져 우리를 잠시 위로하기도 하지만, 결국은 서로가 서로의 장애물이 되어 바둥거리며 싸우게 되지 않는가.

우리는 본의 아니게 누군가를 괴롭히게 되고, 더러는 괴롭히는 스스로가 괴로워서 자신을 그렇게 만든 상대방을 더 괴롭히게 된다. 또 우리는 때로 괴롭힘을 당하는 처지에 놓이기도 한다. 만약 우리가 괴롭히는 운명이라면 언젠가는 응분의 대가를 치르게 될 것이다. 혹여 그러지 않을 수 있다면 그저 축하할 따름이다. 하지만 괴롭힘 당하는 입장이라면 문제는 심각하다. 그저 길거리에서 우연히 만난 사이라면 잊어버리면 그만일 것이다. 그러나 원한이 오래 지속될 사이라면, 그건 현실이 지옥이 되었음을 의미한다.

밀폐된 조직에서 만난 까다로운 데다 독불장군형인 상사, 이리저리 나를 무시하고 모욕하는 간특한 학교 선배, 이상한 방식으로 한없이 자기 비위만을 맞춰 주기를 바라는 상급자, 밉살맞게 나를 이용해 먹는 영특한 동료 등등. 우리는 종종 그런 위인들을 혼내주고 싶어서, 하지만 그럴 용기나 힘이 없어서 밤잠을 설치며 뒤척인다. 그런데 이상하게도 낮이 되면 그런 분노와 원한은 사그라지고, 어떻게 그럴 수 있나 싶게 원한을 타협으로 잘도 바꾸기도 한다. 본디 원한이란 약자의 감정이기 때문이다. 약자가 먼저 타협하지 않는다면 어떻게 약자로서 살아남을 수 있으랴! 쉽게 복수할 수 있는 일이었다면 애초에 원한도 품지 않았으리라.

때문에 제대로 원한을 갚아 주기 위해서는 스스로가 약자임을, 혹은 약자의 역할을 담당해 왔음을 인정하는 것으로부터 시작해야 한다. 왜 나는 약자의 위치에 섰을까? 왜 스스로를 약자로만 규정하는가? 나는 내가 생각하는 만큼 그토록 약자인가? 이 모든 질문은 '왜 상대는 강자인가?'로 바꿔 볼 수 있다. 왜 하필 하고많은 사람들 중에서 그 사람과 나는 강자와 약자의 포식 관계로 묶였는가? 나 스스로가 약자이기로, 약자로서의 이익을 취하기로 선택했기 때문이다. 포식자들은 날처럼 서 있는 강자와 게으른 약자를 순간적으로 분명히 구별한다. 그 지긋지긋한 원한 감정은 실은 약자인 우리들이 먼저 불러들인 것이다.

원한을 품고 살아가는, 원한을 습관처럼 이고 다니는 약자들의 특별한 행동 양식이 있다. 그들은 모두 융통성이 너무 많다. 때문에 뚜렷한 주관을 갖기보다는 주위 분위기에 잘 편승한다. 행동으로 옮기기 전에 너무 많이 망설이고, 그러다가 자신이 바라는 것과는 반대되는 행동도 마지못해 하고 마는 유형들, 거절과 승낙을 모호하게 하는 것이 체질이 된 사람들, 약자란 그런 사람들이다. 더 한심한 것은 이런 사람들은 애써 자신을 희생하고서도 감사의 말 한마디도 듣지 못한다는 점이다. 감사의 말이란 칼처럼 거절했다가 정말 어렵게 승낙하는 사람들만이 누리는 특권이다.

> 어떤 사람이 물었다. "은덕으로써 원한을 갚는다면 어떻겠습니까?" 공자께서 말씀하셨다. "그렇다면 은덕은 무엇으로 갚겠는가? 곧음으로써 원한을 갚고 은덕으로써 은덕을 갚아라."
>
> 《논어》 '헌문'편

> 或曰, "以德報怨, 何如?" 子曰, "何以報德? 以直報怨, 以德報德."
>
> 《論語》 '憲問'篇

공자에게 어떤 이가 도가적인 질문을 했던 모양이다. '은덕으로써 원한을 갚는다(以德報怨).'는 표현은《도덕경》에 나오는 구절이다. 싸우지 않고 이기는 도가 특유의 지혜가 담긴 이 말에 대해 공자는 서슴지 않고 반대했다. 어떻게 원한을 은덕으로 갚을 수 있겠느냐? 그럴 수야 있겠지만, 그래서 얻는 이익이 무엇이더냐? 필경 더 큰 복수를 하려고 우선 참는 것이거나, 그도 아니면 더 큰 원한을 피하자는 짓일 게다. 그렇게 되겠느냐? 복수심을 안에 숨긴 은덕은 진짜 은덕이 아니어서 결국은 들키고야 말 것이다. 또 당장은 상대의 횡포를 무마할 수 있겠지만, 상대는 갈수록 더 큰 은덕을 바랄 것이다. 너희 생명까지 내줄 수 있겠느냐? 어리석다.

그리고 공자는 뼈아픈 일침으로 마무리한다. 설사 은덕으로 원한을 갚아서 상대와 화해했다 해도, 진짜 은덕을 갚아야 할 사람에게는 무엇으로 갚아 주려느냐? 원한마저 은덕으로 갚는 너희들이 베푸는 은덕을 진정 은덕으로 받아들일 사람이 어디 있겠느냐? 너희는 결국 은혜를 갚을 줄 모르는 사람이 되어 버리는 것이다. 그리되면 아무도 너희에게 은덕을 베풀려 하지 않을 것이다. 어차피 너희 스스로 원한과 은덕을 뒤섞어 하나로 만들어 버렸기 때문이다. 그러니 원한은 강직함으로 되갚아 주고, 오직 은덕에 대해서만 은덕으로 갚아 주어라. 그것이 다른 사람의 은덕에 대한 최소한의 예의니라!

공자의 말이 지당하지 않은가? 원한에 대해서는 그것이 원한이었음을 뼈저리게 느끼도록 갚아 주어야 한다. 그게 진실이고 또 옳은 일이다. 강직함으로, 곧음으로 갚아야 한다. 무엇이 곧음인가? 자신의 신념을 투철하게 관철시키는 것이 곧음이다. 어떤 상대가 내게 원한을 품도록 만든다고 느껴진다면, 그건 상대가 나를 굽어지는 사람으로, 굽힐 수 있는 사람, 즉 무른 사람으로 보았다는 뚜렷한 증좌(證左)다. 그걸 허용해선 안 된다. 이 눈치 저 눈치 다 보는, 융통성 있는 무골호인으로 보여서는 안 된다. 약자 위치에 제 발로 찾아 들어가서는 안 된다.

　가장 현명하게 원한을 갚는 방법은 상대를 붙잡고 하소연하거나 울고 짜는 것도, 당장 이길 수도 없는 상대에게 상대가 가장 좋아하는 방식으로 덤비는 것도, 그리고 뒷심에 자신도 없으면서 쓸데없는 호기를 부리는 것도 아니다. 그건 자신의 의견을 곧게 세우고 무슨 일이 있어도 관철시키는 것이다. 한번 약속하면 하늘이 두 동강 나더라도 지키고, 한번 아니라고 했으면 죽기 직전까지라도 그 말을 철회하지 않으며, 그 어떤 대답도 대쪽처럼 빈틈없고 단호하게 하라! 그 무서운 긴장을 가급적 오래 견뎌 내라! 그리하면 어느 순간 네가 강자의 위치에 서게 될 것이다. 강자가 약자를 알아보듯 약자들도 강자를 귀신같이 알아보지 않겠느냐? 너는 강철 같은 굳셈으로 강자가 된 것이다. 그게 사람답게 원한을 갚는 법이니라.

통하는 사람이
되기 위한 원칙

주변에서 잘 통한다는 소리를 듣는 사람이 있다면 생각해 보라. 그 또는 그녀는 어떤 사람인가? 속된 말로 배짱이 좀 있고, 작은 일에 구애받지 않으며, 소탈하다는 뜻일 것이다. 하지만 주변에서 '통하는 사람'으로 통하기 위해서는 그것만으로는 부족하다. 그 사람은 나하고만 통하거나 배짱이 맞아서는 안 된다. 두루 통해야 한다. 드넓은 보편성 속에서 활동하며 융통성을 갖출 때 비로소 누구하고나 잘 통할 수 있는 존재가 될 수 있다.

통하는 사람과 사귀면 아주 즐겁다. 그 사람은 치우치지 않은 인품과 모나지 않은 대화로 주변을 화기애애하게 만든다. 나하고도 잘 통하지만 내 주변의 다른 사람들과도 통해 있기에 말을 주저하거나 조심해야 할 수고를 덜 수 있다. 또 그런 사람과 함께하면 마치 큰길에 있는 것 같아서 많은 것들에 대해 배우고 간접 체험도 할 수 있다. 어떤 경우에는 그런 교제를 통해 유익한 많은 사람들을 사귈 수도 있다. 통하는 사람은 나를 다른 많은 기회들로 통하게 해준다.

잘 안 통하는 사람들의 공통점은 무언가에 막혀 있다는 것이다. 물론 그런 사람들도 통하는 사람들이 전혀 없는 건 아니다. 주변에 잘 통하는 몇몇을 두고 있다. 하지만 그게 전부다. 그들의 세계는 고작 그 정도로도 만족되기에 더 통할 가능성을 스스로 막고 있다. 그런 사람과 친해지려면 나의 세계도 그만큼 좁아져야 한다. 은밀한 그룹을 좋아하고, 적과 아군으로 구분 짓기를 즐기는 이런 부류는 피해망상증에 시달리고 있어서 끝없이 나를 의심한다. 때문에 말 한마디 한마디에 신경 써야 하고, 또 그들과 함께 누군가를 미워해야 하기도 한다. 그런 사람과의 자리는 이유 없는 증오의 성토장이 되곤 하여 참혹하다.

놀라운 것은 실제로는 세상과 통할 줄 모르는 많은 사람들이 자신을 잘 통하는 사람으로 착각하며 살고 있다는 사실이다. 자신이 화끈하고 후하며, 주변에 많은 사람들을 두고 있다는 착각, 이런 착각의 밑바닥에는 자아도취가 놓여 있다. 자아도취는 골목대장들의 특징이다. 자신이 영향력을 발휘할 수 있는 약간의 영역을 설계하고 그 안에서만 맴돌며 스스로의 힘을 반복해서 확인하다 보면 우쭐해지고, 자기도 모르게 세상이 점점 가소로워 보이게 마련이다. 이렇게 자라난 골목대장들은 세상의 크기를 다 본 적 없으면서 이를 우습게 여기고, 자기 주변에 앉아있는 변죽쟁이들과의 잡담으로 인생을 탕진한다.

사람과 사귀기 위해서 상대를 나의 공모자로 만들어야만 하는 사람의 삶은 어떤 것일까? 마찬가지로 누군가와 동지가 되기 위해서 그의 부당한 요구를 받아들이며 기꺼이 다른 누군가의 적이 되기를 선택하는 자들은 어떤 사람들일까? 그건 아마도 좁은 삶일 것이요, 파당 속에서 이익을 보려는 장사치의 삶일 것이다. 물론 그들 스스로도 이 사실을 알고 있지만 멈출 수가 없으리라. 여태까지 보아 온 것이, 만난 사람이 적기에 자신을 멈춰 줄 기회나 사람을 찾을 수 없는 것이리라. 주변을 둘러보면 나만 못한 쭉정이들이 에워싸고 있는 삶, 너무 늦기 전에 멈춰야 한다.

> 공자께서 말씀하셨다. "군자는 두루 통하면서도 가깝게 붙지 않고, 소인은 가깝게 붙으면서도 두루 통하지 않는다."
>
> 《논어》 '위정'편

> 子曰, "君子, 周而不比, 小人, 比而不周."
>
> 《論語》 '爲政'篇

공자는 군자와 소인을 비교하면서 제자들에게 소인이 되지 말도록 끝없이 경계했다. 소인의 길은 멀리 있지 않다. 그건 일상 속 여기저기에서 태연한 모습을 하고 우리를 기다리고 있다. 말하자면 소인의 길은 내가 좋아하는 사람들하고만 만날 때에 시작된다. 누구 하면 누가 떠오를 정도로 붙어 다니는 친구들, 끈끈한 유대로 정평이 나 있는 동문 모임들, 회사의 발전을 위해 구성된 엘리트 사원들만의 스터디 그룹 등등. 이 모든 만남 뒤에는 모두가 비숫해져서 이익을 함께 누리자는 속셈이, 홀로 떨어졌을 때 견뎌야 할 위험이나 고독보다는 집단이 주는 조건 없는 후원을 얻자는 계산이 치밀하게 깔려 있다.

공자의 시대는 소인들이 활개를 치는 시대였다. 저마다 비슷한 부류끼리 끝없이 이합집산을 하던 시대, 때문에 엄청난 낭비의 시대이기도 했다. 실제로 소인들의 모임은 서로 구별도 되지 않았다. 그저 이권이 다르다 뿐이지, 나라에 기여할 개성적이고 독창적인 이상이 달리 있지도 않았기 때문이다. 따라서 이런 모임이 자꾸 생겨나는 것은 엄청난 에너지 낭비일 수밖에 없다. 고만고만한 분당들이 그저 그런 주장들을 앞세우고 치열하게 대립한다면 싸움으로서의 위의(威儀)마저 잃은 셈이다. 그래서 공자는 의미도 없이 끼리끼리 붙어 다니지 말라고 경고하고 있다.

끼리끼리 붙어 있으면 그 안에서는 잠시의 행복이 보장되지만, 실은 상상할 수 없는 잠재적 적들을 양산하고 있는 것이기도 하다. 그들에게서 소외된 또 다른 끼리끼리들이 눈여겨보게 될 것이며, 영역이 겹치는 끼리끼리들은 공격할 것이다. 왜 그런 서툰 짓을 해야 하는가? 만약 어떤 모임이 의로운 이념 때문이라면 다른 사람들과 붙어 다닐 필요가 없을 것이다. 의로운 이념은 보편적인 것, 두루 통하는 이치이므로 특정한 사람들과 별개의 결사를 만들 이유가 없다. 그러므로 군자는 파당을 짓거나 따로 모여 구시렁거리지 않는다. 군자는 세상에 두루 통하며 그 누구와도 의를 함께 한다.

지능형 인간의 한계

　머리가 좋다는 것처럼 축복받은 일도 없다. 뛰어난 지능을 가진 사람에게 세상은 거칠 것이 없어 보인다. 특히 성장기에서 대학 입학 하기 전까지가 절정기인데, 우수한 두뇌 하나만으로도 주목받고 대접받으며, 심지어 경외의 대상이 되기조차 한다. 하지만 문제는 인생이 매우 길다는 점이다. 인생은 짧을 수도 있지만 때론 무척이나 길다!

　지능적인 면에선 다소 뒤처지던 친구가 10여 년의 세월이 흐른 뒤 놀랄 만큼 원숙하고 풍요한 인격체가 되어 나타나는 모습을 종종 보게 된다. 그들은 하늘이 주지 않은 선천적 소질을 후천적인 노력으로 복구하고, 나아가 결코 머리만으로는 얻을 수 없는 삶의 비밀을 발견했던 것이다. 삶은 머릿속에 있지 않다는 비밀 말이다. 삶은 우리들의 외부에 강고한 실체로 존재한다. 나의 비범한 지적 능력이 그 견고함을 주무를 수 있다는 오만은 삶에 치명적이다. 세상 그 어느 것도 허투루 있지 않으며, 아무리 미미해 보이는 존재도 그 안에 존엄한 자기 세계를 갖추고 있다.

지능적인 인격들은 대체로 자기 외부의 세계를 등한히 여기거나 무시하기 일쑤다. 그것은 자기가 잘 사용할 수 있는 머리에 지나치게 의존하다 생기는 고질적인 병폐다. 스스로가 우주의 중심이라는 무의식이 작용하는 한, 지능적 인격체들은 타인을 제대로 바라볼 수 없다. 하지만 삶은 타인들과의 만남과 갈등의 연속이므로 그들은 인간관계에 점차 무능을 드러내고 자신의 지배력이 와해되면서 인격 자체가 붕괴하기도 한다. 그들은 너무 성급히 외부를 통제하려 들고, 자연히 자기 견해에 병적으로 집착하는 경향을 드러내곤 한다.

인생은 무언가를 주면 무언가를 받게 되는, 혹은 무언가를 받는 순간 다른 하나가 새어 나가고야 마는 제로섬 게임이다. 그런 점에서 참으로 공평하기도 하다. 그렇기에 잘 산다는 것은 잘 주고 잘 받는 실존적 협상의 놀이를 할 줄 안다는 것을 의미한다. 주어야 할 것은 아낌없이 그야말로 흔쾌히 주고, 받아야 할 것은 적절히 또는 행복하게 받을 줄 아는 미덕이 한 사람을 진짜 어른으로 만든다. 지능적인 삶의 길에서 한 치도 벗어나지 못하는 사람들이 머리로 어쩔 수 없는 상황에 놓이면 갑자기 본질을 드러내며 어린아이같이 유치해지는 이유가 바로 여기 있다. 그들은 실제로는 응석받이에 불과하다.

공자께서 말씀하셨다. "제자들아! 집에 들어서는 효도하고 밖에 나가서는 우애 있으며, 행동을 삼가서 믿음직하게 하고, 널리 뭇사람을 사랑하되 어진 사람을 가까이 하며, 그리고도 남는 힘이 있으면 곧 글을 배우도록 하라."

《논어》 '학이'편

子曰, "弟子入則孝, 出則弟, 謹而信, 汎愛衆, 而親仁, 行有餘力, 則以學文."

《論語》 '學而'篇

공자가 제자들에게 요구한 배움의 강령이다. 그런데 머리로 익혀야 할 지식에 대해선 제일 마지막에 언급하고 있다. 무엇보다 집안에서 효도할 것을 주문했다. 자기 존재를 양육해 온 삶의 토양인 가족에게, 특히 자기 존재의 원천인 부모에게 잘하는 것부터 시작할 것을 명했다. 내가 세상에 태어나 제일 먼저 부딪치는 타자들, 그것이 부모형제가 아니던가! 그리고 집 밖에서 마을의 어른들이나 선배들과 정답게 지내라고 부탁했다. 너 자신을 이해하기 위해 먼저 너의 주변에 눈을 돌리고 그들을 이해하라는 뜻이다. 존재는 생활의 소박한 진동으로부터 창조된다. 그것은 관념적 내부가 아니기 때문이다.

다음으로 공자는 부지런하고 진실하게 행동해서 신뢰받는 사람이 되라고 한다. 자기 존재의 상황을 있는 그대로 바라보고, 허황된 자기기만으로부터 자유로워지라는 부탁이다. 자기가 놓인 삶의 자리를 날조하거나 수식하고, 나아가 실제의 자신과는 다른 존재를 가공해 내는 오만과 허영을 경계한 셈이다. 바늘로 손가락을 찔러 보라! 우리는 빈틈없이 타자들과 엇물려 돌아가는 한낱 현실 속의 존재일 뿐이다. 공자의 말은 무엇보다 자신이 사회라는 약속 체계 속의 존재임을 엄숙히 인정하라는 촉구이다.

그다음으로 공자는 가급적 널리 많은 사람을 사랑하라고 한다. 너희가 사랑할 수 있는 한계까지 사랑해 보라고 한다. 어차피 한 인간이 사랑할 수 있는 양은 정해져 있다. 그러나 사랑을 여한 없이 시도해 보아야만 자신이 지닌 사랑의 부족함, 그 한계를 절실히 깨달을 수 있다. 그 한계 위에서 우리는 비로소 무언가를, 또는 누군가를 포기할 수 있게 된다. 즉, 세상 모두를 사랑할 수 없다면 그 가운데 어진 사람들과 더 가까이 지내는 것 또한 숙명이다. 내가 세상 사람 모두를 사랑하고, 또 그들 모두로부터 사랑받을 수 있다는 환상은 머릿속으로만 세상을 읽는 어리석은 자들의 지적 사치일 뿐이다.

마침내 강론의 마지막에 이르러서야 공자는 공부를 허가한다. 자신의 유한함, 자기 존재의 군색한 본질을 다 이해하고, 타인과의 공존이 생각보다 엄격한 것이며, 인생이란 끝없이 무언가를 선택해야 하는 절박한 실존임을 승인하고 나서야 공부를 시작할 수 있다. '이상의 모든 것을 하고 나서 남는 힘으로 글을 익혀라.'라는 명제의 위대한 본질이 여기서 빛을 발한다. 머리는 삶을 살아가는 가장 나중의 수단에 불과하며, 어찌 보면 그것의 사용을 최소화할수록 인간적 성숙함에 다가갈 수 있음을 넌지시 제시하고 있다.

감춤과 드러냄,
친화력의 마술

　마술의 매력을 생각해 보자. 모든 마술의 기본은 무언가를 감추었다 다시 등장시키는 것이다. 그것이 물건이든 마술사 자신이든 사라졌다 나타나는 과정을 은폐함으로써 최초의 상태와 마지막 결과 사이에는 신비한 간격이 발생한다. 이 과정에서 어떤 변형이 생긴다면, 즉 처음 사라졌던 대상에 모종의 물리적 차이가 생긴다면, 현실의 존재 법칙을 초월한 마술적 현상으로 승화되어 관객을 놀라게 한다. 예컨대 완전한 결박 상태에서 철저히 갇혀 있던 사람이 전혀 엉뚱한 공간으로 벗어나 관객 앞에 다시 등장할 때 마술의 기적은 완결된다. 전설적인 마술사 해리 후디니나 그 계승자인 데이비드 카퍼필드가 그렇게 해서 세계적 명성을 누렸다.

　자신이 알고 있던 대상이 눈앞에서 은폐되는 것 하나만으로도 인간이 건설한 상식의 세계는 파괴된다. 이처럼 마술은 일상화된 상식을 단절시키는 은폐와 변형의 기술이며 감춤과 드러냄의 미학이다. 이 미학적 효과에 휘말리면서 사람들은 현실과 단절되어 그것이 주는 과도한 긴장으로부터 휴식을 취한다. 동시에 일상의 질서가 번복된다는 것은 구속으로부터의 일탈, 세상을 새롭게 발견하는 희열을 선사하기도 한다. 그렇다! 세상에는 내가 아는 것보다 더 훌륭한 것들이 존재할 수도 있다!

이런 기법은 단지 마술사들의 전유물은 아니었다. 연금술사들도 자연에 대한 연구를 통해 그와 비슷한 신비술을 구현했던 것이고, 그들과 경쟁하여 승리한 자연과학자들 역시 한때는 상식에 도전하여 우주의 비경을 대중들에게 시현하던 마술사 같은 존재였다. 마법과 과학은 한 몸이었다. 여기서 우리는 이러한 물리적 신비주의를 영적 신비주의로 재창조했던 종교적 지도자들을 자연스레 떠올리게 된다. 석가여래와 예수, 그리고 마호메트는 우리가 아직 모르는 초월적 진리를 먼저 엿본 자들이고, 그들이 잠시 진리의 명상계 속으로 사라질 때 우리는 관객으로 소외되어 그들을 경외하게 된다. 그들은 상식을 넘어서 무언가를 감추고 드러내면서 일상을 파국으로 몰아넣는다.

마술과 종교의 은폐기술은 실상 교제술이나 협상술의 기본원칙과도 통한다. 교제와 협상이라는 전쟁터에서 승리를 누리는 사람들은 보통 의외성을 소유한 인물들이다. 그들은 상식을 파괴한다. 그들은 누구나 그러리라고 생각하는 시간과 공간의 배치를 무시하면서 우리가 예견하지 못했던 모습으로 출현하곤 한다. 그들은 의외의 장소에서 의외의 상황에 나타나 의외의 행동을 한다. 때문에 그들의 교제와 협상은 우리가 상대할 수 없는 수준에서 진행되고, 우리는 자기도 모르게 그들의 문법에 따라 춤추게 된다. 내가 모르는 신비한 영역을 상대가 감추고 있다고 믿게 될 때, 나는 그 또는 그녀의 리듬에 끌려 들어가 매료되고, 협상 테이블은 의도하지 않았던 경외의 무대로 탈바꿈된다. 이러한 기가 막힌 기술을 공자도 알고 있었다.

> 공자께서 말씀하셨다. "너희들은 내가 무언가를 감춘다고 생각하느냐? 나는 아무것도 감추는 것이 없다. 나는 무슨 일을 하건 너희들과 함께 했었다. 그것이 바로 나, 공구다!"
>
> 《논어》 '술이'편

> 子曰, "二三子, 以我爲隱乎? 吾無隱乎爾. 吾無行而不與二三子者, 是丘也!"
>
> 《論語》 '述而'篇

공자가 어떤 상황에서 이런 대답을 한 것인지는 알 수 없다. 추측하자면, 항상 제자들의 논리적 능력을 훨씬 뛰어넘는 스승의 지혜에 대해 많은 제자들이 놀라워했고, 그래서 그 비결에 대해 끊임없이 궁금해했을 것 같다. 《논어》에는 그러한 제자들이 스승에게, 혹은 스승의 아들에게 무언가 비밀스러운 방법이 존재하는지 묻는 장면들이 몇몇 보인다. 물론 공자는 항상 겸손했다. 그는 마술 같은 기적도, 황홀한 신비 체험도 제시하지 않았다. 그래도 제자들은 스승이 무언가 남다르다고 느꼈고 외경했다.

공자는 제자들에게 자신에겐 남모를 비밀이 없다고 간곡하게 타이르고 있다. 혹시 너희들은 내가 너희 모르게 무언가 은밀한 일을 획책했다고 믿는 것이냐? 그것이 좋은 것이든 나쁜 것이든 내겐 비밀이 없다. 나는 너희와 한시도 떨어지지 않았다. 공구(孔丘)라는 존재, 너희들이 예나 지금이나 보아 온 그 존재가 바로 나다. 나는 여기, 너희 앞에 있다.

그런데 문제는 이토록 감춘 것이 없다고 고백하는 노스승의 인간적 진솔함에 있지 않다. 핵심은 제자들이 그토록 솔직담백한 인간 공자를 신비한 눈으로 바라보았다는, 스승이 자기들과는 다른 차원에 속해 있다고 느꼈다는 바로 그 점이다! 공자는 알고 있다. 스승으로서 자신이 가지고 있는 본질이 바로 그 지점, 제자들을 일상에서 떼어 놓는 강렬한 카리스마, 늘 마주하고 있지만 다른 곳에 속해 있는 듯한 신비한 매력에 있다는 것을. 그리고 짐짓 감추는 것이 없음을 거듭 천명할수록 제자들은 더욱 미궁에 빠질 것이라는 점을.

감춤은 드러냄과 연결되어야 진정한 자기 의미를 완결한다. 눈앞에서 사라진 비둘기는 마술사의 모자에서 다시 나와야 한다. 그냥 사라져 버리기만 하면 공포를 불러일으킬 뿐이다. 마찬가지로 초월의 경지로 가려져 있는 노스승 공자는 스스로를 일상적 존재로 회복시켜야 한다. 그래야만 일상의 존재들인 제자들을 도의 세계로 이끌 수 있다. 이렇게 사라졌다 나타나기를 반복하며 참된 지혜는 세속화를 거부하면서도 세속에서 빛난다.

이 기술이야말로 진정한 친화력의 핵심 지혜이기도 하다. 언뜻 자기 속을 다 드러내고, 서로 볼 것 못 볼 것 다 보아야만 친해진다고 믿는 사람들도 있다. 그건 시정의 의리요 잡배들의 결사 정신일 뿐이다. 같은 배를 탔음을 증명하려 각자의 몸을 훼손하는 행위, 즉 문신을 아무리 해도 내심 그들은 서로를 경멸하고 있다. 깡패들과 정치 모리배들은 그래서 가장 친한 친구를 등 뒤에서 찌른다. 친화력은 아직 감춰진 것이 있다고 믿는 거리 감각에서 생기는 것이며, 반드시 일정한 외경을 동반한다. 때문에 낯선 영역을 여전히 가지고 있는 신비한 아내가 남편에게 동경의 대상으로 오래 남는 법이다.

과실(過失),
사람을 알아볼 수 있는 좋은 수단

사람은 과실로부터 자유로울 수 없다. 누구나 한 번쯤 부끄러운 허물을 짓고 쥐구멍에라도 숨고 싶은 적이 있었을 것이다. 그러나 정작 과실의 정체에 대해서는 잘 모르고 있기에, 비슷한 실수를 반복하거나 또 다른 종류의 과오를 저지르게 된다. 나중에는 스스로가 자기 과실에 적응하다가 아예 개성으로 내세우는 경우조차 있다. 그런 사람은 운이 좋으면 우스운 인간이라고 조롱당하는 데에서 멈추겠지만, 쌓이고 쌓인 과실들이 고질병이 되어 사람들로부터 외면받기 십상이다.

과실, 과오 또는 허물이라 불리는 실수의 본질은 무엇인가? 그것은 그 시비가 너무나 명확하여 규범이나 법의 심판을 받는 사회적 추태나 범죄와는 다르다. 과실은 그 범위가 애매한 데가 있어서 이를 바라보는 사람의 관점에 따라서 주관적으로 이해되곤 한다. 예를 들어 어떤 과실은 특정한 공동체에서는 관습에 따라 쉽사리 용서

되지만, 또 다른 공동체에서는 혹독한 미움의 대상이 되기도 한다. 두 공동체 사이의 공통점이라면, 과실은 그 과실을 저지른 사람의 평판을 나쁘게는 할지언정 결코 처벌의 대상은 아니라는 사실이다.

결국 과실이란 뉘우치거나 사과해서 얼마든지 그 잘못을 만회할 수 있는, 사회의 질서에 대한 그리 심각하지 않은 위반이라고 할 수 있다. 그래서 사회 규범이나 법률을 어겼을 때는 부끄러운 감정을 느끼게 되지만, 과실을 저질렀을 때는 미안함을 표시하는 데에서 그치게 마련이다. 예를 들어 밥을 먹는 사람 앞에서 방귀를 뀌었거나 공공장소에서 큰 소리로 트림을 하는 경우, 우리는 미안한 마음에 어쩔 줄 몰라 하기는 하지만 윤리적인 수치심까지는 느끼지 않는다. 서양의 에티켓 위반과 비슷한 과실을 저질렀다고 해서 사회적으로 매장을 당하는 경우는 거의 없다.

그런데 사회적 상규에 대한 이러한 가벼운 위반조차도 상황에 따라서는 심각한 결과를 초래하기도 한다. 과실치사가 대표적인 경우다. 비록 그럴 의도는 없었을지라도, 한 사람의 사소한 부주의나 이기적인 행동이 타인의 목숨을 앗아 갈 수도 있는 것이다. 또한 이러한 소소한 과실들이 계속 반복되다 보면 주변에 큰 피해를 끼치는 건 시간문제다.

> 공자께서 말씀하셨다. "사람이 저지르는 과실에는 각기 제
> 각각 특징이 있다. 과실의 특징을 보면 (그 사람이) 어진지
> 를 알 수 있다."
>
> 《논어》 '이인'편

子曰, "人之過也, 各於其黨. 觀過, 斯知仁矣."

《論語》 '里仁'篇

공자는 단 한 번도 과실을 저지르지 말라고 한 적은 없다. 과실이 있으면 바로 고치라고만 했다. 스승의 사랑을 한 몸에 받은 안회도 과실을 저질렀었다. 다만 같은 과실을 두 번 반복하지 않았을 뿐이다. 따라서 공자는 반복하지 않는다는 것을 전제로, 과실에 대해서는 관대했음을 알 수 있다. 아니, 과실을 인간의 어쩔 수 없는 운명으로 어느 정도 허용해 두고, 그것을 고칠 수 있는 경지를 추켜세웠을 정도였다. '위영공(衛靈公)'편에서 공자는 '허물이 있는 데에도 고치지 않는 것, 그것이야말로 허물이라 한다(過而不改, 是謂過矣).'고 주장했다.

그렇다면 우리는 왜 과실로부터 자유로울 수 없는가? 사람마다 저지르는 과실에 제각각의 특징이 있다는 공자의 말에서 그 해답을 찾을 수 있다. 사람들은 누구나 똑같은 유형으로 묶여지지 않는, 자기 나름의 고유성향이라는 걸 가지고 태어난다. 생긴 모습이 조금씩 다르듯이 성격 역시 천차만별로 다른 것이다! 물론 혈액형의 경우처럼 몇 개의 유형으로 사람들을 구별하기도 하지만, 그러한 성근 기준은 한 사람의 특징을 다 드러내지 못한다.

이렇게 다 다른 성격으로 태어난 우리 각자는, 도드라진 자기만의 개성 탓에 이미 만들어진 평균적 사회 질서와 어떻게든 마찰을 빚게 되는데, 그게 바로 과실이다. 때문에 성인군자가 아닌 이상 과실을 저지르지 않기는 불가능하며, 그렇게 저질러진 과실에는 제각각의 특징이 있을 수밖에 없다. 그리고 바로 이런 이유 때문에, 어떤 사람이 저지르는 과실의 특성을 자세히 들여다보면 그 사람의 타고난 성향까지 파악할 수 있게 되는 것이다.

그럼 상대의 과실이 지닌 특성은 어떻게 살필 수 있을까? 공자는 그 과실이 빚어지는 공통된 상황을 관찰하라고 한다. 과실은 그 과실을 저지르는 사람이 지닌 성향에 따라 독특한 패턴을 이루는데, 바로 그것이 남들과 다른 그 사람만의 본성을 규정해 준다.

예를 들어, 어떤 사람은 술을 마시다가 과실을 자주 저지르고, 또 다른 사람은 운동중독에 걸려 자기 몸을 혹사시키다가 번번이 앓아눕곤 한다. 전자는 방심하기 좋아하는 단점을, 후자는 건강을 지나치게 염려하는 약점을 지녔을 가능성이 크다. 또한 이러한 약점이나 단점을 거슬러 올라가 그 사람의 다른 결함들을 찾다 보면, 마침내 어떤 패턴이 발견될 것이다. 그리고 이 패턴이야말로 그 사람이 어떤 사람인지를 웅변해 준다! 허물을 통해서 그 사람이 어진지를 알 수 있다는 공자의 말은 바로 이런 뜻이다.

그런데 사람들이 저지르는 과실의 패턴들은 매우 다양하지만, 그 가운데에도 경중은 있다. 예컨대 몹시 산만하여 남이 하는 말 뜻을 잘 알아듣지 못하다가 저지르는 과실과, 타인의 몸을 훔쳐보는 과실은 결코 동일하지 않다. 비록 현재까지는 둘 다 비슷한 나쁜 습관처럼 보일 수도 있지만, 범죄로의 발전가능성 측면에서는 천지차이가 있다. 흔한 실수로 여겨 허용해 줄 수 있는 과실이 있는가 하면, 아직은 징후가 미미하더라도 따끔하게 혼내 줘야 할 과실도 있는 법이다. 이렇게 상대방이 저지르는 과실의 가볍고 무거움을 통해서 그 사람이 인한 사람인지 아닌지를 가늠해 볼 수 있다.

　또한 과실은 그것이 일어나는 상황에 따라서 질적으로 전혀 다른 성격을 띠기도 한다. 예컨대 누군가가 빈민가의 골목길 담벼락에 허가 없이 낙서를 했다고 해도, 어떤 낙서는 사람들의 눈살을 찌푸리게 하는 흉한 짓이 되지만, 또 다른 경우에는 그래피티 예술이 될 수도 있다. 이렇게 어떤 과실은 오히려 그 과실을 저지른 사람의 어진 성품을 증명해 주기도 한다. 공자가 사람의 과실을 살펴서 어진지를 알아보라고 한 이유가 짐작되지 않는가!

　마지막으로 우리는 과실을 저지른 사람이 그 과실을 얼마나 빠르고 단호하게 고칠 수 있는지를 살펴서, 그 사람이 과연 어진지를 알아낼 수 있다. 아무리 사소한 과실도 지나치게 반복되면 고치기 어려운 병폐가 된다. 그렇게 되기 전에 작은 과실조차 고칠 수 있는 사람이라면 어진 사람도 될 수 있을 것이다. 그래서 공자는 사람들의 과실을 꾸중하기보다는, 같은 과실을 두 번 이상 반복하지 않았던 안회를 칭찬함으로써 제자들을 고무시키고자 했다.

예(禮),
세상의 모든 덕을 이뤄 주는 힘

　메이지 유신 이후 근대화를 이룬 일본은 선진국으로 올라서기 위해 국가 권력을 빠르게 쌓아 나갔다. 그 지나친 공권력이 군사력과 결합되자 마침내 아시아 정복에 뛰어들게 된다. 그렇게 시작된 폭력의 시대는 전쟁이 끝나고도 한동안 멈출 줄을 몰랐다. 패전 후의 일본 사회에는 폭주족이 들끓었다. 젊음을 증명하겠다며 수많은 청소년들이 오토바이 질주를 즐기다가 목숨을 잃었다. 광기의 시대였다. 소설가 모리무라 세이이치는 〈증명〉 시리즈를 통해 이 시대의 군상들을 묘사한다. 하드보일드한 현실 속에서 남성들은 자신의 남성성을 되찾기 위해 복수의 여정을 떠나고, 죽음과 함께 청춘도 인간도 증명된다!

　무모한 용기가 필요했던 시대에 국가 폭력에 의해 희생된 젊은 목숨들을 향한 진혼곡으로는 《인간의 조건》 같은 명작도 있다. 남자 주인공 가지는 탈영한 뒤 연인 미치코가 있는 열도를 향해 무작정 걷다가 만주 벌판에서 사망한다. 정녕 무도한 세상이었다. 그런 시절엔 이런 미치광이들도 갑자기 대거 출현했다. 이른바 도리마(刀利魔). 사람이 많은 대로변에 불쑥 나타나 아무나 칼로 베다가 자살하는 이상한 무리들이었다. 도리마는 사무라이 대신 나타난 파괴의 악마들이었다.

루스 베네딕트의 《국화와 칼》은 국화로 대변되는 일본의 부드럽고 절제된 의례의 미학과 칼로 대표되는 잔인함의 미학이 지닌 모순을 폭로한 책이다. 어떻게 하나의 민족에게 이런 극단적인 양면성이 공존할 수 있었을까? 베네딕트의 책은 전후의 유럽 지성인들을 사로잡은 일본의 매력 배후에 있는 위험성을 간파한 명저다. 사실 일본처럼 에티켓이 극도로 발전한 나라도 드물다. 롤랑 바르트가 다양한 예법들이 치밀하게 얽혀 있는 일본 문화에 감명받아 《기호의 제국》을 썼을 정도다. 아놀드 토인비, 미셸 푸코 등등 그런 지식인들이 한둘이 아니었다.

예를 극단적으로 강조하는 민족이 예를 상실했을 때 어떤 대가를 치러야만 하는지를 일본의 전후 상황이 웅변적으로 보여 준다. 삶에 녹아들지 않은 예가 삶의 밖에서 삶을 구속하는 장식적인 틀이 되어 버리면, 어느 순간 삶과 예를 연결하는 고리가 끊어져 버리게 된다. 그리고 예가 주는 긴장으로부터 자유롭게 풀려난 본능의 무례한 힘은 더 강한 탄력을 받아 세계를 폭력적으로 사로잡는다. 너무 잘 길들여져 지나치게 온순한 학생들이 갑자기 폭력에 몸을 맡기면 경악스러울 정도로 무도한 짓을 저지르지 않던가?

공자께서 말씀하셨다. "공손하면서 예가 없으면 쓸데없는 고생만 하고, 신중하면서 예가 없으면 두려워하는 꼴이 되며, 용맹하면서 예가 없으면 난폭해지고, 정직하면서 예가 없으면 남에게 각박하게 강요하는 격이다."

《논어》 '태백'편

子曰, "恭而無禮則勞, 愼而無禮則葸, 勇而無禮則亂, 直而無禮則絞."

《論語》 '泰伯'篇

공자의 예에 관한 이론을 계승한 것은 자하(子夏) 계열이었다. 이 학파는 부유했던 제나라에 정착하여 직하학파(稷下學派)를 이뤘고, 성악설과 예론을 강조한 순자를 배출했다. 그들은 가족 사이의 정애인 효를 우주의 중심으로 강조했던 증자학파와는 반대의 길을 걸었다. 특히 순자는 사회학적인 통찰을 기초로 삼아 개인에 대한 통제와 도덕적 교화를 핵심으로 하는 정치론을 주장한 바 있다. 그리고 이로부터 싹트게 된 법가 사상이 진나라의 천하통일에 정신적 바탕을 제공했던 것이다. 공자가 강조했던 예가 법으로 화하면서 이제 예는 개인을 규제하고 감시하는 외부의 힘이 되어 버린 셈이다.

본심에서 나오지 않고 타인들의 시선을 두려워하여 준수하는 예를 허례라고 한다. 허례에는 견디기 힘든 긴장이 뒤따르고, 이것이 스트레스가 되어 폭발하면 무례로까지 치닫는다. 예의 근본

정신에 대해서는 고민하지 않고, 그저 예를 이루는 멋진 장식들에 빠져 그 겉모습만을 따라 하다 보면, 그렇게 되는 것도 큰 무리가 아니다. 이를테면 자신의 여성관을 정직하게 반성하지 못한 채 스스로를 페미니스트라고 떠벌이던 인사들이 술에 취해 고삐가 풀리면 추행을 서슴지 않곤 한다. 툭하면 예를 언급하는 잔뜩 힘 들어간 사람들이 오히려 예의를 모른다. 그렇게 예를 떠들어 대는 것 자체가 무례함임을 모르기 때문이다.

예는 세상의 모든 미덕을 진정한 미덕으로 완성시켜 주는 절제된 힘이다. 어떤 좋은 것도 과도하거나 모자라면 아름답지 않으며, 그것이 지닌 긍정적 영향력을 온전히 발휘하지 못한다. 그래서 세상의 모든 좋은 덕을 제대로 움직이게 해주는 추진력이 예라고 할 수 있다. 그런데 예라는 것을 인이나 의처럼 뚜렷한 개념으로 규정하기는 힘들었기 때문에, 공자는 부정적인 화법으로, 즉 예가 없어지면 어떻게 되는지를 설명함으로써 예를 드러내고자 했다.

아무리 공손하더라도 예로써 아우르지 않으면 나만 피로하게 될 뿐이다. 상대방은 나를 자기에게 굽실거린다고, 자신의 권세에 복종한다고 쉽게 오해하여 내게 함부로 대하게 될 것이다. 이를 수정하기 위해서는 너무나 많은 정력과 시간을 쏟아부어야 하는데, 세상에 그럴 가치가 있는 사람은 그리 많지 않다. 애초부터 공손하되 절도가 있었더라면, 상대의 나에 대한 어리석은 속단을 막을 수 있지 않았겠는가? 이미 때를 놓친 뒤에 예를 지키라고 목소리를 높여 봐야 상대는 배신당했다고 서운해하지 않겠는가? 그러므로 타인에 대한 공손한 태도는 나 역시 존중받고 있다는 믿음 위에서만 가능한 미덕이다.

신중하면서 예가 없으면 겁먹었거나 비굴한 것으로 오해받는다. 주변을 두루 살피며 졸속을 경계하되, 최종적인 결단은 분명하고도 단호해야만 한다. 무사가 칼집에서 칼을 뽑기까지는 신중해야 하겠지만, 일단 한번 뽑으면 단호히 살기로 무장해야 하는 것과 같다. 이러한 과단성을 전제로 한 신중함은 비겁한 우유부단함과는 애초에 풍기는 느낌이 다를 것이다. 그 차이를 가르는 절도가 바로 예다.

용맹하되 예가 없으면 난동이 된다. 절제되지 않은 용맹함은 한낱 동네 깡패 수준의 폭력으로 전락할 것이다. 용맹한 사람이 추구하는 건 세상의 존경일 텐데, 존경받는 깡패란 존재하지 않는다. 용맹이 안으로 잘 다스려진 능력을 명분을 가지고 드러내는 것인 반면, 어지럽게 발산되는 폭력은 에너지의 일시적인 분출 현상일 뿐이기 때문이다. 에너지가 제멋대로 날뛰며 움직인다면 그 움직임 안쪽에는 에너지를 통제하는 주체가 없을 것이고, 주체 없는 행동에는 책임도 뒤따르지 않을 것이다. 아무도 책임지지 않을 행동을 존경해야 할 이유가 어디에 있겠는가?

마지막으로 정직함이 예와 결합되지 못하면 상대를 윽박질러 강압하는 간섭이 된다. 곧음이란 저 홀로 똑바로 섬으로써 이루어지는 자족적인 미덕이다. 이를 주변 사람들이 동의하느냐, 또는 한발 더 나아가 본받느냐는 건 다른 문제다. 내 곧은 성격의 뾰족한 부분이 혹시라도 다른 사람들의 둥근 부분을 찔러 그들의 마음을 벤다면, 이는 그저 모난 성격에 지나지 않을 것이다. 그럼에도 세상의 수많은 모난 인격들은 희한하게도 자신의 성품이 곧다고 착각하며 살고 있다. 날카롭게 다듬은 자기의 마음을 세상 사람들 사이로 휘저으며 다치게 하면서도, 스스로가 너무 곧아서 사람들이 힘들어한다고 착각하고 있다. 툭하면 예를 입에 달고 사는 이런 사람들은 뜬금없이 온 세상이 병들었다고 한탄하기 일쑤인데, 실은 그 누구보다도 위선적이며 세상에 대한 열등한 원한 감정에 사로잡혀 있는 것이다. 예라는 것이 본래 따뜻하게 품는 것임을, 내 속 비추어 남 이해하려는 건강한 내적 긴장임을 그들은 모르고 있다.

모략가를 대하는
현명한 자세

내 마음을 흔드는 모략가들의 기막힌 감언이설은 번지르르한 달변이나 호의가 넘치는 친절과는 아무 관계가 없다. 다른 사람의 인생을 밑에서부터 망치게 될 거짓말들은 마치 사소한 말인 양 무심히 건네진다. 그리고 그들은 조금씩 상대방의 마음속을 떠보면서, 자기의 말과 행동이 효험을 볼 순간을 끈질기게 기다린다. 때로는 과감하게 뒤로 물러설 줄도 아는 침착함은 사악한 모략가의 기본 조건인 것이다.

모략가들은 의외로 수줍고 겁이 많으며, 섬세한 감수성을 지닌 사람들이다. 그들은 인간을 잘 이해하고 있다. 모략가들은 상대가 가장 자신 있어 하는 것들이 상대의 결정적인 약점이 되며, 상대가 가장 사기충천해 있는 순간이 상대를 거꾸러뜨릴 절호의 기회가 됨을 충분히 숙지하고 있다. 이런 기민한 포착 능력은 타인들의 삶에 무심한 채 자기만의 세계에 빠져 있어야 가능하기에 모략가들의 겉모습은 겁이 많거나 수줍어 보이며, 그러면서도 자신의 음흉한 속마음은 들키지 않아야 하기에 주변 상황에 예민하게 반응한다. 한마디로 그들은 공감능력은 없지만 자기 모습을 매력적으로 꾸미는 데는 뛰어난 사이코패스에 가깝다.

업무에는 무능하지만 영리한 모략가가 출세하기 위해서는 사람 보는 안목에 자신이 넘치는 자기애적인 상사를 선택하곤 한다. 그런 상사는 미련스러워서 자신의 통찰력을 의심해 본 적 자체가 없다. 따라서 그런 상사의 주변에서 매력을 피우며 기다리다 보면, 언젠가는 상대의 내밀한 욕망의 세계 속으로 잠입할 수 있게 된다. 그 욕망의 세계야말로 상대의 약점을 틀어쥐고 흔들어 댈 수 있는 무궁무진한 광맥인 것이다.

사람을 잘 알아본다는 자신감에 빠진 바보들은 모략가들이 흔히 스스로를 희생자인 것처럼, 세상에 의지할 데 없는 나약한 존재인 것처럼 위장할 때 더욱 손쉽게 속아 넘어간다. 그래서 상대를 방심하게 만들려는 모략가들은 자신을 어리석고 유약하며 나태한 모습으로 꾸미기를 즐긴다. 하지만 자기의 이익이 달린 순간이 찾아오면, 그들은 비할 바 없이 근면하고 성실해진다! 이러한 모략의 전략들을 깨닫게 되면 보통의 사람들은 경악하게 될 것이다.

이를테면 모략가는 자신을 괴롭히고 있는 강력한 적대자를 설정해 두고, 그 존재가 상사의 적대자일 수도 있음을 끝없이 상기시킨다. 이렇게 담담하게 어떤 사실을 되풀이 확인시키는 것만으로도 모략은 완성될 수 있다. 그 의외의 간결함과 허를 찌르는 단순함은 가히 미학적이라 할 만하다.

또 자신의 정체를 넌지시 드러내는 뻔뻔한 경우도 있다. 이럴 경우 상사는 모략가가 자신에게 누군가를 헐뜯음으로써 모종의 이익을 취하려 한다는 걸 꿰뚫어 알게 된다. 하지만 그 사실이 불쾌하지 않다! 자신의 힘을 확인시켜 주기 때문이다. 권위적 성향을 지닌 이런 상사는 당장 자신에게 손해가 생기지 않는 한, 모략가의 아첨을 즐기려고 한다. 자신에게 의존하려는 약자처럼 나의 우월감을 만족시켜 주는 존재가 어디 있으랴! 이렇게 열등하지만 교활한 모략가는, 오히려 그 열등함을 무기 삼아 한 시대를 풍미하기도 하는데, 그 배후에는 항상 자기 자신만을 염려하는, 그래서 독선적이고 어리석은 권력자가 있게 마련이다.

그런데 생각해 보라! 긴 안목을 가지고 오래도록 이기적인 욕망을 참아왔던 모략가가 권력자 아래에 빌붙어 있는 삶에 만족하겠는가? 누구의 권력욕이 더 크겠는가? 그렇다면 최후의 승자는 이미 정해진 셈이다. 그리하여 모략가가 주인공이 되는 시대가 찾아오게 되는 것이다. 이를 누구보다 두려워했던 이, 그가 바로 공자였다.

> 자장이 현명함에 대해 묻자 공자께서 대답하셨다. "물이 스미듯 은근히 에둘러 하는 참소나 피부에 와 닿을 듯 절실하게 하는 하소연을 받아들여 행하지 않을 수 있다면 현명하다. 이렇게 은근한 참소나 절실한 하소연을 듣고 그대로 행하지 않는다면 더 나아가서 그 뜻이 원대하다고 할 수 있으리라."
>
> 《논어》 '안연'편

子張問明, 子曰, "浸潤之譖, 膚受之愬, 不行焉, 可謂明也
已矣. 浸潤之譖, 膚受之愬, 不行焉, 可謂遠也已矣."

《論語》 '顔淵'篇

　　제자 자장(子張)의 질문에 공자는 추상적으로 대답하지 않는다.
스승의 답변은 단호하고도 구체적이다. 남의 참언이나 거짓된 하
소연에 굴복하지 말라! 상대의 말이 아니라 속마음을 통찰하라!
그리고 먼 안목을 가져라! 그래야만 당장은 절실해 보이지만, 결
국에는 사소한 것으로 밝혀질 것들에 마음을 빼앗기지 않을 수 있
다. 공자는 그렇게 두 번이나 반복하고 있다.

　　공자는 참소가 난무하는 어지러운 시대를 살았다. 때문에 그에
게 현명함이란 참언이나 하소연에 쉽게 흔들리지 않는 것만으로
도 충족되는 경지로 여겨졌을 것이다. 얼마나 많은 군주들이 간사
한 유세객들의 말과 행동에 현혹되었을까? 또 공자는 얼마나 자주
그들의 모략에 걸려 고초를 겪어야만 했을까? 공자야말로 참언과
하소연에 능했던 그 시대의 모략가들에게는 최대의 적이었고 희
생자였다. 그런 공자에게 현명함이란 어떤 간사한 유혹에도 평정
을 잃지 않는 마음일 수밖에 없었다.

　　여기서 참언과 하소연에 대한 공자의 표현을 눈여겨보아야 한
다. 참소는 천천히 스며드는 물이 끝내 속까지 적시듯 그렇게 진
행된다. 결코 처음부터 누군가를 비방하거나 해코지할 의도를 드
러내지는 않는다. 그것은 사람들이 모르게 차츰 진행되면서, 최종
적 파국을 피할 수 없도록 단단한 구조를 지어 놓는다. 따라서 나

중에 모략의 피해자들이 진상을 깨닫게 되어도 속수무책이 되는 것이다. 이렇게 여러 수를 읽어 가며 큰 판을 짠 것은 길게 내다보고 줄기차게 한 수 한 수 두어 간 모략가, 바로 그 사람이다!

다음으로 하소연에 대해 정의하고 있다. 바로 '부수(膚受)'다. 하소연은 절실하고도 긴박하게 요청됨으로써 내 판단능력을 정지시키고, 결국에는 맹목적인 결정으로 이끈다. 이를테면 나보다 너무나 약해 보이는 사람의 눈물 어린 호소, 과거에 내가 겪었던 일을 떠오르게 하는 누군가의 난처한 처지, 너무나 가까운 관계라서 상대를 나와 동일시하게 되는 사람의 부탁 등이 그런 경우들이다. 이러한 다양한 얼굴들로 이루어지는 하소연들은 모략가들이 즐겨 쓰는 설득의 기술이기도 하다.

결국 공자는 그런 모든 근시안적인 실수들을 벗어나기 위해서 포부를 원대히 가지라고 강조하고 있다. 길게 보는 안목이, 내가 죽은 뒤의 미래까지 염려할 줄 아는 희생정신이 사람들의 약점을 파고드는 모략가들로부터 우리를 보호해 준다. 그들의 부탁을 단호하게 거절하도록 만들어 준다.

여성은 왜 소인이
되어야만 했을까?

　생명체의 자기복제 과정에서 유래한 성의 차이는 처음에는 그저 생존의 편리를 목적으로 한 진화의 산물이었을 것이다. 이러한 생물학적 선택이 문화적인 숙명으로 굳어진 이후, 인류는 얼마나 모질고도 긴 성 차별의 굴레 속으로 들어서게 되었는가? 잘 생각해 보면 그렇게 큰 차이도 아닌데, 여성과 남성은 때때로 서로가 종이 다르다고 느낄 만큼 상대를 미워하기도 한다.

　여성들이 지닌 성적인 불리함의 대부분은 그녀들의 역할이 출산과 육아로만 축소되면서 생겨났던 것 같다. 남성들도 한때 수유가 가능했음이 흔적 기관의 형태로 증명되므로, 육아가 여성만의 일이 아니었던 건 분명하다. 여성이 출산만 담당할 뿐 그 이외의 사회적 역할은 동등했을 테고, 당연히 육체적 능력도 엇비슷했을 것이다. 그러던 어느 순간 여성들이 육아를 전담하게 되고, 이윽고 출산에 특화된 몸으로 바뀌면서 남성의 지배력이 형성되었다고 할 수 있다.

종의 보존을 위하여 가급적 많이 출산해야 하고, 또 출산한 후
손들을 최대한 많이 살려 내야 하는 한, 여성들에게 사회적 노동
은 불가능하거나 혹시 가능하더라도 제한적으로만 허용되었을 것
이다. 그리고 여성들은 어느덧 남성들의 특권이 된 노동의 세계로
부터 완전히 추방되었으리라. 날렵하게 달리며 사냥하고, 이웃 부
족에 맞서 활을 쏘는 여성의 모습은 차츰 자취를 감췄고, 주거지
주변을 어슬렁대며 보호자인 남성들이 돌아오기만을 기다리는 수
동적인 여성상이 자리 잡게 되었던 것이다.

여성의 성적 예속은 출산과 육아에만 얽매인 불리한 사회적 역
할로부터 기인했다. 그녀들이 출산만 담당하고 공동 육아와 공동
생산이 이루어지는 세상에서 살 수 있었다면, 인류는 지금쯤 전혀
다른 세계를 만들어 냈을 것이다. 이를 알 턱이 없던 공자는, 여성
들에게 역사적으로 지워진 성적 역할들을 그녀들의 타고난 성적
열등성으로 오해하고야 말았다.

> 공자께서 말씀하셨다. "오직 여자와 소인은 거두기가 어렵
> 다. 가까이 대하면 불손해지고 멀리하면 원망한다."
>
> 《논어》 '양화'편

> 子曰, "唯女子與小人, 爲難養也. 近之則不孫, 遠之則怨."
>
> 《論語》 '陽貨'篇

공자의 너무나도 악명 높은 이 말을 해석해 볼 생각이다. 아마 현대의 페미니스트가 듣는다면 펄쩍 뛰거나 언급할 가치조차 없는 말로 무시하리라. 여성주의의 시각에서 볼 때, 이 말의 최대 장점은 남성중심주의를 너무나 순진하고도 소박하게 표현하여 결코 위협적이지는 않다는 점일 것이다. 아예 대놓고 여성들을 소인이라 낮추어 본 셈이니, 어느 누가 이 논리에 설득당하겠는가!

여기서 공자가 살던 시절을 생각해 보자. 과연 여성들의 처지는 어떠했을까? 사회 활동에 이미 많은 제약을 받고 있던 그녀들은 주나라가 등장한 뒤부터는 더욱 강화된 종법제(宗法制) 체제 아래에서 미미한 경제적 주권조차 제대로 주장할 수 없었다. 언뜻 너무나 당연해 보일 수도 있지만, 공자 문하에 단 한 명의 여성 제자도 없었다는 점을 상기해 보기 바란다. 공자는 사회 및 교육 활동을 통해서 여성을 단 한 순간도 진지한 고려 대상으로 삼을 수 없었던 시대를 살았다. 결국 공자의 눈에 여성은 가족 관계에 갇혀 살아야만 할 존재 이상일 수가 없었던 것이다.

그래서인지 소인에 대해 부정적으로 묘사하던 공자는 그 수단으로 여성들을 끌어들임으로써, 변명의 여지없이 그녀들을 모욕하게 된다. 공자가 지금 다시 태어난다면 꽤나 억울해하리라! 하지만 이 구절의 본질이 여성 경멸이 아니라 소인 경멸에 있었음을 새삼 유념해 보도록 하자. 공자는 소인들의 어떤 특징들을 강렬하게 부각시키고자 여성들의 사회적 속성들을 끌어들이고 있다. 그래서 소인들을 여성적인 존재로 가정하는 이 대담한 가설을 뒤집어 보면, 소인으로 살아야만 했던 여성들의 억울한 처지가 훨씬 선명하게 드러나지 않겠는가?

　공자는 소인들을 묘사하면서 그들의 두 가지 특성을 강조했는데, 이것들은 사실은 하나의 본질을 표현하는 두 가지 설명방식들에 지나지 않는다. 소인들은 가까이하면 기어오르고, 멀리하면 미워한다! 즉, 소인들은 상대와의 거리 감각에 지나치게 예민하여, 그것이 변화함에 따라 이성이 아닌 감정으로 반응하는 존재다. 왜 거리 감각이 발달해 있을까? 소인들이 자신들에게 익숙한 자그마한 환경 안에 갇혀서 살고 있기 때문이다. 자기만의 좁은 세계에 갇혀서 상대에게 먼저 다가갈 수 없는 그들은, 상대가 취하는 행동에 수동적으로 반응할 수 있을 뿐이다.

　그렇다면 그들은 왜 그렇게 갇혀 있으며 수동적이기만 할까? 소인들은 자신들에게 익숙한 환경 속에서는 자부심과 안정감을 느끼지만, 그 선만 벗어나면 스스로 감당할 수 없는 두려운 세계가 기다리고 있다고 믿기 때문이다. 따라서 그들은 항상 상대를 자신의 세계 안에 가깝게 두고자 한다. 자기가 관리하고 친밀하게 느낄 수 있는 거리 안쪽에 상대를 두고서야 소인들은 안심할 수 있다. 그리고 상대가 그 거리를 조금만 벗어나도 자신들의 좁은 시야에서 사라져 버리기에, 소외감을 느낀 소인들은 갑자기 서운해져 상대를 원망하게 된다.

　이상의 증상들은 공자 시절의 여성들이 일상적으로 겪었던 소외의 경험이 아니었을까? 그렇다면 소인들의 성격에서 왜곡된 여성성을 발견한 공자는 탁월한 여성주의 심리학자라고도 할 수 있다. 소인들의 인성이 삐뚤어져 있어서 고쳐야만 한다면, 그와 비숫한 특성을 지닌 여성들의 인성도 마땅히 바뀌어야 할 것이기 때문이다. 몹시 유감스럽게도 공자는 거기까지 논리를 이어 가지는 않는다.

관계를 상징하는 숫자, 3

　가장 아름다운 정족수는 3이다. 왕실을 호위하는 기사는 셋이라서 삼총사이고 자매들은 세 자매다. 소설 속에서 가장 흥미를 불러일으키는 사랑의 함수도 셋이요, 영화에 자주 등장하는 친구들은 세 친구다. 세 사람이 우연히 만나 삼포로 길을 떠나며 고래사냥 나서는 젊은이들도 셋이다. 포장마차로 가는 밤의 동반자로도 역시 셋이 제격이다. 이렇게 세상은 삼위가 일체되고 삼권이 분립하여 숫자 3이 지배한다.

　왜 세상은 3으로 수렴되는가? 1은 외롭고 2는 변화 없이 닫혀 있는데 여기에 다른 1이 가세해서야 무언가 변화가, 재미있는 운동이 시작되기 때문이다. 음과 양에 무언가 다른 것이 첨가될 때 만물을 뒤흔들 혼란이 초래된다. 위나라, 촉나라, 오나라의 삼국정립이 그래서 가장 흥미진진한 역사적 판도가 된다.

　3이 우주에 사건을 초래하는 서사적 숫자라면 사람 세 명은 조직을 구성하는 최소한의 수효다. 세 명이 있으면 일정한 조직의 틀을 수립할 수 있다. 전략가, 활동가, 그리고 지도자! 이는 역할과 기능으로 분화 가능한 최초의 인원이 바로 셋이라는 의미다. 유비와 관우, 거기에 장비가 더해지니 국가를 창업할 구심점이 마련되었다. 이처럼 세 사람이 등장하는 순간 한 사회에서 발생할 수 있는 모든 사건들이 빚어지기 시작한다.

> 공자께서 말씀하셨다. "세 사람이 길을 가면 그 가운데 반드시 내 스승감이 있다. 그중에서 선한 점을 택하여 따르고, 선하지 못한 점은 반성하여 고친다."
>
> 《논어》 '술이'편

> 子曰, "三人行, 必有我師焉, 擇其善者而從之, 其不善者而改之."
>
> 《論語》 '述而'篇

세 사람이 길을 걸어갈 때조차 그 안에 스승감이 있다. 우연히 하루 산행을 함께 한대도 그중 누군가에겐 반드시 배울 점이 있다. 처음엔 몰랐지만 느닷없는 난관에 봉착했을 때 감춰진 능력을 발휘하는 훌륭한 이가 나타나게 마련이다. 물론 그 반대의 경우도 가능하다.

이렇듯 셋 이상이 모이다 보면 서로의 장단점 또는 선함과 불선함이 속속들이 밝혀지며 우리는 마침내 서로 친해지거나 지독히 미워하게 된다. 그런데 우리가 상대로부터 발견하는 좋은 점이라는 게 과연 늘 좋기만 한 것일까? 둘이라면 그럴 수도 있으리라. 하지만 셋의 경우라면 얘기가 달라지지 않을까?

내게는 너무 좋은 상대의 취향이 또 다른 사람에게는 고통이 될 수 있다. 상대가 고집하는 것들이 내겐 나쁘지 않건만 나머지 한 명에겐 힘겨운 고통이 되기도 한다. 한 사람의 장점이 곧 단점일 수도 있다는 사실이 밝혀지는 순간이다. 이 딜레마를 고려한다면 누가 옳은지 또는 무엇이 선인지에 대해 그 누구도 단정할 수 없게 된다. 셋 가운데 둘의 선택이 다수의 폭력이 아니라고 확신할 수 있을까?

사람 셋은 복잡하고 미묘한 숫자다. 선과 악이라는 절대적 이분법이 무너지고 정반합이라는 변증법적 공존 능력이 요구되는 숫자가 바로 셋이다. 또한 다수가 소수를 힘으로 제압하고 무시할 수 있는 최소공약수라는 점에서 셋은 인류의 잠재된 폭력성을 상징하는 권력의 숫자일 수도 있다. 공자가 셋을 말한 이유가 바로 여기에 있다.

셋 가운데엔 스승이 있지만 그건 정해져 있지 않다. 스승은 셋 사이의 공존과 절충 과정 속에서 섬광처럼 빛나는 통찰 같은 것이다. 말하자면 상대적인 것이다. 내겐 너무나 역겨운 상대의 비음 섞인 말투가 또 다른 한 명에게는 위로가 되기도 한다! 이렇게 관계 속에 물결치는 선과 불선의 사회적 상대성을 깨달았기에 공자는 그때그때 본받고 고치기를 멈출 수 없었던 것이다.

이전엔 장점이 될 수 없다고 느꼈던 것들이 장점일 수도 있다는 체험을 통해 우리는 장점일 수 있는 삶의 항목들을 늘려 나갈 수 있다. 마찬가지로 단점일 수 있음을 짐작조차 못했던 사항들에 대해 새롭게 눈뜨기도 한다. 그렇게 셋 속에서 기꺼이 배우고 고치면서 공자는 하루하루 발전해 나가 결국 스승의 자리에 도달했던 것이다. 이제 주위를 둘러보라. 누가 스승인가?

제2장
군자
경영

남을 다스리는 자의 미덕

니콜로 마키아벨리는 자신의 《군주론》에서 이상적인 지배자를 간교한 여우와 흉포한 사자에 비유했다. 현실적 욕망의 치열한 전쟁터인 정치판을 감안한 몹시 솔직한 관점이다. 하지만 그러한 지배자의 덕목은 간교하고도 난폭하게 세상을 주무를 수 있는 통치자의 우월한 독점적 위치를 가정하고서야 성립될 수 있다. 그런 지위가 용납될 수 없는 현실에서는 누구도 여우와 사자가 결합된 괴물 형상의 전제군주를 인정하지 않을 것이다.

그런데 일상세계에는 여우와 사자 같은 윗분들이 너무도 많다. 다른 사람보다 조금이라도 우월한 지위를 차지하고 나면 자기도 모르게 쉽게 변한다. 이런 현상은 직장 상사, 군대 선임병, 또는 교육자나 정치가 등 사회의 모든 지도자 역할에서 드러난다. 조직을 관리해야 하는 위치를 부여받은 사람들은 우선 심한 책임감을 강조하며 그 속에 슬쩍 타인에 대한 자신의 우월감을 포함시키곤 한다. 그리고 곧이어 과시욕이 덧보태진다.

그러한 윗분들은 무엇보다 이름을 내는 것에 배고파 한다. 자신이 차지한 지위를 자랑하고 싶은 그들은 행사를 몹시 좋아한다. 혼자 있으면, 밖으로 움직이지 않으면 자신의 이름값이 확인되지 않으므로, 인정받고 싶고 존경받고 싶은 마음에 불안해지고 초조해지게 마련이다. 결국 수많은 모임을 찾고, 그마저 없으면 스스로 만들어 내며, 이른바 일을 벌이기 좋아하는 인물로 차츰 바뀌어 간다. 그들에게 타인을 향한 관심은 겉치레가 되고, 자신을 우러러보는 타인의 시선에 연연하면서 쉽게 화를 내기도 한다. 그렇게 자신의 내면을 외부의 눈초리에 탕진하다 보니 그들의 심리는 오히려 공허하고 가난하다.

내면이 풍부한 사람은 남의 윗자리에 앉는 것을 몹시 꺼려한다. 무책임해서가 아니라 그 자리가 어떻게 자신의 내면을 갉아먹게 될 것인지 분명히 알고 있기 때문이다. 그래서 어쩔 수 없이 윗자리에 처하게 되면, 이를테면 한 조직의 리더가 되거나 직장에서 승진하게 되면, 내면이 풍요로운 사람들은 그 자리를 오히려 두려워하고, 나아가 자리가 주는 향유를 거절하거나 축소하려고 노력한다. 그들은 한없이 겸허하게 상대를 배려하고, 그런 배려 속에서 늘 다른 사람들과 권력을 나누며, 그 나눔을 통해 자신의 소중한 내면을 덜 잃고자 한다. 타인을 이용해서 자신의 자리를 확장해 보려는 여우같은 타산, 남을 좌지우지하면서 스스로의 권능을 즐기려는 사자 같은 폭력성이 그들에게는 없다.

공자께서 말씀하셨다. "제후국에 속할 큰 나라를 다스리매 일을 경건히 처리하되 믿음직하게 하고, 쓰는 것을 절약하되 사람들을 사랑하며, 백성을 부릴 때는 때에 맞추어 해야 한다."

《논어》'학이'편

子曰, "道千乘之國, 敬事而信, 節用而愛人, 使民以時."

《論語》'學而'篇

공자는 미래의 지도자에게 권고한다. 일을 경건하게, 말하자면 그 일과 연루된 모든 존재들을 존경하면서 실행하라! 경(敬)은 자신을 한없이 낮추어 몸을 사리는 태도, 자기를 중심으로 사고하지 않는 배려를 상징한다. 그리고 그러한 배려의 도움으로 다른 사람들에게 믿음을 얻을 것을 주문한다. 윗사람이 결코 자신을 과시하거나 사적 욕망을 실현하고자 타인을 이용하지 않으리라는 믿음, 그런 믿음을 쌓은 상사가, 스승이, 그리고 정치가가 온전히 일을 수행할 수 있을 것이다.

다음으로 공자는 검소함을 강조한다. 자신을 위한 소비를 최대한 줄이라는 의미다. 이 말은 스스로를 세상에 내세우기 위한 심리적 허영을 줄이라는 뜻이기도 하다. 심리적 허영이 있으면 물질적 사치는 반드시 뒤따른다. 사치를 경계하는 지도자는 그만큼 타인에 대해 배려할 여유를 더 많이 가지게 될 것이다. 때문에 남을 사랑할 수 있는 마음의 여백도 생겨날 것이다. 사랑은 나를 조금 더 줄이는 만큼 커지는 타인에 대한 관심이다.

끝으로 공자는 백성들에게 일을 부과할 때 적절한 시기를 가려서 하라고 권장한다. 예컨대 농사철에 전쟁을 일으키지 말라는 의미다. 이를 바꿔 말하면, 어떤 일을 추진하고 싶은 지도자 개인의 욕망을 타인들의 욕망과 절충하라는, 그래서 스스로를 항상 타협해야 하는 위치에 놓으라는 충고다. 자식들, 부하들, 자신을 믿는 국민들과 잘 타협할 줄 아는 사람은 궁극적으로 스스로를 가족의, 직장의, 사회의 텅 빈 중심으로 제공할 줄 아는 아량을 지닌 자일 터이다. 어느 순간에는 자신을 하찮은 우스갯거리로 만들 줄 아는 자일 터이다. 긍정적 유머의 생산적 힘을 이해하는 자일 터이다!

자신의 결함과
화해할 줄 아는 리더십

과정을 즐기지 못하고 결과에 급급해하는 사람들이 있다. 그런 부류를 상관이나 선배로 두게 되면 인생은 한판의 희비극으로 꼬이게 된다. 그들은 어떤 일의 수행과정보다는 그것으로부터 예측되는 결과에 민감하므로 미래에 대한 전망이 변화할 때마다 수시로 감정도 변한다. 당연히 주변 사람들을 달달 볶아 댈 것이다. 그리고 불행하게도 그렇게 볶아 댄 결과가 좋았다면 들볶는 방법도 더욱 진화하게 될 것이다.

과정이 주는 성취감을 느끼지 못하는 이런 사람들은 실은 비참한 삶을 살고 있는 것이다. 그들에게는 내면이 없다. 결과에 집착해서 그 이외의 소중한 것들을 보지 못하는 것도 바로 내면이 없기 때문이다. 주변에 온통 자신을 평가하려는 냉랭한 시선들만 있어서, 또는 자신의 위대함에 찬사를 보낼 준비가 되어 있는 대중의 기대 섞인 눈초리들만 있어서 그들의 삶은 그 시선들을 염려하고 관리하려는 욕망으로만 가득 차 있다. 그래서 내면이 없는 사람들은 일중독자들이고 성공지향적인 비관주의자들이다. 그들에게는 다정한 이웃이 없다.

본디 인생이란 그 자체가 과정일 뿐이다. 당장 눈앞에 큰 문제로 다가오는 결과들도 알고 보면 긴 인생의 작은 한 과정에 불과하다. 따라서 과정을 즐긴다는 것은 인생 자체를 즐긴다는 것이며, 자신에게 부여된 삶을 온전히 향유한다는 것이다. 그럴 때에야 비로소 내게 소중한 타자의 얼굴이 제대로 보이게 된다. 하지만 일중독자들은 심지어 자신의 가족의 얼굴조차도 정확히 기억하지 못한다. 자기 삶이 모조리 타인들의 평가에 바쳐져 있으므로 그들은 제대로 된 자기 삶을 잃은 채 살아간다.

이렇게 내면은 없고 외면만으로 살아가는 사람들은 모든 성패의 원인을 외부세계에 전가하려는 성향을 지니고 있다. 작든 크든 오류가 생기면 무조건 남을 탓하는 것이다. 그것은 실제로 탓할 대상이 되어야 했을 '자기'라는 내면의 주체가 애초부터 없었기 때문이요, 무엇보다 그들이 신봉하는 에너지 보존의 법칙 때문이다. 투입된 에너지의 양만큼 결과가 산출된다는 공식. 그들은 이 기계적 연산공식을 철저히 믿고 있어서 타인을 배려하는 나의 정서적 영향력이나 나의 인간적 태도에 끝없이 화학반응을 하고 있는 부하나 후배들의 심리 등을 무시한다. 따라서 일을 제대로 돌아가게 하기 위해서 지속적으로 에너지를 투입하고, 그에 상응하는 결과를 얻기 위해서 누군가를 쥐어짜게 된다. 내가 준 에너지의 양만큼 동일하게 되돌려 달라고 아무 고민 없이 요구해 댄다.

공자께서 말씀하셨다. "군자는 자신에게서 책임을 구하고 소인들은 남에게서 책임을 구한다."

《논어》 '위영공'편

子曰, "君子求諸己, 小人求諸人."

《論語》 '衛靈公'篇

공자가 자주 언급하는 '군자'는 당시 제후국들을 통치하던 정치 지배자들을 의미하지만, 오늘날의 의미로는 사회적 리더 정도로 해석할 수 있다. 반면 '소인'이란 누군가의 영도 아래에서만 제 몫을 다할 수 있는 존재로, 피지배자 계급을 뜻한다. 역시 요즘 관점에서 보면 어리석은 대중, 이른바 우중(愚衆) 정도가 될 것이다. 공자는 군자의 특징으로 모든 상황의 책임을 자기 자신에게로 돌리는 자기책임론을 거론하고 있다. 그러나 소인들은 그렇지 않아서 끝없이 핑계를 대며 모든 책임을 남에게 돌린다. 다시 말해 소인이란 의무의 소재를 타인에게서 찾기 때문에 결과에 대한 책임도 항상 회피하려 드는 존재들이다.

책임을 남에게 덧씌우는 일은 아주 쉽다. 핑계를 대기로 하자면 세상은 온통 나의 업무를 방해하려는 세력들, 우연히 생긴 악재들로 넘쳐 난다. 그것들을 일일이 거명하며 불평하고 책임 소재로 상정된 누군가를 희생양으로 삼으면 마음이 편해진다. 그렇게 나는 불편한 진실을 외면하고 모든 사건의 중심에 있던 자아에 대해 면죄부를 준다. 자아를 버리면 세상은 참으로 간명해진다. 그렇게 간결하지만 조악하게 조립된 우주 속에서 소인들은 늘 외로운 법이다. 책임질 자아가 사라진 우주 속에는 내가 악착같이 이용해야 할, 또는 내 일을 끈질기게 훼방할 것 같은 타자들만 남을 것이기 때문이다. 결국 좋은 결과를 보려고 남들을 악착같이 밀어붙일수록 친구들은 하나둘 떠나고, 일시적 성공은 궁극적 행복을 보장해 주지도 못하게 될 것이다.

소인들이 남을 탓하는 일에 시간을 허송하며 자기를 이해하지 못하는 세상의 몰인정을 푸념하는 동안, 그들이 그리도 염원하던 최종적인 성과, 아니 삶의 궁극적 완성 단계가 다가온다. 그것이 죽음이다. 삶에는 결과라는 것이 없고 오직 과정만 존재한다고 했는데, 그래도 최종 결말이 있다면 그것은 바로 죽음이다. 그렇다면 모든 문제의 소재를 타자에게 떠넘기며 자기를 정면으로 바라볼 줄 모르는 소인들은 실제로는 죽음을 두려워하고 있는 것인지도 모른다. 그들은 자신들의 본래 모습을, 유한한 삶의 실체를 정면으로 볼 수 없기에, 보는 순간 불완전한 자기 자신을 미워해야 하기에 힘들여 외부 속에서만 살려고 결의한 자들이다. 그들에게는 미움이 많은데, 근본적으로는 결함투성이인 자기 자신을 미워하고 있는 것이다.

훌륭한 리더란 자기 자신을 미워하지 않기에 스스로를 기꺼이 들여다볼 줄 알고, 그래서 책임의 원인을 자신에게 물을 수 있는 존재다. 그렇게 스스로를 탓하지만, 그것 때문에 자신을 미워하지 않을 수 있는 리더야말로 남에게 진정한 관심을 쏟을 수 있다. 자기를 사랑해 본 자만이 남을 사랑할 수 있는 법이다.

결국 공자는 겉으로는 격렬하게 세상과 부대끼며 열정적으로 사는 것 같지만 본질적으로는 죽음을 무서워하는, 그래서 친구도 원치 않고 오직 일의 순간적 성취에만 급급해하는 내면 없는 기계들을 소인이라고 불렀다. 군자는 자기의 결함을 인정하고 용서했기에 남들의 결함과도 화해한다. 리더로서 살아간다는 것은 이처럼 세상에 가득 찬 결함들과 화해해 간다는 뜻이다.

젊은 세대를
무서워해야 하는 이유

　나이가 든다는 것은 참으로 서글픈 일이다. 젊고 패기에 찼던 시절이 엊그제였는데 어느덧 노년에 접어들게 되면 마치 시간을 도둑맞은 기분에 젖게 마련이다. 그래서 흐르는 세월에 완강히 저항하려는 다양한 방법들이 생겨난다. 우선 자신의 노화를 부정한다. 외모는 물론이고 마음까지 젊은 상태로 유지하기 위해 10년 혹은 20년 전의 자기 모습에 처절히 매달린다. 하지만 이런 노력은 유효기간이 짧다. 그래서 젊음을 질투하기 시작한다. 젊음 옆에 끼어들기 위해 애쓰다가도 불현듯 그 짓이 처량해지면 젊음을 미워한다. 더 이상 내 것이 아닌 것들을 부정한다.

　결국 설형문자 시대에 만들어진 수메르의 점토판에도 새겨져 있다는 저 유명한 담화, '요즘 젊은 것들이란'으로 시작되는 한탄이 생겨나는 것은 시간문제가 된다. 젊은 사람들은 그들이 그맘때쯤에는 감히 누릴 수 없었던 쾌락을 지나치게 향유하는 것 같아 보이기도 한다. 젊은이들의 활기찬 현존이 자꾸만 자신들을 죽음 쪽으로 밀어붙인다는 느낌에 기성세대는 차라리 우주가 자기 시대에 몰락해 버렸으면 하는 악마적인 감상에 젖는다. 너희 젊은 것들의 세계는 말세이며, 너희는 타락한 문명의 소산이며, 궁극적으로 저주받은 세대다! 인류의 황금기는 내가 이미 다 누렸다고, 너희에게 빼앗기지 않고 내가 다 소비해 버렸다고 스스로를 위안한다.

이상과 같은 기성세대의 파렴치한 질투는 옹졸한 복고주의와 연결되어 있다. 지금 이 순간의 가치를 부정하고, 자신이 젊었던 그때를 멋지게 복원하기 위해서는 결코 현재가 좋은 시절이어서는 안 된다. 현재는 과거의 지배를 받아야 하며, 젊음은 늙음을 흉내 낼 때에야 비로소 아름답다는 소리를 들을 수 있다. 따라서 후배가 선배 세대에게 인정받기 위해서는 빨리 늙어 줘야 한다. 말하자면 젊지 않아야, 즉 점잖아야 한다. 이렇게 수많은 애늙은이들이 선배 세대의 환심을 사서 출세의 사다리를 오른다.

그렇게 정상에 도달한 이들이 어떻게 젊음의 생기발랄함과 무한한 가능성을 인정할 수 있겠는가? 오직 성공을 위해서 진즉에 포기해 폐기처분했던 것인데 말이다. 환관의 권세를 얻고자 거세를 그 대가로 치른 것과 무엇이 다른가? 결국 그들은 젊음 자체를 용납하지 못하게 된다. 공자는 그러한 경직되고 소외된 세대 감각을 결코 허락하지 않았다.

> 공자께서 말씀하셨다. "뒤에 태어난 후배들은 두려워할 만하니, 미래의 후배들이 지금보다 못할 것이라 어찌 속단할

수 있겠느냐? 사십 세 오십 세가 되어서도 세상에 이름이
알려지지 않으면 (아무리 선배라 할지라도) 이는 두려워하기
엔 부족할 것이다."

《논어》 '자한'편

子曰, "後生可畏, 焉知來者之不如今也? 四十五十而無聞
焉, 斯亦不足畏也已!"

《論語》 '子罕'篇

아마 그랬으리라. 공자의 제자들 사이에 연공에 따른 서열이 생
기기 시작했을 것이다. 나이 많은 제자들은 스승의 도를 먼저 들
었다고 뻐기고, 신참들은 감히 스승에게 개인적으로 접근할 수조
차 없었을 것이다. 공자의 학단이 체계를 갖추면 갖출수록 세상의
속된 불문율, 연치(年齒)나 지위가 높은 자가 그렇지 않은 자를 다
스린다는 위계 의식이 생겨났을 것이다. 공자는 불편했으리라. 물
론 나이 든 제자들이야말로 자신의 마음을 정확히 이해했고, 수많
은 역경을 동고동락하며 인생의 동반자로 변모하고 있었지만, 어
쩌면 자기 사후에 자신의 가르침을 편벽되게 고집하다가 각자 고
집불통의 교조주의자들이 될지도 모를 일이었다. 물론 그런 일은
실제 공자 사후에 벌어졌다.
 공자는 겸손한 사람이었다. 제자들의 숱한 질문에 현명하게 대
답하기도 했지만, 모른다거나 침묵한 경우도 적지 않았다. 무엇보
다 그는 말 많은 것을 아주 싫어했고, 어떤 결정이 천박한 속단이

될까 두려워하기도 했다. 때문에 공자는 스스로 도를 깨달았다고 주장하지 않았다. 여북하면 '이인(里仁)'편에서 '아침에 도를 들으면 저녁에 죽어도 좋다(朝聞道, 夕死, 可矣).'고 까지 말했을까. 그러므로 공자에게 있어 도의 완성은 영원한 미래로 이월되는 미완의 가치였으며, 스스로는 이를 주공(周公)으로부터 계승하여 알 수 없는 미지의 후학들에게 물려줄 전달자에 불과하다고 여겼다. 그런데 나이 든 제자들은 이 숭고한 사명을 잊은 것처럼 보였다.

나이는 권위를 만들고, 근거 없는 권위는 미래의 가능성을 막아 버린다. 공자는 우두머리 제자들을 불러 준열히 나무랐다. 너희 기성세대가 진정 두려워해야 할 상대는 내가 아니다. 너희들의 스승은 한때 훌륭했지만 더 이상의 발전이 정지된 박제에 지나지 않는다. 도는 내 육신과 영혼을 잠시 스치고 벌써 나를 떠나갔다. 도는 후생들에게 옮겨 가 있다. 그러니 그들을 두려워하라! 게다가 너희들이 40세나 50세가 되었다는 것은 자랑이 아니다. 그 나이가 되도록 이 세상에 무언가 큰 기여를 하지 못했다면 너희야말로 전혀 두려워할 가치가 없는 존재들인 거다. 나는 너희보다 너희가 업신여기는 저 어린 학동들이 더 두렵다.

40세나 50세 또는 그 이상의 나이가 되어 적막히 생의 말년을 보내고 있는 기성세대는 아마 공자의 이 말이 무척이나 가슴 아플 것이다. 공자의 나이 든 제자들은 더 그러했을 것이다. 하지만 젊은이들에게 겸손할 수만 있다면, 흔적만 남아 있는 과거보다 미래의 가능성에 승복할 수만 있다면, 주어진 나의 삶 이후에도 장구히 펼쳐질 우주의 교향악 속으로 외경에 차서 동참할 수만 있다면, 그 사람은 불멸 속에서 영원한 젊음으로 생동할 수 있을 것이다.

모험의 기로에서
함께할 수 있는 자

세상을 살다 보면 모험적인 선택을 해야만 하는 경우가 반드시 있다. 단 한 번 주어진 기회에 반드시 성공해야 하는 순간, 우리는 온 생을 걸고 무언가에 오체투지하게 된다. 그 결단의 상황이 심각하면 할수록 누군가의 도움이 절실할 텐데, 그때 모험을 함께할 사람으로 누구를 선택하느냐가 일의 성패를 좌우하게 된다.

가장 어리석은 사람은 자신과 가장 가까운, 그래서 내 마음을 속속들이 아는 절친한 참모형을 선택한다. 이런 참모형들은 창조적인 발상보다는 윗사람의 심중을 읽어 이를 상황에 적절히 맞춰 넣는 합리화 기술이 뛰어나다. 때문에 위험을 감지하는 나의 판단력을 흐려 놓기 일쑤이고, 일이 최종적으로 실패하기 직전까지 안이한 낙관론을 고수하려 든다. 분위기에 영합하기 좋아하고, 현실의 냉엄한 분석보다는 팀원의 친화에 더 신경 쓰는 참모형의 근본적 한계다. 이런 유형은 평화로운 안정기에는 빛을 발하지만 잠재적인 위험이 산재한 위기 상황에서는 종종 엉뚱한 패착을 저지르곤 한다.

그다음으로 어리석은 사람은 나와의 공멸까지도 각오한 열정적인 의리파를 선택한다. 주로 보스 기질이 강한 사람들이 이런 유형들을 즐겨 거느린다. 하지만 이런 의리파들은 차분한 자기 성찰이 부족하여 조직의 미래를 예측하는 예지력이나 돌발적인 변수에 대처하는 융통성이 부족할 수밖에 없다. 한마디로 그들은 늘 준비가 되어 있지 않다. 자신의 열정과 충성심을 과신하기 때문에 일이 벌어지면 그때 수습하겠다는 식이다. 이런 만용은 적의 전력을 간과하다가 부대원을 몰살로 몰아넣는 전사형에게 고유한 특징이기도 하다.

안정지향적인 참모형이나 과격한 전사형 대신에 전문가형을 선택하는 사람도 있다. 이론에 강한 냉정한 전문가형은 조언을 즐기고 객관적인 판단에 유능하다. 자신의 판단력에 자신이 없어 전문적인 개념 구사에 쉽게 설득당하는 지도자들이 이런 유형을 선호한다. 전문가형의 단점은 항상 상황판단 속에서 자신을 배제한다는 점에 있다. 이들은 아무리 위급한 상황에 처해도 이를 계산하고 통계로 처리할 뿐이다. 물론 상황이 종료되면 다른 조직과 계약하여 자리를 옮겨 버리기도 한다. 그들에게 인간은 애초에 배제되어 있다.

모험적인 상황에서 그나마 가장 신뢰할 만한 사람은 전문가형이다. 이들은 여간해선 흥분하지 않고, 급박한 지경에 처해서도 냉정함을 유지할 줄 안다. 주군과의 계약이 유효한 한에서는 의리도 지킬 줄 안다. 그들은 다음 계약을 염두에 두고 프로다운 예절을 철저히 준수하는 것이다. 매정한 데다가 심지어 나의 부하들을 아낄 줄 모른다는 점이 거슬리지 않는다면 이런 전문가형을 가까이 두어야 험난한 지경을 무사히 통과할 수 있다. 이들은 성공만을 목표로 하기에 자신이 모시는 주군의 장단점을 철저히 해부하며 일의 성패에 대한 다양한 가능성을 남김없이 폭로한다. 이는 모험적 결단의 순간에는 비할 바 없이 소중한 미덕이다.

> 자로가 물었다. "선생님께서 삼군에 해당할 대군을 부리신다면 누구와 함께하시겠습니까?" 공자께서 대답하셨다. "맨손으로 호랑이를 때려잡고 맨몸으로 강을 건너다 죽게 되더라도 후회하지 않는 자와는 함께하지 않겠다. 일을 하기에 임해서는 두려워하며 계획을 신중히 짜서 성취하는 자와 반드시 함께하련다."
>
> 《논어》 '술이'편

> 子路曰, "子行三軍, 則誰與?" 子曰, "暴虎馮河, 死而無悔者, 吾不與也. 必也臨事而懼, 好謀而成者也."
>
> 《論語》 '述而'篇

늘 스승의 인정에 배가 고팠던 자로가 속이 들여다보이는 질문을 했다. 용맹으로 치면 공자의 문하에서 제일이었던 자로는 스승이 대군의 사령관으로 전장에 출정한다면 어떤 제자를 등용하시겠느냐고 넌지시 물었다. 공자의 대답은 늘 그러하듯이 제자의 약점을 남김없이 파고들어 질문한 의도의 정곡을 찌르고 있다. 너와 같이 맹목적이고 감정적인 제자와는 함께하기 어렵겠다! 죽음을 각오한 자는 더 잃을 것도 없기에 승부에 집착하기보다 화려한 몰락을 선호할 것이다. 그런 자에게 삼군의 지휘를 맡길 수 없다. 저하나 죽는 거야 어쩔 수 없지만 그 손에 수많은 목숨이 달려 있지 않느냐!

공자는 오히려 실패를 두려워하는 소심한 지략가를 추켜세우고 있다. 자신의 선택이 의미하는 바가 무엇인지에 대해 충분히 알고 있는, 그래서 실행하기 전에 수없이 망설이며 모든 가능성을 타진해 보는 차분한 근성의 소유자. 공자는 함께 죽어 줄 의리파나 자기 의지를 기계적으로 추진해 줄 참모형보다는 일의 실패를 무서워할 줄 아는 자, 실패가 초래할 결과에 대해 이성적으로 헤아리고 있는 자를 동료로 삼고자 했다. 그런 자는 섣불리 사태를 예단하거나 자기 식으로 곡해하여 왜곡하지는 않는다. 그 또는 그녀는 부단히 자기주장을 번복하며 판도를 뒤집는 것도 부끄러워하지 않는다. 이들은 매정할 정도로 현실에만 집중한다.

그렇다면 공자는 전문가형을 선호한 셈이다. 전문가형이 제갈공명처럼 의리까지 있어 준다면 더 바랄 나위 없겠지만, 그렇지 않다 해도 그들은 스스로의 한계와 자기가 모시는 리더의 자질에 대해 적확히 분석할 줄 아는 혜안을 지니고 있다. 사막 한 가운데에서 길을 잃었을 때 필요한 말은 힘만 세거나 그저 복종할 줄만 아는 말이 아니라 묵묵히 제게 익숙한 길로 주인을 인도하는 말이다.

따라서 모험에 임하여 자신의 능력을 과신하는 자들이 왜 그리도 자주 실패하는지 의문이 풀리게 되지 않는가? 그들은 참모나 전사만 필요로 했지, 자신의 능력을 의심에 빠트리기도 하는 비판적 전문가를 필요로 하지 않았던 것이다. 당대 최고의 용력과 지성을 갖추었으면서도 그 흔한 재사 한 명을 곁에 두지 못하여 고작 시골의 부랑아였던 한나라 유방(劉邦)에게 천하를 넘겨준 초나라 항우(項羽)의 운명에 대해 생각해 볼 일이다.

아랫사람들 경쟁시키는
현명한 방법

　모든 경쟁에는 악의가 전제되어 있다. 따라서 선의의 경쟁을 하자는 말은 서로 최소한의 예의는 지키자는 약속에 지나지 않는다. 단, 예외가 있다. 경쟁을 주관하는 사람이 서로가 경쟁하는 줄도 모르게 경쟁시키는 경우다. 그러려면 경쟁의 주관자는 매우 세련되고 섬세한 기품을 지녀야 하며, 참여한 모든 사람들을 동등하게 배려할 줄 알아야 한다. 이를테면 모든 자식들을 똑같이 사랑하는 부모나 제자들 모두를 아끼는 원숙한 스승처럼.

　아랫사람들을 경쟁시키면 상사는 흐뭇해질 수 있다. 일의 능률이 오르는 데다 적자생존의 법칙에 따라 조직에 쓸모없는 사람은 저절로 도태된다. 그래서 가혹하고도 쉼 없는 경쟁이야말로 자본주의 시장원리의 핵심이다. 하지만 모든 경쟁에는 위험이 따른다. 경쟁은 반드시 패자 집단을 만들게 되고, 좌절한 이들은 조직에 적대적일 수밖에 없다. 승자 집단도 대가에 대한 기대가 지나칠 경우, 충천하던 사기는 곧바로 조직에 대한 배신감으로 바뀌고 말 것이다.

그렇다면 보이지 않는 경쟁이 가장 현명하리라. 누가 누구와 경쟁하는지, 누가 이겼는지, 이긴 자에게 어떤 보상이 주어졌는지 아무도 모르게, 심지어 경쟁의 승자조차 모르게 진행되는 경쟁 말이다. 어느 누구도 경쟁의 대상이 아니므로 서로 질시하거나 경계하는 일이 없을 것이며, 다들 자신도 경쟁이 거둔 이익을 나눠 받는다고 믿을 테니 사기가 오를 것이다. 또한 실패를 두려워하지 않으며 창조적으로 경쟁할 수 있을 것이다.

> 자공이 물었다. "자장과 자하 가운데 누가 더 현명합니까?" 공자께서 말씀하셨다. "자장은 지나치고 자하는 모자란다." "그렇다면 자장이 더 나은 건가요?" 공자께서 말씀하셨다. "지나친 것은 모자란 것과 같다."
>
> 《논어》 '선진'편

> 子貢問, "師與商也, 孰賢?" 子曰, "師也過, 商也不及."
> "然則師愈與?" 子曰, "過猶不及."
>
> 《論語》 '先進'篇

공자는 제자들을 대놓고 경쟁시킨 스승은 아니었다. 하지만 항상 제자들을 비교함으로써 분발을 촉구했고, 요절한 천재인 제자 안회(顔回)를 끝없이 현실로 소환함으로써 다른 제자들을 자극했다. 이미 사망한 제자처럼 안전한 비교 상대가 어디 있으랴! 제자들은 안회의 망령을 끌어안고 평생 그를 극복하기 위해 분투해야 했으리라. 그래도 죽은 자를 질투할 수는 없기에 공자가 살아 있는 동안에는 학단이 분열하지는 않았다. 아니, 오히려 공자 학파는 안회라는 신화적 존재 때문에 더욱 결속이 강해졌던 것 같다.

공자는 먼저 죽은 안회를 제외하고는 그 어떤 제자도 편애하지 않았으며, 마찬가지로 그 누구도 지나치게 미워하지 않았다. 스승의 사랑과 증오는 늘 모종의 상황과 연관되어 있었고, 그 상황이 종료되면 사랑도 증오도 사라졌다. 제자들은 스승의 사랑을 받기 위해 위선적인 행동을 꾸미는 데 정력을 소진하지 않았으며, 스승의 미움을 모면하려고 있지도 않은 성취를 내보이지도 않았다. 제자들은 정직했고 스승은 공평했다. 스승의 인정에 집착한 제자들이 있기는 했지만, 스승의 이상이 몹시도 높음을 알기에 인정받는 문제로 지나치게 경쟁하지 않았다.

만약 공자가 학업 성적을 중시하는 기미라도 보였다면 제자들은 배움의 본질이 아니라 성적에만 매달렸을 것이다. 그러나 공자는 본질만 강조했고, 스승이 그러함을 알기에 제자들도 본질만을 추구할 수 있는 힘을 확보할 수 있었다. 공자 학파의 위대함은 바로 공자라는 위대한 스승이 만들어 낸 이와 같은 보이지 않는 경쟁의 결과였다. 경쟁은 있었지만 제자들 누구도 이를 경쟁이라 느끼지 못했고, 간혹 핀잔을 들어도 과도하게 움츠러들지 않았다. 스승이 너무나 벅찬 과업을 제시했기에 제자들은 경쟁 상황에 놓여 있으면서도 오히려 서로 돕지 않고서는 학업을 계속할 수 없었다. 그들은 경쟁하면서 협조해야만 하는 기묘한 처지에 놓여 있었던 것이다.

자신과 남을 비교하기 좋아하던 자공, 제자들 사이의 창조적 경쟁을 즐기는 스승의 의중을 잘 파악하고 있던 영리한 자공이 자장(子張)과 자하(子夏) 가운데 누가 더 똑똑한지 물었다. 자장과 자하가 누구인가? 공자 사후에 공자학파의 정통성을 계승한 적자들이요, 자기 학풍의 우월함을 강조하기 위해 서로 치열하게 경쟁하게 될 두 사람이다. 공자는 자장의 과도함과 자하의 부족함을 나란히 지적했다. 자장은 너무 잘난 척한다. 재능을 조금 숨기고 기다릴 줄 알아야 할 것이다. 자하는 늘 자기 힘의 반밖에 쓰지 못한다. 열정을 더 가질 필요가 있다.

그러자 자공이 물었다. 그럼 재기발랄한 자장이 더 낫겠군요? 공자는 그 순간 유가의 역사에 영원히 남게 될 저 유명한 말로 대답하였다. 과유불급(過猶不及)! 너무 지나친 것도 모자란 것처럼 중용의 덕을 훼손한 것이다. 자장과 자하는 서로 다른 결점을 가지고 있다. 그들에 대해 동일한 기준으로 고하를 논할 수는 없다. 제자들 각자의 고유성을 존중해 주면서도 저마다의 결함을 제기함으로써 스승은 제자들로 하여금 보이지 않는 경쟁에 돌입하도록 유도하고 있다. 누구도 상처 입히지 않았고 분에 넘치게 칭찬하지도 않았다.

조직의 리더로서 공자는 탁월한 기술을 타고난 사람이었다. 이해가 모두 달랐던 각양각색의 제자들을 분란 없이 하나의 기치 아래 모을 수 있었고, 그들을 개별적으로 관리할 수도 있었다. 치열하게 경쟁시키면서도 이를 가족애에 가까운 인화 속에 화합시킬 줄 알았고, 어느 누구도 방치하지 않으면서 진리의 이름으로 끌어안았다. 역시 머리보다는 덕이었기에 가능했을 일이다. 자공, 그대에게도 예외는 아니었다!

변화란 발전하기 위한
좋은 습관

    평소에 즐기던 무언가를 끊기는 참으로 어렵다. 담배를 끊었다고 하지만 화가 치밀면 한 개비 피우고야 말며, 술도 절제해야겠다는 말을 입에 붙이고 살지만 가끔 폭음을 피하지 못한다. 하던 짓을 멈추기란 이처럼 어렵다. 술이나 담배처럼 중독성이 있는 기호식품도 그럴진대 본인에게 원래 있던 성향을 바꾸기란 거의 불가능해 보인다.

    그래서 끊고 싶은 것이 생기면 하고 싶지 않았던 일을 새로 시작하는 습관이 생겼다. 감정의 역치를 이용하는 것이다. 이를테면 담배를 줄이기 위해 수영을 시작한다. 담배를 요구하는 생리적 긴장이 담배 없이는 안 되겠다는 감정적인 호소를 불러오고, 이 역치를 넘어서기까지 자신과의 괴로운 전쟁이 이어진다. 그때 다른 긴장을 몰고 올 수영을 시작하면 담배에 대한 감정의 역치를 돌파하게 된다. 일단 역치만 넘어서면 심리적으로 평온해지고 생리적 요구도 극복할 수 있다.

담배를 요구하는 감정의 역치를 한계 수위까지 단숨에 올려 버린 것은, 그래서 더 견딜 수 없게 되자 아예 흡연욕구를 소멸시키도록 나의 몸을 변화시킨 힘은 하고 싶지 않은 수영을 해야 하기 때문에 발생한 또 다른 긴장이다. 낯선 긴장이 흡연욕구에 대한 해결 시한을 줄여 버렸고, 내 몸은 이를 빨리 해결하거나 아예 없애 버려야만 했던 것이다. 따라서 흡연에 대한 감정적 요구는 그 역치를 빠른 속도로 올려 봤다가 실패하자마자 급속히 사라져 간 것이다.

인격을 변화시키는 데에도 이런 역치의 원리가 작용한다. 자기 내부에 있는 나쁜 성향을 몰아내기 위해서는 몰입해야 하는 긍정적 성향을 새로 설정하고 그것에 집중하기만 하면 된다. 변화를 두려워하지만 않는다면 말이다. 변화를 두려워하는 한 무언가를 새로 시작할 수도, 새로운 감정을 인정할 수도 없을 것이고, 나는 결국 하던 대로 남은 삶을 보내게 될 것이다. 변화를 힘들게 받아들인다는 것, 그것은 고집 피우며 완강히 고수해야만 할 '나'라는 존재가 줄어든다는 것이다. '내'가 반드시 있어야 하고, 그 '나'는 반드시 내가 아는 그 '나'로 머물러야 한다는 고집을 버려야 변화가 가능하다. '나'라는 고집을 꺾은 자, 그 사람의 이름을 우리는 학생이라 부른다.

> 공자께서는 네 가지를 끊으셨다. 자기 생각만 우선시하지 않으셨고, 무엇이건 반드시 해야만 한다며 지나치게 집념치 않으셨고, 완고하게 고집부리지 않으셨고, 나만을 내세

우지 않으셨다.

《논어》 '자한'편

子絶四, 毋意, 毋必, 毋固, 毋我.

《論語》 '子罕'篇

공자는 본인이 영원한 학생으로 남을 수 있었기에 죽는 순간까지 가르치는 일에 권태를 느끼지 않을 수 있었다. 자기 스스로 변화 발전하다가 죽었으므로 변화 발전 중인 제자들을 이해할 수 있었고, 어떠한 소외감 없이 그들과 공존할 수 있었다. 변화한다는 것은 진정 살아 있다는 것을 의미하며, 무언가 새로운 것의 도래를 침략으로 이해하여 완강히 버틸 자아를 적게 지닌다는 것을 의미한다. 외부에 대한 저항선이 탄력 있으므로 타자의 삶을 쉽게 받아들일 수 있고, 그것을 내 것으로 삼을 수도 있다. 다시 말해 언제든 소통이 가능한 젊은 자아로 남을 수 있다.

공자는 참신한 새것을 들여놓을 공간을 차지하고 있는 낡은 자아의 고물 덩어리들을 수시로 비워 냈다. '매일매일 새로워진다는 것(日新又日新)'은 이것을 의미한다. 불필요한 자아의 중량을 줄여서 새로운 가치를 받아들이는 용기, 공자는 이를 통해 자신이 가지고 있는 네 가지를 아예 없애 버리고자 했다. 변덕스러운 자기만의 생각, 반드시 이기고자 하는 승부욕, 바꾸지 않으려는 고집, 꼭 나여야 한다는 독존의 의식. 이 네 가지는 한결같이 자아에 대한 집착에서 비롯되며, 주관의 남용이 빚은 결과들이다. 공자는 사사로운 주관을 몹시 불신하고 미워했다.

든 것이 많을수록, 가진 것이 많을수록 포기하기란 쉽지가 않다. 지적인 사람은 자신이 얻은 최초의 지식을 여간해선 포기하지 않는다. 그 지식이 이미 낡았음에도 이를 합리화하며 애지중지 보호하려고 애쓴다. 우연히 누군가를 미워하기로 결정한 사람들은 미움의 근거가 없음을 확인하고도 관성에 이끌려 계속 미워하게 된다. 미움을 유지하는 것이 다른 감정으로 대체하는 것보다 편리하기 때문이다. 이렇게 한번 정해진 것으로부터 벗어나지 못하는 것은 자아가 굳어졌기 때문이다. 자기라는 구성물을 너무나 확고하게 수립했기에 심지어 자기가 결정한 사항조차 수정할 수가 없다. 명실상부 늙은이가 된 것이다!

자기 변화에 인색한 자는 자기가 가진 것이 보배롭고 아름다운 것이며 소중한 노력의 결실이라고 굳게 믿고 있다. 그래서 자기 생각에만 충실하며, 자기가 결정한 일이면 무조건 밀어붙이려 든다. 더러는 이를 자랑스러워하며 어처구니없을 정도로 자기만을 존중한다. 한마디로 자기만의 환상 속에 살고 있다. 이런 사람들은 한동안은 지상에서 가장 맛있는 요리였지만, 그것이 내 육체를 아름답게 약동시키기 위해 소화된 뒤에는 그저 배설물에 지나지 않는다는 사실을 깨달을 줄 모른다.

공자는 마음과 육체의 변비로부터 자유로워지기 위해 과감히 옛것들을 버려 갔다. 똥을 금인 줄 알고 제 몸속에 저장하고서도 왜 다른 사람들이 자기를 피하는지 깨달을 줄 모르는 사람이라면 공자가 다시 태어난다 해도 어쩔 도리가 없으리라!

훌륭한 리더의
인재 등용술

조직의 리더에게 가장 필요한 자질은 사람을 운용하는 능력이다. 리더 자신이 이일 저일 능통하여 일일이 간섭할 필요가 없다. 그런 시시콜콜한 간섭은 오히려 일의 능률을 해치고, 최악의 경우 해바라기형의 부하만 남겨 두게 된다. 스스로 알아서 업무를 추진하지 않고 그저 윗사람의 판단을 기다리며 올려다보고만 있는 해바라기들 말이다.

용렬한 리더들의 공통적인 특징이 바로 해바라기들을 좋아한다는 점이다. 그 또는 그녀들은 모든 일을 자기가 챙기고, 심지어 부하들이 완성해 놓은 일까지 꼼꼼히 재점검하여 끝내 수정을 하고서야 속이 풀리는 인물들이다. 때문에 아랫사람들은 리더가 나타나기 전에는 꼼짝도 하지 않게 된다. 어차피 처음부터 다시 해야 할 일이기 때문이다. 그리고 오직 시키는 일만 하게 된다. 간섭받기 싫어하는 독선적 리더에게 자신을 희생해 가면서까지 미움받을 짓을 할 이유가 없다. 이렇게 복지부동하며 속으로 비웃는 부하들 앞에서 용렬한 리더들은 자기 능력을 시연하며 마음껏 뽐낸다. 어리석은 그들은 감탄사를 연발하는 관객을 필요로 할 뿐이다.

　본인의 업무능력에 대한 과신과 타인을 믿지 못하는 소심함, 그리고 사람보다 기계적 시스템을 선호하는 지나친 완벽주의 등이 결합된 리더가 나타나면 마침내 세계적 대기업까지도 무너질 수 있다. 큰 조직이든 작은 조직이든 리더는 언뜻 보기에는 평범해야 한다. 부드러워야 하고, 지나친 개성을 숨겨야 하며, 남들의 의견을 경청할 줄 알아야 한다. 말하자면 다양한 사람들의 아이디어를 받아들이기 위해 그 자신이 드넓게 개방되어 있어야만 한다. 각 분야의 전문가를 포용하여 그들의 열정에 불을 붙일 줄 알아야 한다. 그러려면 사람을 통찰하는 현명한 기준을 지닌 채 스스로는 그 현명함의 커튼 뒤로 슬며시 몸을 감출 줄 알아야 한다.

> 공자께서 말씀하셨다. "군자는 말 때문에 사람을 등용하지 않으며, 사람 때문에 그가 하는 말까지 막지 않는다."
>
> 《논어》 '위영공'편

> 子曰, "君子不以言擧人, 不以人廢言."
>
> 《論語》 '衛靈公'篇

　공자는 지도자의 통치행위의 본질을 인간경영으로 보았다. 사람들을 어질게 다룰 줄 모르는 지도자는 기술이 부족한 장인처럼 사람들을, 또 자기 자신을 다치게 할 것이다. 일이야 어떻게든 이루어지겠지만 그 과정에서 많은 사람들이 상처 입고 떠난다면, 그런 작은 성공에 무슨 가치가 있겠는가! 일을 이루기 위해서는 사람을 모아야 하고, 그 가운데 필요한 사람을 가려낼 줄 알아야 한다. 그러기 위해서는 자신을 드러내 대접받으려는 용렬한 욕망을 꾹꾹 눌러 잠재울 수 있어야 한다. 그래야 똑똑한 부하들이 모여들고, 자신의 궁궐을 해바라기 밭으로 만들지 않을 수 있다.

문제는 누구의 말을 받아들이고 누구의 말을 내칠 것이냐다. 이에 대해 공자가 지침을 제시해 주고 있다. 말만 듣고 현혹되지 말라. 겉으로 드러난 상황이 내가 알아야 할 정보의 전부가 아님을 항상 명심해야 한다. 본질이 무엇인지 항상 기억해야 하고, 겉치레에 곁눈질하면 안 된다. 이를테면 아무리 정교하고 멋진 프레젠테이션이었다 할지라도 그 화려하고 성실한 형식에 마음을 빼앗겨선 안 된다. 리더는 곧바로 본질에 다가가서 사태의 핵심을 보아야 한다. 하지만 정성스러운 대우나 순실해 보이는 부하들의 아양에 마음이 놓여 살펴야 할 사항을 놓치는 리더가 얼마나 많은가! 그런 유혹에 굴복하지 않아야 하기에 리더란 늘 외로운 존재인 법이다.

말만으로 사람을 받아들여서는 안 되듯이 사람 때문에 그가 하는 말까지 무시해서도 안 된다. 사람이란 참 묘한 동물이라서 간혹 자신의 지적 능력 이상의 일을 해내는 경우가 있다. 따라서 리더는 자신이 보기에 학력도 형편없고, 외모도 자기 취향이 아니며, 업무 형태도 전혀 마음에 들지 않는 부하의 말일지라도 소홀히 여겨 내쳐서는 안 된다. 귀 기울여 잘 새겨 두었다가 그 안에 담겨 있을지도 모를 놀라운 통찰을 잡아내야 한다. 종종 말도 안 되는 소리 같던 제안 하나가 회사를 살리기도 하지 않는가. 인간경영의 기본은 무조건이라는 전제를 철저히 부수는 것이다. 무조건 안 되거나 되는 따위의 일이란 이 세상에 없다. 그건 인간이 아닌 다른 세상에나 있을 것이다.

그리고 설혹 부하가 제안한 아이디어가 어처구니없는 것으로 밝혀진다 하더라도, 리더가 부하의 말을 경청했다는 사실은 매우 중요한 의미를 띤다. 그 경험은 부하들에게 인간경영의 측면에서 매우 긍정적인 자극으로 작용할 것이기 때문이다. 사소한 부하의 말까지 공정하게 들어준다는 확신이 서는 순간 조직은 급격히 활성화되고 자율성이 넘치게 된다. 창조적인 제안이 들어오고, 부하들은 평소에 구현해 보고 싶던 독창적인 아이디어를 정열적으로 제안할 것이다. 보너스를 주지 않는데도 말이다!

사람들은 의외로 보상체계와 무관하게 자기가 하는 일을 잘하고 싶어 한다. 그렇게 아랫사람들로 하여금 자기 일을 미적으로 완성시키려는 욕심을 불러일으키는 존재, 그게 리더다. 부하들을 감봉이나 상여금으로 위협하거나 유혹하지 않아도, 아랫사람들이 자신의 일에 대해 긍지와 보람을 느끼게 해줌으로써 군자는 인간 경영의 위대한 리더가 된다.

부동(不動)의 침묵,
강력한 리더십의 조건

조지 오웰의 《1984년》에 등장하는 독재자 빅 브라더는 자신의 정체를 결코 드러내지 않음으로써 비밀스러운 권력의 화신이 된다. 이는 음모와 통제로 무장된 스탈린의 크렘린 권력을 상징하고 있다. 권력자가 자신의 힘을 최대치로 높이기 위해서는 이처럼 일상 존재로서의 자신의 정체를 숨기는 정치적 신비주의가 필요하다.

덕치(德治)의 조건은 어떠한가? 약간의 질적인 차이를 제외하면 철인왕(哲人王)의 덕치 역시 비슷한 조건을 요구하고 있다. 예컨대 플라톤은 수미일관 민중에게 권력을 내주는 민주정치를 폄하하고 철인왕에게 독재자에 가까운 권능을 부여하고자 했다. 완벽한 덕을 지닌 철학자 왕은 국가의 머리로서 몸에 해당하는 백성을 부려야 하고, 필요하면 철저히 통제해야 한다. 플라톤은 유덕한 독재정치를 최고의 이상형으로 삼고 있었다.

민주화된 시대에 이르러서도 지도자에 대한 요구 조건은 크게 변한 게 없다. 우리의 머릿속에는 플라톤이 가정했던 강력하고 유능하며 현명하기까지 한 유덕한 통치자의 이미지가 광범위하게 자리를 잡고 있다. 이를테면 근대 이후 민주 정부의 리더십이 종종 실패했던 것은 그러한 유구한 통치자상을 너무나 손쉽게 낡은 가치로 여기고 현대적인 민주적 지도자상으로 성급히 이동하려고 했다는 데에 있었다. 누구든 일단 최고위직에 오르게 되면 국민은 높은 도덕적 감각과 품위를 요구하기 시작한다. 만약 그런 기대를 충족시키지 못한다면 곧바로 놀림감으로 전락하게 되어 있다.

이처럼 현대 민주주의 체제에서도 리더십은 상냥하거나 친절한 모습만으로 성공할 수 없다. 아니, 자본주의 시장경제가 극도로 강화된 무한경쟁의 현실에서 그렇게 순진한 리더는 부하들을 잃을 뿐 아니라 저 자신조차 생존할 수 없을 것이다. 그 또는 그녀가 리더로서 훌륭하게 생존하는 방법은 결코 순진하지 않은 섬세한 인간관리 기술에 의존하는 것이다.

> 공자께서 말씀하셨다. "덕으로써 정치를 하는 것은, 비유하자면 저 북극성이 자기의 본디 자리에 멈춰 있으면 다른 많은 별들이 그 주위에서 그를 향해 있는 것과 같다."
>
> 《논어》 '위정'편

> 子曰, "爲政以德, 譬如北辰, 居其所, 而衆星共之."
>
> 《論語》 '爲政'篇

리더 가운데 관리자로 자처하는 유형을 종종 본다. 그런 사람들은 아랫사람들과 동고동락하겠다며 무시(無時)로 하급직원들의 사무실을 방문하고, 손을 잡아 주며, 때로 운동회를 열어 직접 뛰기도 한다. 소주도 같이 마셔 주고, 자주 불러 애로 사항도 경청한다. 그러면서 직원들의 개인 정보를 세세히 알게 되고, 그것이 마치 권력의 표시인 양 떠들어 대기 시작한다. 모 부서의 누구는 언제가 생일이고, 고향이 어디며, 요즘 무슨 취미를 가지고 있다 등등. 이렇게 조직을 진두지휘하며 갖가지 잡사에 개입하는 리더가 훌륭한 리더인가?

그렇지 않다. 그런 리더가 제멋대로 행동하는 한 해당 조직은 그 규모 그대로 작은 장사나 하게 될 것이다. 리더가 직원들 꽁무니나 따라다니고 있는데 어느 세월에 조직을 확장하고 유사 업종과 연합하여 해외로 진출하겠는가? 또 그런 귀찮은 리더 밑에서 똑똑한 부하 직원들이 과연 원대한 비전을 발견할 수 있겠는가? 결국 우수한 인재는 다른 모험적 사업으로 떠나 버리고, 회식이나 운동회의 정다운 분위기를 좋아하는 무능한 의리파만 옆에 남게 될 것이다. 그리고 결국 시장에서 퇴출되리라.

그렇다면 훌륭한 리더는 어떠해야 하는가? 공자가 북극성에 대한 아름다운 비유로 적실하게 설명하고 있다. 리더는 중심에 자리를 잡아야 한다. 모든 정보가 오가는 정중앙에 자리를 잡고 말없이 그 자리를 지켜야 한다. 자기가 있어야 할 자리를 정확히 알고 그 자리에 거하기만 해도 그 또는 그녀의 리더십은 저절로 빛난다. 리더가 촐싹대며 자리를 옮겨 다녀서는 안 된다. 그런 행동은 조직의 원활한 흐름에 불필요한 혼란만 일으킬 것이다. 그냥 그 상황에서 자신에게 가장 절실히 요구되는 자세로 바른 위치를 점유해 주면 될 뿐이다. 무엇이 더 필요하겠는가?

부하들을 뭇별이라고 할 때, 리더가 중앙을 차지한다는 것은 곧 부하들을 자신의 주변에 골고루 포진시킨다는 것을 의미한다. 별들은 북극성을 중심으로 마치 옹위하듯 흩어져서 자리를 잡고 있다. 별들끼리 충돌하거나 중복되면 안 되며, 그들 각자는 북극성을 향하고 있어야 한다. 이렇게 모든 별들이 바라볼 수는 있으나 결코 범접할 수 없는 자리가 바로 정중앙이다. 그 자리에 당당하게 자리 잡고 함부로 옮기지 말라! 함부로 말하지도 말라! 그 자리가 이미 리더의 권위와 조직의 희망을 웅변해 주고 있다. 나머지는 똑똑한 부하 별들이 알아서 하리라. 똑똑한 별들은 자신이 충분히 할 수 있는 일에 북극성이 뜬금없이 참견하는 것을 싫어한다. 그것은 중요한 궤도 이탈이고, 그러면 별들은 의심하고 불안해진다.

고요한 침묵 속에 간결한 태도로 자신을 드러내되 자신을 비하시키지는 않는 것, 제가 할 일과 부하에게 시켜야 할 일을 정확히 분간하는 것, 바라보고 있되 감시하지는 않는 너그러움을 보이는 것, 함부로 좋고 싫음을 드러내서 부하들에게 간파당하지 않는 것, 이 모든 것들은 불굴의 인내로 자기 자리를 지키는 리더만이 획득할 수 있는 자질들이다.

윈스턴 처칠은 독일 공군의 폭격 속에서도 참호를 방문하여 그저 시가만 지그시 물고 침묵했다. 그가 전쟁의 첨병 진지에 나타났다는 것, 고통에 찬 표정으로 잠시 멈춰 있었다는 것만으로 그는 자신이 할 수 있는 일을 다 했다. 아니, 그럴 수 있었기에 그는 위대한 리더가 될 수 있었다. 지금도 영국국민은 말을 잘하는 처칠이 아니라 손으로 브이 자를 지어 보이며 과묵하게 서 있는 흑백사진 속의 처칠을 존경하고 있다.

무욕의 평정,
진짜 강해지는 법

　나는 협객의 삶에 관심이 많다. 하지만 김용의 무협소설에나 등장하는 비현실적인 영웅이 아니라 현실에서 분투하다 전설이 된 파이터들을 좋아한다. 그렇다고 김두한처럼 거리에서 주먹 인생을 산 사람들을 좋아하는 것은 아니고, 이를테면 스위스에서 혈혈단신 도일하여 극진가라테 도장의 영웅을 거쳐 세계적 이종격투기 무대였던 K-1에서 활약하다 백혈병으로 요절한 앤디 훅이나 가냘픈 몸매에서 신들린 유술기의 기세를 뿜어내던 브라질 그레이시 가문의 무예가들을 좋아한다. 이들의 삶에는 엄격한 규칙이 있고 자신의 육체적 내공을 다스리는 절제력이 있다.

　이종 무예 사이의 실제 대련은 극진가라테의 창시자 최배달로부터 비롯되었다. 최배달은 오랜 기간의 고독한 수련을 마치고 일본 열도의 모든 가라테 유파들을 격파한 무술계의 신화였다. 전라도 시골 출신이었던 그가 일본으로 건너가 무예의 달인들을 한 명씩 꺾어 가는 과정은 매우 극적이다. 그는 가라테를 넘어 모든 유파의 무예가를 상대로 실전을 치러 승리했고 전 세계로 대련 순례를 떠나기도 했다.

최배달은 일본 사무라이의 표상인 미야모토 무사시를 존경하여 그의 행적을 모방하기도 했다. 그런데 결코 두려운 상대가 없었을 것 같은 두 사람 모두 실제로는 공포로 점철된 삶을 살았다는 공통점이 있다. 그들은 모든 두려움으로부터 자유로워지기 위해 강해지기를 선택한 투사들이었지만, 자신이 불구로 만들거나 죽인 적수들의 원한을 마치 그림자처럼 안고 살았고, 자신을 꺾을지도 모를 미지의 도전자들로 인해 한시도 긴장을 늦출 수 없었다. 지지 않으려 할수록 그들은 약해져 갔다. 육체적 단련은 마음의 평정을 통해서만 진정한 강인함으로 승화될 수 있기 때문이다.

평생 동안 오직 한 차례 무승부를 기록했던 무사시처럼 최배달도 유일하게 단 한 차례 승부를 가리지 못했다. 이 기억은 그의 자전적 회고록에서 거듭 회상되고 있는데, 절정기의 최배달로서는 충격적인 사건이었기 때문이다. 이 이례적 대결에서 진 노인이라 불린 중국 무인은 최배달의 어떤 공격도 허용하지 않았고, 심지어 자기 몸에 가까이 접근하는 것조차 불가능하게 만들었다. 그는 최배달의 살기와 용맹, 직선으로 파고드는 민첩한 동작에 전혀 동요하지 않았다.

그는 그저 고요히 상대의 동작에 집중하며 그 흐름을 살짝살짝 좌절시킬 따름이었다. 이기기 위해 섣불리 상대의 공격권 안으로 뛰어들지도 않았다. 주변 전체를 자신의 공간으로 활용하면서 상대가 지치기를, 스스로의 공격능력에 대해 회의하기를 태산처럼 엄중하고 대양처럼 장엄하게 기다릴 뿐이었다. 무욕 속에 침잠한 그는 자기 앞에 서 있는 승부욕의 화신을 아이 다루듯 밀쳐 내고 있었던 것이다. 최배달은 이때를 가장 두려웠던 순간으로 기억하고 있다.

> 공자께서 말씀하셨다. "나는 아직 강직한 자를 만나 보지 못했다." 그러자 어떤 사람이 대답하였다. "당신의 제자 신정이 강직합니다." 공자께서 말씀하셨다. "신정은 욕망이 있으니 어찌 강직할 수 있겠는가?"
>
> 《논어》 '공야장'편

> 子曰, "吾未見剛者." 或, 對曰, "申棖." 子曰, "棖也, 慾, 焉得剛?"
>
> 《論語》 '公冶長'篇

공자는 '자로(子路)'편에서 '강직하고 굳세고 질박하며 말이 적으면 인에 가깝다(剛毅木訥, 近仁).'고 말했다. 여기서 강직함이란 인격의 견고함, 요지부동하는 의지의 힘을 의미한다고 할 수 있다. 그런데 놀랍게도 공자는 그런 인물을 본 적이 없다고 말한다. 세상에 고집 세고 주장 강한 이가 얼마나 많았겠는가. 하지만 그들 모두는 진짜 강한 자들이 아니다. 그들에게는 무언가가 결핍되어 있다.

이때 옆에 있던 누군가가 공자학단에서 가장 용기 있고 굳센 신정(申棖)이란 인물을 거명했다. 공자는 이를 단호히 물리친다. 일관성 있는 굳건함이란 백절불굴의 투혼만으로 성취되는 것이 아니기 때문이다. 굳건한 내적 일관성은 욕망을 추방했을 때, 강해져야 한다는 욕망마저도 내쳤을 때 그 텅 빈 충만함으로부터 발생하는 권능이다. 만약 작은 욕망일지라도 자아 가운데 스며든다면 최초의 의도는 타협 가능한 고집으로 변질될 것이고, 이는 세속적 협상 가능성에 개방되고야 말 것이다.

생각해 보라. 나는 당신을 미워하며, 그러니 다시는 내게 접근하지 말라고 화내는 애인을. 그 또는 그녀는 비록 완강하게 상대를 밀어내고 있지만, 이미 상대의 존재를 거부할 수 없는 심리 상태에 빠져 버린 셈이다. 미워하고 화내고 접근을 꺼려야 할 대상이 된 상대는 어느덧 내 인생에 다양한 의미들로 자리 잡은 것이며, 따라서 타협은 벌써 시작된 것이 아니겠는가! 욕망은 무엇인가에 맹목적으로 집착하는 행위만이 아니라, 무엇인가에 의미를 부여하는 행위이기도 하다. 그래서 욕망은 이름 짓기를 좋아한다. 결국 욕망의 대상을 차단하기 위해서 자신을 강하게 다지면 다질수록 그 대상도 덩달아 의미의 부피를 키워 가게 된다. 그래서 증오하고 꼴 보기도 싫다던 사람과 결혼하는 일이 그리도 비일비재한 것이리라.

진짜 강직함이란 무욕 속에, 모든 욕망의 소멸 속에 있다. 나의 부귀함에도, 위협에도, 아름다움에도 무관심한 조용한 평정. 그 평정은 그야말로 전혀 틈이 없는 난공불락의 요새와도 같다. 그리하여 무사들은 고요를 제일 무서워한다. 일말의 숨소리조차 없는 정적 속에 마치 존재하지 않는 사람처럼 침잠해 있는 적수. 그러한 고요와 일체가 될 수 있는 침착함과 대범함, 아니 고요 자체가 되어 버려 내 존재를 아예 깡그리 무시하는 힘! 이것들이야말로 일체를 압도하는 강건함의 육중한 파장을 몰고 온다. 그리하여 이제 막 마지막 도전자를 맞이한 무사는 그 고요한 무욕의 살기 속에서 자신의 최후를 이미 깨닫고 있다.

군자,
함께 발전하게 하는 사람

    세상에는 의외로 자신이 우유부단하다고 여기는 사람들이 많다. 겉으로는 강하고 호기 있어 보이지만, 내면은 지나치게 소심하여 스스로에 대한 확신이 없다. 따라서 혼자 있는 외로움을 좀처럼 견디지 못한다. 그래서 뚜렷한 주견 없이 우발적으로 사람들과 어울리고, 그 사람들의 제안을 마다하지 못하다가 낭패를 보기도 한다. 한마디로 거절을 하지 못해서 이리저리 휘둘린다.

    이런 사람들은 자신의 나약한 측면을 감추면 감출수록 외면은 외면대로 황폐해지고 내면은 또 내면대로 취약해진다. 우유부단한 심성을 감추려다가 과대하게 자신의 박력을 과시하게 되고, 실은 나약하기에 그다음엔 후회로 몸살을 앓는다. 진짜 강한 사람은 스스로의 유약한 면, 부끄러운 면을 서슴없이 드러내는 사람이다. 그렇게 강한 성격을 가진 사람은 정중하고도 단호하게 거절할 줄 안다.

자기 자신을 제대로 보고, 본 것에 대해 솔직히 인정하는 사람은 그 순간부터 발전할 수 있다. 스스로를 안다는 것, 안다는 것을 받아들인다는 것, 그것은 무엇을 해야 할지 주체적으로 판단할 수 있다는 뜻이다. 우유부단하지 않다는 의미다. 그들은 그때부터 자신의 결핍을 극복하기 위해 노력하지 않을 수 없다.

결코 순순하거나 손쉬워 보이지 않으면서도 안에 쌓인 내공으로 평화로운 사람들이 있다. 그런 사람들은 섣불리 남의 세계로 끼어드는 무례를 저지르지도 않거니와 함부로 자기 세계로 남들을 끌어들이지도 않는다. 중용 속에 균형을 잡고 있으면서 제 갈 길을 차분히 잘 간다. 또 그 사람들은 어떤 폭력이나 공격성 없이도 남들로 하여금 과도한 방종으로부터 물러나도록 하며 자제하도록 만든다. 그들은 언뜻 약해 보이지만 항상 발전하는 과정에 있기에 생생히 현존하고 있으며, 그 파릇한 긴장이 타인들까지 긴장시키기 때문이다.

> 공자께서 말씀하셨다. "군자는 다른 사람의 좋은 점은 이루어지도록 도와주며, 다른 사람의 좋지 않은 점은 이루어지지 않도록 해준다. 소인들은 이와 반대니라."
>
> 《논어》 '안연'편

> 子曰, "君子, 成人之美, 不成人之惡. 小人反是"
>
> 《論語》 '顏淵'篇

군자는 남들의 아름다운 점을 완성시켜 준다. 달려들어 따지거나 목청 돋우어 설명하려고 하지 않아도, 아니 그렇게 하지 않기 때문에 더 본질적으로 타인들의 장점을 빛나게 해준다. 누구나 좋은 점을 지니고 있다. 단지 스스로 깨닫지 못했을 뿐이고, 빛날 수 있는 최적의 조건을 만나지 못했을 뿐이다. 군자는 그 점을 자연스럽게 자각하도록 해주며, 그것을 갈고닦는 법을 알려 준다. 그건 아주 쉬운 일일 경우도 있다. 그냥 살며시 다가가 상대의 어깨를 어루만지며 몇 마디 격려하는 것만으로도 한 영혼은 구제받는다. 타인의 장점을 눈여겨 봐주고 그것을 아름답다고 말해 주는 것만으로도 많은 사람들의 인생이 달라진다.

그런데 그렇게 누군가를 봐주고 칭찬해 주기란 참으로 어렵다. 그건 저 스스로에게 자신 있는 사람, 그럼에도 겸손할 정도로 자기를 극복한 사람, 극복했으면서도 아직 발전 중에 있기에 주변을 둘러볼 용기가 있는 사람만이 할 수 있는 배려다. 그건 직업적으로, 전문적으로 수행되는 작업이 아니다. 그래서 테레사 수녀는 선교하는 대신 그냥 더불어 살았던 것이다. 함께 있어 주는 것, 시간을 공유하며 인내하는 것, 기다려 주는 것, 무엇보다 상대방을 존재로 승인해 준다는 것!

하지만 소인배들은 그렇지 않을 것이다. 소인배는 다른 사람들을 과격하게 자기 세계 속으로 휩쓸려 들어오도록 유혹하고 강요할 것이다. 선의를 표방한다 할지라도 그것은 부적절한 만용이며 독선적인 폭력이다. 누군가를 수동적으로 만들어 스스로 판단하지 못하게 한다는 것 자체가 존재에 대한 훼손이다. 또 소인배는 무례하게 남의 세계로 틈입하여 마치 제 세상처럼 친근히 굴기도 한다. 자신을 쉽게 거절하지 못하도록 만들기 위해, 자신의 요구에 저항할 수 있는 면역력을 없애기 위해 그들은 달콤한 제안들을 내밀기도 할 것이다. 이렇게 소인배의 교제는 상대방의 정체성 전체를 부인해야만 가능하므로 그 와중에 상대방의 좋은 미덕도 무시될 수밖에 없다.

결국 군자는 다른 사람의 좋은 점을 발견하여 명명해 줌으로써 그들을 자신과 함께 발전하도록 돕는 자이다. 그 도움은 결국 그 사람의 단점을 제거하도록 해주기도 할 것이다. 장점이 부각되어 커질수록 단점이 차지할 영역은 좁아질 것이 아닌가! 그러나 소인배는 다른 사람을 정복하는 과정에서 그 사람의 단점을 부각시키고, 그럼으로써 약화된 상대방의 방어선을 뚫고 들어가 그들의 악한 본성을 부추기게 될 것이다. 이렇게 누구를 만나 친해지느냐에 따라 한 사람의 인생은 크게 달라진다. 그러니 손쉽게 소인들과, 외로움과 타협하지 말 일이다. 항상 군자가 다가올 옆자리를 비워두고 있을 일이다.

어리석음을 인정하는 기술

불교에서는 지혜가 없어 어리석은 상태를 무명(無明)이라고 부른다. 불빛이 비쳐지지 않는 어두운 상태를 뜻한다. 여기에 등불이 나타날 때, 비로소 세상의 모습이 온전히 드러난다. 승려는 말하자면 무명의 세상을 두루 비추는 등불 같은 존재다. 임마누엘 칸트가 주장한 '순수이성'도 이와 비슷한 면을 지니고 있다. 이성의 빛이 닿기 전까지 세계는 존재하지 않는 무명 상태에 놓여 있다. 존재론적 잠에 빠진 이 무능한 세상을 깨우는 건 사람들 각자가 지닌 생각하는 힘이다.

불교든 칸트의 비판철학이든, 태어나기도 전에 갖춰지는 선천적 지식이란 있을 수 없다. 사람이 가지고 태어나는 것은 세상의 무명 상태를 비추게 될 작은 불씨 같은 것이다. 이 불씨가 자라 우주에 있는 모든 것들의 비밀을 캐내고, 자기 자신의 유래까지 밝혀내기에 이른다. 하지만 모든 불씨가 온전한 앎의 횃불로 자라날 수 있는 것은 아니다. 같은 가능성을 지니고 태어나지만 각자가 걷는 앎으로의 여정은 서로 다르며, 이에 따라 도달하는 경지 역시 달라질 수밖에 없다.

다산(茶山) 정약용(丁若鏞)이 지은 〈조신선전(曹神仙傳)〉의 주인공인 조신선은 주인을 잃은 중고서적들을 헐값에 사들였다가 비싸게 팔아먹는 책 거간꾼, 이른바 책쾌였다. 그는 전문적인 학자는 아니었지만 수많은 책들을 사고팔다 보니, 여러 분야 서적들의 종류와 목차 등에 대해서 상당한 식견을 갖추게 되었다. 언뜻 보면 다양한 학문들에 두루 통달한 대단한 학자처럼 보일 정도였다. 깊고도 넓은 지식을 갖춘 것으로는 당대 최고였던 정약용도 놀랄 수준이었다.

정약용은 자신의 글을 통해 조신선의 정체가 돈에 욕심이 많았던 장사꾼에 지나지 않았음을 밝히고 있다. 알고 있는 지식의 양으로는 정약용에 버금갔던 조신선은 어쩌다 그런 하찮은 존재로 삶을 마감했을까? 그의 배움이 많은 정보를 모아들이는 기억력에만 의존해 있었기 때문이다. 그는 수많은 책들의 제목과 목차, 심지어 대충의 내용까지는 암기하고 있었지만, 책 안에 담긴 복잡한 문제의식은 도통 이해할 길이 없었다. 그에게 책은 그저 상품에 지나지 않았고, 결국 책에 대한 그의 관심은 상품에 대한 정보에 불과했던 것이다. 타고난 기억력이 아무리 좋은들 배움에 무슨 쓸모가 있었겠는가? 아무리 태어나면서부터 똑똑한 천재라고 한들, 결국에는 지식을 사고파는 거간꾼을 벗어날 수 없었을 것이다.

공자께서 말씀하셨다. "태어나면서부터 아는 자는 최상이
요, 배워서 아는 자는 그다음이요, 막히고 나서야 배우는
자는 또 그다음인데, 막히고서도 배우지 않는 자는 가장
하등의 사람이로다!"

《논어》 '계씨'편

子曰, "生而知之者, 上也, 學而知之者, 此也, 困而學之,
又其次也, 困而不學, 民斯爲下矣!"

《論語》 '季氏'篇

공자는 말한다. 세상에서 가장 지혜로운 자는 태어나면서부터
알고 있는 자다. 언뜻 이 말은 천재들에 대한 칭찬으로 보인다. 하
지만 그 누가 그런 천재를 꿈꿀 수 있겠는가! 심지어 공자 자신도
'술이(述而)'편에서 '나는 태어나면서부터 아는 자가 아니라 옛것
을 좋아하여 부지런히 익힌 자이다(我非生而知之者, 好古敏以求之者
也).'라고 회상하고 있다. 따라서 태어나면서부터 아는 자는 그저
논리적으로만 존재하는 이념형에 불과하다.

공자가 앎에 있어서 현실적으로 가장 탁월한 존재로 규정한 것
은 그다음의 수준, 즉 미지의 것들을 스스로 배워서 알아내는 자
들이다. 지적으로 왕성한 호기심을 지닌 이런 사람들은 부지런히
지식을 익혀 세상 이치에 널리 통하게 되는 인물들이다. 모든 배
움이란 서로 통하게 되어 있어서, 한두 분야에 정통하게 되면 그
것과 다른 분야들에 대한 이해력도 저절로 높아지고 당연히 그 분

야들을 존중하여 배우고자 하게 된다. 그들은 무지로 인해 시달리거나 고통받지 않는다.

다음으로는 평소에는 배움을 밀쳐 두고 있지만, 무지로 인해서 곤란에 처하게 되면 기꺼이 배울 용의가 있는 자들이다. 이들은 자발적으로 공부를 시작하지는 않지만, 어떤 충격만 주어지면 배움을 좋아하는 사람들과 동등해질 수 있는 부류다. 오히려 이런 사람들은 무지의 난처함을 심하게 겪어 보았기 때문에, 배움의 끝장을 보려고 하다가 아예 전문적 학자가 되곤 한다. 공자는 대체로 여기까지 배우는 사람으로 인정하고 있는 듯하다.

공자가 말하고자 했던 핵심은 마지막 부분에서 드러난다. 공자는 무지의 곤경에 처하고서도 배우기를 거부하거나 포기하는 사람들을 하등의 인간들로 질타하고 있다. 이른바 하우(下愚)라고도 칭해진다. 이들은 자신의 어리석음을 인정하지 않을 정도로 오만하여, 배움의 필요성 자체를 깨닫지 못하는 꽉 막힌 자들이다. 대부분은 학식이 낮은 사람들이 여기에 해당하겠지만, 비록 학식이 높다고 할지라도 아직 안심하기엔 이르다. 조신선 같은 사람도 알고 있는 정보량만큼은 학자에 버금가지 않았는가!

공자가 말하는 배움에 있어서 가장 하등한 인물들 속에는, 아는 것은 많지만 그것들을 세상을 이해하는 데에 사용할 줄은 모르는 어리석은 자들도 포함된다. 그런 사람들은 겉치장을 목적으로 수많은 지식들을 모아들이지만, 그 안에 담긴 문제의식에는 무관심하다. 이렇게 문제의식이 전혀 없기 때문에 오히려 더 많은 정보들을 받아들여 저장할 수 있는 이들은 기억력도 매우 뛰어나 천재로 통한다. 과연 천재가 맞을까?

천재를 태어나면서부터 아는 자라고 한다면, 기억력만 발달한 암기왕들도 천재라고 할 수 있다. 하지만 그들은 자신의 지식을 현실에 적용할 줄 모르며, 비록 할 줄 안다고 해도 그것이 빚을 결과에 대해서는 고민하지 않는다. 실제로 그들은 매우 어리석으면서도 자신의 어리석음을 정보의 축적으로 속이고 있는 자들이다. 차라리 아무것도 모르는 무지한 사람보다 더 위험한 존재가 아니겠는가?

배움은 사람들에게 자유를 주기도 하지만 깊은 고민을 안기기도 한다. 아니, 배우면 배울수록 우리는 지적으로 더 많은 곤경에 처하게 되어 있다. 그래서 그런 곤란한 상황들을 극복하려고 더 배우게 되어 죽을 때까지 배움을 멈출 수 없게 되는 것이다. 그렇다면 조신선처럼 정보의 양은 많지만 그것들을 통해 또 다른 지적 곤경을 발견할 줄 모르는 천재들이야말로 가장 우둔한 바보라는 역설과 만나게 된다.

모든 배움이
삼 년은 넘어가야 하는 이유

　어떤 운동이든 육 개월 정도 배우면 평소에도 온몸에 잔뜩 힘이 들어가게 된다. 지금 하는 운동과 비슷한 환경에 놓이게라도 되면, 자꾸만 자신이 운동을 하고 있다고 알리거나 능력을 드러내 보이고 싶어진다. 눈을 감으면 익혀 뒀던 온갖 다양한 몸동작들이 머릿속에서 맴돌기도 할 것이다. 그러다가 일 년이 넘으면 주변 사람들한테 자기가 배우는 운동에 대해 떠들어 대기 시작한다. 아직은 자신이 없기도 하지만, 큰 용기를 내어 자신의 내공을 자랑하게 된다. 마침내 이 년이 넘게 되면서는 이제 슬슬 오만해지고, 누군가와 겨뤄 보고 싶어 근질근질해질 것이다. 세상의 어떤 상대라도 한 방에 보낼 수 있을 것 같은 자신감이 넘친다. 참으로 위험한 순간이다.

　그리고 문제의 삼 년이 찾아오면 적극적으로 겨룰 상대를 물색하며 실전에 뛰어든다. 어떤 운동도 이렇게 삼 년이 고비다. 삼 년째 들어서서도 묵묵히 수련에만 힘쓰는 사람은 매우 드물다. 그리고 그 삼 년이 끝난 뒤에, 대부분의 사람들은 현재의 자기를 만들어 준 체육관에 더 이상 머물려 하지 않을 것이다. 그들은 어느새 남들을 가르치는 위치로 옮겨 가면서 초심을 잃어버렸기 때문이다.

이 정도면 됐다고 안심하고 방심하는 단계, 그게 참 묘하게도 공통적으로 삼 년이다. 운동만 그런 게 아니라, 연습을 필요로 하는 모든 분야가 그 과정이 비슷하다. 피아노, 발레, 수영, 등산, 달리기 등등 모든 정신적, 신체적 훈련에는 자만하기 시작하는 삼 년째의 함정이 숨어 있다.

당연히 공부도 그러하다. 한 분야에 삼 년 정도 몰입하고 나면 세상에 무서운 게 없어지고, 자신의 능력을 시험해 보고 싶은 충동에 사로잡히게 마련이다. 무엇보다 더 이상 배울 게 없다고 여겨서 남들을 가르치고 싶어진다. 시도 때도 없이 솟구치는 가르치려는 욕망, 이건 배우는 자에게는 가장 고약한 병통이다. 일단 이 병통에 빠지게 되면 주로 자기와 비슷하거나 더 못한 사람들을 상대하게 되고, 그 무리들 틈에서 실력자로 행세하는 데에만 이골이 나게 된다. 좁은 식견으로 저만 못한 사람들만 상대하며 우쭐하는 삶, 참으로 가련하지 않은가!

> 공자께서 말씀하셨다. "삼년 동안 배우고도 벼슬자리 나갈 마음 품지 않기란 쉬운 일이 아니다."
>
> 《논어》 '태백'편

子曰, "三年學, 不至於穀, 不易得也."

《論語》'泰伯'篇

　공자 시대에는 공부해서 진출할 수 있는 분야들이 많지 않았기 때문에 배운 것을 세상에 드러내 써먹고자 한다면 벼슬하는 도리 밖에는 없었다. 그러니 삼 년 정도 스승 밑에서 배우고 나면 곧바로 위정자들에게 팔려 갈 날만 학수고대했던 것이다. 공자의 안목으로 볼 때는 학문의 완성 단계에서 아직 한참이나 멀리 떨어져 있으면서도, 좁은 전공 분야 하나를 익혀서 세상에 행세하려 드는 이런 가짜 선비들이 가소로웠을 터이다.

　그래서 공자는 제자들을 모아 놓고 훈계했다. 삼 년 공부에 벼슬 욕심, 명예 욕심이 들지 않을 자는 드물 것이다. 너희들도 마찬가지 아니겠느냐? 여러 해 동안 익힌 공부를 겸손하게 무로 돌리고, 새로운 공부에 전념하기란 몹시 어렵다. 그런데 다른 공부를 해보아야만 그동안 자기가 한 공부가 얼마나 얄팍했는지 깨닫게 된다. 다른 산들의 정상에 올라가 보아야 내가 오른 산의 높이를 가늠할 수 있다. 보이느냐? 자신의 깜냥이란 것은 늘 과장되는 법이다.

　학계는 넓게 배웠다는 박사들로 넘쳐난다. 그러나 필자를 포함한 대부분의 박사들은 알고 보면 넓게 공부하지 못한 사람들이다. 전공 영역만을 들이파서 논문들을 생산하고, 그 덕분에 특정 분야에서 명성을 쌓은 사람들이다. 그래서 어떤 영역에 대해서는 매우 자신 있어 하지만, 다른 영역에 대해서는 문외한인 경우가 많다.

이렇게 모르는 분야가 너무 많기에 한없이 겸손해야 될 듯도 한데, 실제로는 그렇지 않은 경우도 꽤나 있다. 섣불리 다른 분야를 규정하여 무시하고, 심지어 그 의의를 낮추어 보는 일이 비일비재하다.

내가 한 공부가 세상에 쉽게 통하고 지위마저 수월하게 보장된다면, 그건 내가 한 공부가 공부라기보다는 기능에 가까웠음을 반증하는 것이다. 제대로 된 공부란 사람들을 고민에 빠트리고, 더 나아가 세상의 실용적 정보 체계에 근본적 의문을 불러일으켜야만 가능한 것이다. 사람들의 골칫거리나 해결해 주는 위로의 기술이 결코 아니다. 그러므로 세상 사람들이 내 공부에 환호하면 할수록, 그건 나의 배움이 그저 짧은 기간 동안만 쓸모 있을 기능적 배움이었음을 증명하는 것에 지나지 않는다. 결국 그런 배움이란 삼 년이면 족할 것이다. 삼 년 정도 익히면 전문가라는 소리를 들으며 행세할 수 있고, 그 분야에서만큼은 안정적인 수입도 챙길 수 있으리라.

그리하여 지식의 행상인들이 세상에 출현했던 것이다. 몇몇 지식들을 능숙하게 다루어 이를 상품으로 가공할 줄 아는 능력, 게다가 호객하는 기술까지 겸비한 행상인들. 현실에 다부지게 적응한 그들은 뜬구름 잡는 것처럼 보이는 어려운 학문 분야에는 발을 디디지도 않는다. 당장 써먹을 수 있는 지식 외에는 안중에도 없다. 이 쓸모없는 거짓 학자들도 한때는 세상 온갖 경쟁자들을 평정할 듯한 야심만만한 학생이었다. 그 골치 아픈 삼 년째 되던 해, 더 이상 다른 공부는 필요 없다며 건방을 떨기 전까지만 해도.

맞춤형 교육의 비밀

　가르치는 일이 힘든 것은 그것이 반복이기 때문이다. 아무리 다양한 방식으로 지도를 하고자 해도, 어차피 선생은 한 명이고 학생은 여럿일 수밖에 없다. 비록 일대일 개인 교육이라 할지라도, 시간이 지나면서 바뀐 학생들이 계속 나타나지 않는가? 결국 대부분의 선생들은 서로 다른 학생들에게 비슷한 내용을 반복하게 되는데, 이 반복의 운명을 거스르려는 자는 선생이 될 수 없다. 지독하게 반복하고 또 반복하면서 지치지 않아야 선생이 될 자격이 있다. 한자리에 붙박여 같은 이야기를 다른 형식으로 끝없이 반복해야 하는 이 괴로운 업은 마침내 자기와의 싸움이 된다.

　교육산업이 발달하다 보니 혁신적 기법을 표방하는 새로운 교육법 프로그램들이 마치 계절병처럼 잠시 유행하다 사라지곤 한다. 무언가 대단한 것이 있을 것 같지만, 주로 이상한 영어로 포장된 이런 교육법들은 대개가 사기에 가깝다. 교육의 본질이 변할 수 없듯이, 인간에 대한 규정이 바뀌지 않는 한, 교육법에도 근본적인 변화란 있을 수 없다. 일부 섣부른 교육학자들이 주장하듯이, 교육이 교육법의 발전과 더불어 질적으로 크게 향상되어 왔다면 얼마나 좋았겠는가? 기술의 발달에 따라 교육 환경이나 도구들이 개선되는 현상을 교육 자체의 성격이 변하는 것으로 오해하면 안 된다.

학생들에게 다양한 교수법으로 자극을 주고, 수업에 첨단 장비들을 활용하며, 수시로 성취도 상담을 진행해야 교육 수준이 나아질 거라고 가정한다면, 우리나라의 교육과 학문의 질은 진즉에 세계 최고의 수준에 올라 있었어야 마땅하다. 우리나라처럼 공적, 사적으로 막대한 교육 재정을 쏟아붓는 나라가 지구상에 또 어디 있으랴!

문제는 온전히 홀로 배울 수 있는 학생, 스스로의 힘으로 생각하는 능력을 갖춘 학생을 길러내느냐다. 그렇다면 선생이란 이미 검증된 지식을 요령 있게 전달해 주는 자가 아니라, 학생으로 하여금 무엇을 어떻게 배울 것인가를 자발적으로 선택할 수 있도록 돕는 자라고 할 수 있다. 그렇지 않고서 선생을 단순한 지식의 전달자로 보게 되면, 지식의 전달 방식에 변화가 일어날 때마다 교사의 역할도 바뀌어야 하지 않겠는가?

그럼 스스로 배움의 길을 열어 가는 능동적인 학생은 어떻게 길러지는가? 무엇보다도 학생들과 대화하며 그들의 삶을 함께 겪어 줘야 한다. 사람들이 스승과 제자로 서로 만난다는 것은 그 자체로 인생의 큰 사건인데, 특히 학생들로서는 부모 다음으로 중요한 존재를 처음으로 받아들이는 복잡한 성장 과정이 되기도 한다. 때문에 학생들 인생의 결정적 순간들을 함께 겪는 선생은 제자들로 하여금 자기 자신을 돌아보게 하는 거울 역할을 하며, 학생들은 선생이 자신을 바라보는 태도에 예민하게 반응하면서 남은 평생을 지니고 살 자아를 형성하는 것이다.

스승이 지나가는 말로 던진 한마디에 제자는 인생을 바꾸기도 한다. 적어도 지금 대학교수가 되어 있는 필자는 그러했다. 여러분들도 그렇지 않았는가? 감동으로 가슴에 새긴 가르침은 교판 위에 빽빽이 판서된 내용에서가 아니라, 그 나머지 공간에서, 예기치 못했던 방식으로, 오직 그때의 그 상황에서만 가능했을 사건으로 우리에게 찾아오지 않았던가?

> 자로가 물었다. "훌륭한 말을 듣자마자 실행해야 하는지요?" 공자께서 말씀하셨다. "부형들께서 살아 계시는데 어찌 듣자마자 실행하겠느냐?" 염유가 물었다. "훌륭한 말을 듣자마자 실행해야 하는지요?" 공자께서 말씀하셨다. "듣자마자 실행하거라!" 그러자 공서화가 말했다. "자로가 '훌륭한 말을 듣자마자 실행해야 하는지요?' 하고 여쭙자 스승께서는 '부형이 살아 계시다.'라고 말씀하시고, 염유가 여쭙기를 '훌륭한 말을 듣자마자 실행해야 하는지요?' 하니 스승께서는 '듣자마자 실행하거라!'라고 하셨습니다. 저는 어느 것이 진실인지 미혹되오니 이를 감히 여쭙겠습니다." 공자께서 말씀하셨다. "염유는 소극적이고 우유부

단하기 때문에 과감하도록 진작시켰고, 자로는 너무 공격
적이고 과감하기 때문에 신중하도록 퇴축시켰느니라."

《논어》 '선진'편

> 子路問, "聞斯行諸?" 子曰, "有父兄在, 如之何其聞斯行
> 之?" 冉有問, "聞斯行諸?" 子曰, "聞斯行之." 公西華曰,
> "由也問, '聞斯行諸?', 子曰, '有父兄在.', 求也問, '聞斯
> 行諸?', 子曰, '聞斯行之.', 赤也惑, 敢問." 子曰, "求也退,
> 故進之, 由也兼人, 故退之."

《論語》 '先進'篇

공자의 가르침은 별로 특별할 게 없었다. 일상생활이 곧 가르침
이었기에, 결정적인 훈육도 스승과 제자들이 방심하며 나눈 편한
대화 속에서 이루어졌다. 공자는 아들 교육마저 뜰에서 잠깐잠깐
하곤 했다. 이렇게 스승과 생활을 함께한다는 것은 학생들에게 헤
아릴 수 없이 큰 가치가 있는 교육인 것이다. 제자들과 같이 앉아
있을 때, 더불어 술을 마실 때, 여행을 떠나 함께 길을 걸을 때 스
승의 재능은 환하게 빛난다. 그럴 때에 드러나는 스승의 어떤 태
도나 결정들이야말로 학생들의 삶에 더 깊은 영향을 미치게 된다.
아무리 강의를 잘한다고 해도, 그러한 순간들에서 실망스러운 스
승을 제자들은 존경하지 않는다!
공자는 두 제자가 했던 같은 질문에 서로 반대되는 답을 주고
있다. 염유는 심약하고 지조가 부족해서 노나라의 최고 권력자였

던 계강자(季康子)에게 휘둘렸던 인물이다. 그래서 좋은 말을 들으면 과감하게 실천하라고 권장했다. 우유부단했던 제자는 아마도 신중하게 처신하라는 권고를 듣고 싶었을 것이다. 하지만 스승은 제자에게 가장 부족한 면을 고려하여 최선의 답을 내놓았다. 그 속에는 염유에 대한 깊은 관심과 냉정한 평가가 골고루 섞여 있었으니 얼마나 통찰력 넘치는 한마디인가!

같은 질문을 한 자로에게는 부형들을 생각하여 신중하게 행동하라고 대답했다. 불같은 결단력을 지녔던 자로를 약간 주눅 들게 함으로써, 그의 과격성을 다스리려 한 스승의 고심이 느껴진다. 이렇게 공자는 제자들을 파악하는 깊은 안목과 더불어, 가르침을 내릴 적절한 시점까지 기다릴 줄 아는 인내력까지 갖추고 있었다. 그러다가 때가 오자 짧은 대답 두 번을 통해 서로 다른 두 학생이 각자 나아가야 할 길을 제시해 준 것이다. 참으로 박력 있는 스승이 아닌가? 그런데 더욱 인상적인 것은 이 대화의 와중에 제삼자였던 공서화마저 가르치고 있다는 점이다. 공자는 같은 취지의 대답을 제자에 따라 반대로 반복했던 자신의 의도를 알려 줌으로써, 훗날 교육자가 될 공서화에게 멋진 교수법 훈련을 시킨 셈이다.

공자의 맞춤형 교육은 학생들을 쫓아다니는 교육이 아니라, 학생들이 찾아와 먼저 질문하도록 만드는 교육이었다. 간섭하거나 참견하는 교육이 아니라, 학생들을 관찰해 그들과 끝없이 묻고 대답하는 쌍방향 교육이었다. 일상 속에 고요히 앉아 있던 공자는 제자들의 질문을 무던히 기다렸고, 그 순간에 최선의 답을 주기 위해 꼼꼼히 제자들을 관찰했다. 그의 교육에는 어떤 신기한 사건들도 벌어지지 않았다!

　계절이 하염없이 흐르며 스승 앞에 앉는 제자들의 얼굴은 바뀌어도, 스승은 같은 모습으로 같은 말을 하고 있다. 반복을 잘 견디는 스승들에게 몰라보게 달라진 제자가 찾아와도 그들의 표정에는 변화가 없다. 변하지 않고, 그대로 멈춰 계신 위대한 우리의 스승들은 초라한 모습 안에 화산 같은 열정을 숨기고들 계시다.

내부 고발자의 딜레마

내부 고발자가 겪는 딜레마는 널리 알려져 있다. 그들은 선하면서도 악한 이중적인 이미지 때문에, 사회의 회색 지대에 몸을 감춘 채 남은 삶을 살아가기 일쑤다. 대부분의 고발자들은 마지막 선택을 하기 직전까지, 사사로운 정리와 공익 사이에서 망설이며 수많은 고민의 시간들을 보낸다. 이 사실을 모를 리가 없음에도, 그들을 바라보는 사회의 시선은 때때로 이율배반적이다. 한편으로는 사회에 기여한 그들의 공을 높이 사면서도, 다른 한편으로는 배반자라며 낙인을 찍는다. 이는 매우 잘못된 관행으로서 반드시 뿌리 뽑아야 마땅하다.

마피아는 조직의 비밀을 죽을 때까지 지켜야 한다는 오메르타의 원칙을 두고 있다. 이 원칙을 어긴 배신자는 피의 복수를 각오해야 한다. 이 경우에 옳고 그름을 판단하기란 그리 어렵지 않다. 조직이 강요한 침묵의 계명이 뚜렷하게 반사회적이기 때문이다.

따라서 어떤 경우든 고발자의 행위를 나무랄 수 없다.

특히 힘 있는 공공 조직의 내부 비리를 고발하는 사람들은 더욱 사려 깊게 보호될 필요가 있다. 정부의 권력기관이나 언론매체 등은 그 무소불위의 힘이 조직의 안과 밖 모두에서 적절히 통제받지 않을 경우, 사회에 엄청난 해악을 끼치게 된다. 이런 조직들의 타락은 사회의 공적 기반 자체를 위협하게 될 수도 있다. 따라서 이런 경우에 모든 국가들은 고발의 내적 동기를 문제 삼지 않으며, 오히려 적극적인 고발을 윤리적 행위로서 장려한다.

하지만 부모의 범죄를 사법당국에 고발하는 문제는 어떨까? 부모의 범죄를 자식이 고발하지 않고 방치했다면, 그래서 벌어질 사회적 손실에 눈감아 버렸다면, 그 자식은 어떤 평가를 받게 될까? 부모의 범죄가 사회에 끼친 해악의 정도에 따라 평가의 잣대는 조금씩 달라질 것 같다. 해당하는 범죄가 몹시 중대하다면 자식은 윤리적, 법적 책임으로부터 자유롭기 힘들 것이다. 그런데 범죄 사실이 비교적 경미하고, 범행 동기 역시 애매하다면 어떨까? 아마도 보통사람들의 윤리적 감정에 심각한 갈등을 불러일으키게 될 것이다.

유교가 발달한 동아시아에서는 혈육끼리 서로를 고발하는 일은 권장될 수 없었고, 오히려 고발하지 않는 것이 윤리적 조건에 들어맞기 십상이었다. 효와 자애가 지닌 높은 도덕적 가치가 합리적인 법리 의식을 압도해 왔기 때문이다. 그리고 설령 혈육의 범죄가 중대하더라도 가족 간의 고발은 결코 칭찬받지 못했으며, 대중들의 마음에 강한 도덕적 딜레마를 불러일으켰다. 부모의 범죄를 두둔

한 자식들에 대해서 종종 일어났던 동정적 여론이 이를 증명한다. 이렇게 가족 윤리가 사회 윤리와 충돌했을 때, 전자가 후자보다 우선적으로 고려되는 게 동아시아 전통 문화의 특징이었다.

문제는 동아시아인들이 가족의 범위를 끝없이 넓혀 나갈 수 있었다는 데에 있다. 혈연 가족을 벗어난 직장도 넓은 의미의 한 가족이었고, 동문 모임이나 동향 모임 역시 가족에 버금가는 관계로 생각되곤 했다. 이렇게 가족의 울타리를 넓혀 가다 보면, 급기야 다른 민족을 배척하는 국수적 민족주의로까지 번지게 된다. 이렇게 내부의 견제 장치를 잃어버린 사회는 머지않아 타락할 것이고, 심지어 자기 민족의 우월성에 기초를 둔 전체주의 체제가 나타날 수도 있다.

사회의 다양한 모임들을 유사 가족으로 보려는 태도는 상당히 위험하다. 그런 태도는 직장의 부정한 기밀을 외부에 알리거나 동문을 고발하려는 사람들에게, 가족을 고발하는 것에 버금갈 윤리적 부담을 지도록 만든다. 또한 그런 부담을 안고 고발을 하더라도, 오히려 이쪽이 배신자라는 낙인이 찍혀 조직으로부터 쫓겨나게 될 수도 있다. 그렇다면 사회의 공익을 저버리지 않고, 가족으로서의 정리도 어기지 않으면서 이런 딜레마를 벗어날 길은 없는 것일까?

> 섭공이 공자에게 말했다. "우리 고을에 정직한 사람이 있는데, 자기 아버지가 양을 훔치자 자식으로서 이를 증언했소이다." 공자께서 말씀하셨다. "우리 고을의 정직한 사람

들은 그것과는 다릅니다. 아비가 자식을 숨겨 주고 자식이
아비를 숨겨 줍니다. 정직함은 그 (배려와 보살핌의) 안에 깃
들어 있는 거지요!"

《논어》 '자로'편

葉公語孔子曰, "吾黨有直躬者, 其父攘羊, 而子證之." 孔
子曰, "吾黨之直者, 異於是, 父爲子隱, 子爲父隱, 直在其
中矣!"

《論語》 '子路'篇

섭공이 거들먹거리며 자기 고을이 배출한 정직한 사람에 대해
자랑을 늘어놓았다. 그 사람은 아버지가 남의 양을 훔친 사실을
고발하여 아버지를 죄인으로 만들었다. 과연 잘한 일인가? 공자
는 우리 고을에서는 아버지와 아들이 서로의 잘못을 덮어 주려 한
다고 말함으로써 오히려 그를 에둘러 비난했다. 물론 죄를 은폐하
는 건 잘못된 행동이다. 하지만 아버지를 고발한 자식을 보라! 그
역시 아버지의 죄를 대놓고 널리 알리는 근원적인 죄를 저질렀다.
그 순간 자식은 자식이기를 포기하고 사회의 법을 우선시했다. 인
륜과 법 가운데 무엇이 더 근본적인가? 가족끼리 나누는 어진 마
음이야말로 사회 윤리의 첫걸음이 아니겠는가!

섭공은 법률의 형식 논리에 매달려, 인간의 삶에 보다 근원적인
혈연관계보다 그에 비해 부차적인 사회관계만을 내세우는 오류를
저질렀다. 비교할 수 없는 두 관계를 동일한 저울추에 달아 비교

하는 어리석은 짓을 저질렀다. 결국 공자는 혈연이란 다른 사회관계들과 동등해질 수 없는 인륜의 바탕임을 강조하고 있는 셈이다.

그런데 아무리 그렇다고는 해도 양을 훔친 아버지의 과오 또한 그냥 지나칠 수는 없으며, 따라서 이를 고발한 아들의 행동이 갖는 공익적 가치도 무시되어서는 안 된다. 문제는 고발의 공익적 가치를 인정하는 것과 이를 혈연의 가치와 비교하여 우열을 논하는 것은 다른 문제라는 사실이다. 섭공은 바로 그런 잘못된 비교의 논리에 매여서, 결국은 법률만을 최선의 기준으로 삼는 법치주의에 빠져 버린 셈이다.

공자는 이 딜레마를 우아하게 빠져나오고 있는데, 이는 너무나 미적이라서 현기증이 날 정도다. 아버지와 아들이 서로 감싸 주고 숨겨 주는 그 사이에 정직함이 존재한다! 그 앞이나 뒤가 아니라, 바로 그 행동을 하는 가운데에 말이다. 무슨 뜻인가? 아들은 아버지의 잘못을 인정하고 있기에 이를 숨긴다. 떳떳치 않기에 숨기는 것이므로 아들은 아버지의 죄를 인정한 것이며, 이 사실을 당연히 아버지도 알고 있다. 아버지는 아들이 공범이 되었음을 깨달으며 후회하게 될 것이다. 아버지와 아들은 순식간에 도덕적으로 고립되어 고통받게 될 것이다. 뉘우치고 염려하며 그들은 마음의 형벌에 처해질 것이다. 그럼 그다음은 어떻게 되어야 하는가? 아마도 아버지가 스스로 양을 돌려주거나 자수해야 하지 않겠는가?

공자는 그래서 숨겨 주는 그 가운데에 정직함이 존재한다고 말한 것이다. 정직함은 가족이나 친구를 고발하는 행동의 주요한 동기일 수가 없다. 아버지나 가까운 사람을 대뜸 고발부터 하는 마음 뒤에는 이기심이, 사회적 비난이나 법적 처벌에 대한 두려움이 도사리고 있다. 정직은 가까운 사람의 죄를 감싸고 숨겨 주는 와중에 겪는 양심의 가책과 죄의식 속에서 드러나는 것이다. 이렇게 공자는 법이 개입하기 이전에 가족의 윤리가 우선 존중되어야 한다고 역설함으로써, 자신의 신념인 인의 가치를 지키는 동시에 고발 행위에 담긴 공익적 가치도 무너뜨리지 않을 수 있었다.

제3장

호오의
원칙

좋아하고
미워할 수 있는 능력

　유난히 미움이 많은 사람이 있는가 하면, 또 유별나게 누군가에 쉽게 열광하는 사람도 있다. 미움의 힘이 강한 사람들은 보통 자아가 강하게 발달되어 있고, 다소 강박적인 인성을 소유하고 있다. 때문에 타인들과 무언가를 나누기보다는 그들을 관리하고 다스리기를 즐긴다. 이런 외곬형의 사람들은 힘을 지녔을 때 배려의 미덕을 발휘하지 못하다가 지독히 쓸쓸한 말년을 보낸다. 또 언뜻 매우 주체적이고 강단이 있어 보이지만, 미움을 품고 사는 사람들의 내면은 황폐하며 실제로는 외로움에 몹시 취약하다. 그래서 자기 말에 고분고분한 사람, 또는 자기 말이 무소불위로 통하는 환경만 찾다가 오히려 더욱 초라한 삶을 자초한다.

　반면에 타인에게 쉽게 열광하며 빠져드는 사람들은 자기 욕망에 솔직하지 못한 소심한 사람들이다. 태어나서 단 한 번도 타인에게 자신의 의견을 강요해 보지 못한 사람, 용기 있게 타인의 요구에 '아니오.'라고 해보지 못한 사람이 그런 경우다. 이런 사람들은 누군가에게 미움을 받지 않기 위해서, 또는 자기가 열광적으로 좋아하는 사람, 그리고 그 사람을 함께 좋아하는 다른 사람들 모두로부터 인정받고 사랑받고 싶어서 기꺼이 열광에 몸을 맡긴다. 이들 역시 수많은 친구들의 전화번호를 빼곡히 저장하고 있지만 진정한 벗을 사귈 수 없기에 늘 외롭다.

사랑과 미움의 역설에 따르자면, 미움이 많은 사람은 어처구니없는 대상을 사랑하는 실수를 쉽게 범하고, 타인에게 쉽게 열광하는 사람은 비정상적인 미움에 종종 빠져든다. 왜일까? 남을 미워하는 마음의 근원에는 자기 자신에 대한 미움과 열등감이, 남에 대한 과도한 열광에는 자기 자신에 대한 나르시시즘적 집착이 놓여 있기 때문이다. 즉 미움이 많은 사람은 실제로는 자기 자신을 미워하고 있기에, 자신의 결핍과 약점을 타인의 모습에서 발견할 때마다 그를 비이성적으로 공격하고 모욕한다. 하지만 자신의 내밀한 열등감을 보상해 주는 사람을 만나면 상대의 참모습을 무시한 채 비정상적으로 감싸게 된다. 한편 타인에 쉽게 열광하는 사람은 실제로는 타인에 투영된 자신의 이상적인 모습을 사랑하고 있기에, 열광의 대상이 자신과 달라 낯설거나 흠집 있는 존재임을 발견하면 사랑의 감정을 순식간에 증오로 전환한다.

이처럼 미움과 사랑은 변덕스럽고 온전치 못한 마음의 장난이기 십상이다. 이 모든 원인은 오직 자기 자신에게 있다. 자기를 미워하면서도 그 미움을 타인에게 전가할 수밖에 없는 사람, 사실은 사랑받고 싶으면서도 그 욕망을 엉뚱한 타인에게 쏟아부으며 가

습속 깊이 애정을 갈구하는 사람, 이들 모두는 자신의 본질을 왜곡하는 마음의 무능력자들이면서도 그 사실을 애써 숨기면서 살고 있다.

> 공자께서 말씀하셨다. "모든 사람이 미워하더라도 반드시 자세히 살피고, 모든 사람이 좋아하더라도 반드시 자세히 살피어라!"
>
> 《논어》 '위영공'편

> 子曰, "衆惡之, 必察焉, 衆好之, 必察焉!"
>
> 《論語》 '衛靈公'篇

공자가 말하는 '모든 사람(衆)'은 바로 자신의 미움과 사랑의 정체를 온전히 자각할 수 없는 어리석은 대중을 의미한다. 대중은 자신들의 어리석음과 궁핍을 솔직히 인정하는 대신, 그 어리석음과 궁핍을 비슷하게 짊어진 어떤 대상을 희생양으로 삼아 함께 돌을 던지며 스스로의 열등감을 숨긴다. 죄 없는 자 저 여인에게 돌을 던지라! 예수도 그렇게 말하지 않았는가. 자신들이 마음속으로 짓고 있는 죄를 덜기 위해 그들은 오히려 위선적인 도덕가가 되어 마음에도 없는 윤리를 떠벌인다. 이렇게 앞서서 어리석음을 공격하는 자들이 바로 어리석은 자들이며, 약자를 먼저 유린하는 자들이야말로 진짜 약자다.

어리석은 대중의 사랑 또한 믿을 수 없기는 마찬가지다. 그들은 사랑받지 못했던 자아를 타인에게 투사하여 그 또는 그녀를 스타로 만들어 준다. 이 와중에 성취되는 것이 바로 대리만족이다. 실제로는 자기가 차지하고 있어야 할 자리에 영웅시되는 독재자나 전설적인 팝스타가 대신 들어앉아 있는 것이다. 이렇게 대중은 스스로를 노예로 전락시키거나 누군가의 맹목적 추종자로 만들고 나서야 살맛을 느끼게 된다. 그리고 자신의 이상을 완벽히 구현한 대상이 배반했다고 생각하는 순간 삶에 의미를 잃고 자살하거나 심지어 살해하려고까지 든다.

미움이든 사랑이든 자신의 본질을 반성하지 않은 마음이란 모두 허망하고 또 허망한 것이다. 때문에 세상 사람들이 모두 미워하더라도 그 미움에 쉽게 편승해서는 안 되며, 또 세상 모든 이들이 좋아한다고 해서 무턱대고 열광에 빠져서는 안 된다. 공자는 이 대목에서 그냥 잘 살피라고만 하고 있는데, 실제 살펴야 할 대상은 미움이나 사랑을 받고 있는 대상이 아니라 자기 자신임을 명심하자. 이 점은 중요하다.

공자가 잘 살피라고 한 것은 대상이 진짜 사랑받을 가치가 있는지, 또는 미워할 만큼 나쁜 자인지 꼼꼼히 분석하라는 뜻만은 아니다. 공자가 살피라고 한 것은 자신의 미움과 사랑이 어떤 경로로 출현했는지 투명하게 반성하라는 뜻을 담고 있다. 그러다 보면 사랑과 미움을 받는 대상의 정체는 저절로 자명해질 것이다. 이 말은 스스로의 열등감과 욕망의 실체에 대해 좀 더 진실해지라는 말이기도 하며, 자기 삶에 더 정직하라는 요구이기도 하다. 때문에 공자는 '이인(里仁)'편에서 '오직 어진 사람만이 다른 사람을 좋아할 수 있으며 다른 사람을 미워할 수 있다(唯仁者, 能好人, 能惡人).'고도 했다.

　어진 사람. 즉 스스로를 절실하게 대면하여 그 부족함과 한계를 철저히 깨달은 사람만이 진정 남을 미워할 수도 있고 좋아할 수도 있을 것이다. 하지만 이 말은 빨리 어질어져서 누군가를 미워하고 좋아하라는 뜻은 결코 아니다! 과연 그 누가 어진 자로 자처할 수 있단 말인가? 우리 모두는 평생 어질기 위해 노력하는 학생일 뿐이다. 그렇다면 공자의 말은 그 누구도 함부로 미워하거나 좋아하지 말라는, 또는 자신의 감정을 지나치게 과신하지 말라는 뜻일 게다. 한없이 사랑하고 용기 있게 미워하되 그것이 잘못된 것일 수도 있음을 항상 명심하라는 뜻일 게다.

사람의 마음을
얻는 비법, 묻기

윗사람에게 환심을 사는 사람들은 질문이 많다. 그들은 뭐든지 윗분에게 묻고 그 의견을 수용한다. 귀찮을 정도로 상대의 심기를 살피며 아주 사소한 것까지 질문함으로써 누가 결정권자인지를 끝없이 확인시켜 주고 있다. 이렇게 이미 자기가 잘 알고 있는 사실을 새삼스레 물으면 상급자의 묘한 자부심을 자극하게 된다. 이때의 질문은 격조 있는 아첨이다. 아첨이란 것이 늘 그렇듯이 아첨인 줄 알면서도 흐뭇해진다.

무지를 가장하여 남에게 질문하고 대답에 대해 감탄하는 것, 이것은 자신이 약자임을 가장하여 남을 강자로 치켜세워 주는 전형적인 처세술 가운데 하나다. 적극적으로 상대의 장점을 칭찬해 주는 것이 효과만점이기는 하지만, 그 노골적인 과장 탓에 항상 위험에 노출되어 있다. 그렇게 대놓고 아첨하면 예민한 상대는 다소 불안해진다. 혹시 자기를 놀리는 게 아닌가 하여 의심할 수도 있고, 기분이 나쁘지는 않지만 어쩐지 속을 들키는 기분이 들어 개운치 않을 수도 있다. 그래서 자신이 잘 모르거나 모른다고 전제되어 있는 것들, 그러나 상대가 자신 있어 하는 것들에 대해 물어줌으로써 아부의 처세술은 세련되게 완성된다.

학생 시절 때의 일이다. 외부 강사 두 분이 초빙되어 강연을 했다. 한 분의 강연은 그리 흥미롭지 못했는데도 질문이 쏟아졌다. 그분의 제자나 후배, 또는 그분의 명망과 영향력에 주눅이 든 사람들이 예의상 인사성 질문을 하고 있었다. 다른 한 분은 비교적 젊은 학자로 매우 창의적인 강연을 했음에도 분위기는 썰렁했고, 질문 시간에 자리를 뜨는 사람들도 속출했다. 그가 지닌 학계에서의 영향력을 확인하는 순간이었다.

학계보다 더 엄혹한 경쟁상황에 처해 있는 다른 사회조직에서의 아부도 이보다 덜하진 않을 것이다. 질문하고 감탄하고 새로운 지혜를 발견한 양 기뻐하는 얼굴들을 아주 자주 볼 수 있을 것이다. 여기까지 이야기하다 보니 질문 자체가 마치 아부 기술의 총화인 것처럼 들릴지도 모르겠다. 하지만 예의 바른 질문은 본래 아주 중요한 예법이었다. 그것은 진솔하게 활용될 경우 가장 아름답고 겸손한 형식의 인사일 수 있으며, 상대를 존중하며 사귀고 싶다는 호의의 표시일 수 있다. 그것은 무엇보다 자기를 먼저 낮추어 상대와 상대가 속한 세계에 대해 존경심을 표하는 의례적 행위였다.

> 공자께서 노나라 주공을 모신 태묘에 드시매 모든 일을 주변에 물으셨다. 그러자 어떤 이가 말하였다. "누가 저 추

땅 사람의 아들이 예를 잘 안다고 하더냐? 태묘에 들어가
일일이 물었다." 공자께서 그 말을 들으시고 말씀하셨다.
"그것이 바로 예이니라."

《논어》 '팔일'편

子入大廟, 每事問. 或曰, "孰謂鄹人之子, 知禮乎? 入大
廟, 每事問." 子聞之曰, "是禮也."

《論語》 '八佾'篇

공자는 주공을 모신 묘소에 공무로 입시(入侍)했던 것 같다. 그
런데 예의 대가로 정평이 나있던 공자는 아주 소소한 전례에 이르
기까지 담당자들에게 문의하고서야 행동을 취했다. 이상한 일이
었다. 이를 지켜보던 관원 한 명이 공자의 제자에게 조롱을 퍼부
었다. '추(鄹) 땅 사람의 아들'이라는 말은 공자를 아주 폄훼하여
지칭한 것이다. 공자의 아버지인 대부 숙량흘(叔梁紇)이 다스렸던
곳이 추읍(鄹邑)이었으므로 이렇게 말한 것이다.

자신을 모욕하는 말을 제자로부터 전해들은 공자의 대답은 단
호하고 간략하다. 일일이 묻는 것이 예다! 주공을 모신 신성한 묘
소에서 비록 자기가 아는 예법일지라도 담당자들에게 하나하나
물어봄으로써 공자는 그 공간의 중요성, 전례의 엄숙성, 그리고
그 안에서 자신이 수행하는 업무의 숭고함을 한껏 고조시킨 것이
다. 이때 질문의 기능은 모르는 것에 대한 의문의 표현이 아니라
자신이 몸담고 있는 순간들을 신중함으로 채우고자 하는 결의의

표시이다. 그것이 주공에 대한 자신의 한없는 존경심, 주나라 문화의 상징적 장소에 대한 자신의 지극한 겸손함을 드러낼 유일한 방식이었다. 그러니 그것이 예다! 나보고 예를 모른다고 한 자에 대해 거론하고 싶지 않다. 그럴 가치가 없다.

공자의 태도는 상대나 상대가 중시하는 장소를 존중하는 슬기로운 방법을 암시하고 있다. 상대의 마음을 우호적으로 돌려놓는, 서로 존중하는 관계로 접어들고 싶다는 품위 있는 인사로서 질문처럼 멋진 기법이 어디 있으랴! 이런 선의의 질문에 가슴 깊이 감동받지 않을 사람은 거의 없을 것이다. 특히 잘 보여야 할 윗사람에게뿐 아니라 동료들이나 후배, 심지어 하급자에게까지 친절하게 질문하는 사람은 매우 총명하고 기품 있는 리더로서의 자질을 갖추게 될 것이다. 적어도 그 또는 그녀는 현실적으로 실수가 적어질 것이며, 나아가 상대의 마음까지 얻을 수도 있을 것이다.

나를 무시해도 좋을 순간에 슬쩍 바라보며 의견을 물어 주는 상사, 내 생각을 듣고 싶다며 진지한 표정을 짓는 선배, 제자에게 자신의 관점이 타당한지 겸허하게 조언을 구하는 선생, 평소 독선적으로 보이지만 의외로 하급자들의 말을 경청할 줄 아는 정치가, 이들은 모두 많은 단점을 가지고 있었을지 모르지만 결국 크게 성공할 사람들이다. 남을 자기 사람으로 만드는 데에는 의외로 거창한 노력이 들어가지 않는다. 그저 잠깐 자신을 낮추고 물어보면 된다. 마음을 비우고 그저 아무것이라도 물어보라!

비교하지 않는 삶을 위하여

　한때 청순하고 발랄했던 세계적인 여배우가 늙고 쪼글쪼글해진 모습으로 다시 영화에 출연한 모습을 보았다. 발그레 빛나던 볼은 움푹 들어갔고, 눈가와 입가엔 연륜의 무게가 만든 잔주름이 깊게 패어 있었다. 그런데 그녀는 안정된 미소 속에 당당했고, 젊음을 능가하는 총명함과 자애로움으로 여전히 아름다웠다. 그녀는 진짜 성녀 같았다! 내가 모를 긴 시간을 굳건히 버틴 그 온화한 박애의 힘에, 아직도 나를 실망시키지 않는 내면적 아름다움에 감격스러웠다. 모름지기 그렇게 살아야 하는 법이다.

　무척이나 화려했던 배우들이 세월의 상처를 견디지 못하고 망가진 모습으로 나타날 때마다 무엇이 그들을 그리 괴롭혔을까 궁금해진다. 무엇이 그토록 안달 나도록 만들어 더 이상 그들에 대해 추억할 수 없을 만큼 기괴한 흉물로 변화시키는 걸까? 바로 비교 때문이다. 더 아름답고 더 잘나가는 경쟁자들, 과거의 자신을 닮은 새로운 도전자와의 비교 탓이다.

질투 어린 비교는 한때 자신에게도 있었지만 더 이상 스스로에 겐 기대할 수 없는 것을 타자에게서 발견하는 순간 생겨난다. 이를테면 젊음 말이다. 때문에 늙어 가면서도 자신의 노화를 도저히 받아들일 수 없는 자는 시간에 저항하기 위해 젊은 척한다. 또는 젊음을 두려워해서 열등한 우월감으로 무장한 채 젊음을 경멸하기도 한다. 이렇게 왜곡될수록 그들의 정체성은 고갈되어 가고, 마침내 비교의 방정식에만 사로잡혀 소멸해 버린다. 말하자면 그들은 현재가 사라진 '살아 있는 죽은 자들'인 셈이다.

누군가와 비교함으로써 자신의 자존을 키우든, 아니면 비교를 통해 현재의 자신을 비루하게 여기든 결론은 단 하나다. 그런 소비적 비교는 온전한 자아를 좀먹는다. 과거와 화해하고 미래를 긍정할 수 있는 인격의 소중한 공간을 불필요한 감정의 쓰레기들로 채우도록 한다. 왜 소중한 우리의 실존을 그런 거짓 정체성에 희생시켜야 한단 말인가. 참된 비교는 우리로 하여금 자신의 현재에 정직하게 대면시키고, 결국 우리 자아의 존재감을 충만하게 확장시켜 주어야 하는 법이다. 그래서 공자도 비교를 일삼는 똑똑한 제자 자공을 이렇게 비꼬았다.

> 자공이 사람들을 비교하며 평가하자 공자께서 말씀하셨다. "자공은 참으로 똑똑하구나! 그러나 나는 그럴 시간이 없구나!"
>
> 《논어》 '헌문'편

子貢方人, 子曰, "賜也賢乎哉! 夫我則不暇."

《論語》 '憲問'篇

자공은 위기에 처한 노나라를 구하기 위해 스승 공자에 의해 파견되어 전국을 주유하며 오직 세 치 혀와 영민한 머리로 춘추시대 세계 판도를 바꾼 위대한 정치가였다. 하지만 그는 스승에게 최고의 제자로 대접받지 못했다. 이로 인한 자공의 초조와 번민은 《논어》 곳곳에 나타난다. '공야장(公冶長)'편에서 공자는 몇몇 제자를 칭찬하고 있는데 그 뒤끝을 이어서 자공이 묻는다.

"그럼 저는 어떤 사람입니까?"

공자의 대답은 참혹하다.

"너는 그릇이다(女, 器也)."

그릇이란 무엇인가? 무엇을 담기 위한 도구, 제한된 목적을 지닌 실용적 도구이다. 따라서 특수하게 제한된 실용성에 갇혀서는 안 될 군자는 그릇이어서는 안 된다. '위정(爲政)'편에 '군자는 그릇과 같은 존재가 아니다(君子, 不器).'라는 구절이 나오는 이유도 여기에 있다.

씁쓸해진 자공은 다시 묻는다.

"그럼 어떤 그릇입니까?"

공자는 스스로의 가치를 남과의 비교를 통해 확인받고 싶어 하는 제자의 공허한 자만을 염려하면서, 동시에 이 영민한 제자의 타고난 재주를 무시하지 않으려고 대답한다.

"그릇 가운데 가장 귀중하게 쓰이는 호련이다(瑚璉也)."

호련은 종묘의 제사에서 곡식을 담는 데 쓰이는 옥그릇이다. 그 릇 중에서는 최고의 그릇에 비유해 줌으로써 공자는 제자의 실용 적 능력을 인정하면서 동시에 깎아내렸다.

한 인간의 내적 존엄을 빛나게 해주는 것은 남과 비교할 수 있 는 외적인 척도가 아니다. 그것은 자기의 고유성에 자족하며 세계 의 다양한 가치를 포용할 수 있는 너그러움 속에 존재한다. 그것 은 자기를 증명하려는 욕구를 넘어섬으로써 세계의 경이를 제대 로 볼 줄 아는 관대함이다. 자공, 너는 자신의 가치에 집착함으로 써 타자들의 존귀함을 옳게 보아 배울 줄 모르는 그저 탁월한 재 사일 뿐이다!

모든 비교는 자기에 대한 과도한 배려다. 자아에 대한 관심과 집착에 빠진 자가 어떻게 타인에 대해 진정한 애정을 가질 수 있 으랴. 따라서 자기 자신만을 사랑하는 사람은 오히려 점점 더 내 적으로 가난해질 뿐이다. 그 또는 그녀는 그래서 결국 외로워지 고, 마침내 협소한 자기만의 공간에서 초라하게 몰락해 간다. 돈 과 명예를 모두 가졌던 자공이 스승에게 결코 인정받을 수 없었던 것도 이 때문이었다.

그런데도 자공은 이를 깨닫지 못하고 스승이 가장 사랑했던 제 자 안회와 자신을 비교하며 우울해한다. 같은 '공야장(公冶長)'편 에서 공자가 자공에게 안회와 너 스스로를 비교해 보라고 하자 자 공은 이렇게 대답했다.

"안회는 하나를 들으면 열을 알았는데 저는 하나를 들으면 둘밖 에 모릅니다(回也, 聞一知十, 賜也, 聞一知二)."

공자는 허탈했으리라. 안회와 자공의 차이는 둘과 열의 차이가 아니었기 때문이다. 그것은 비교할 수 있는 수량의 차이가 아니었다. 안회가 누군가와 자신을 비교하지 않으며 안분자족할 수 있었던 반면, 자공은 끝없이 자신을 남과 비교했다는 바로 그 점에 차이가 있었다. 떠보는 질문에 속을 들킨 자공을 위로하기 위해, 또는 먼저 죽은 제자 안회를 회상하며 문득 외로워진 공자는 이렇게 말했다.

"안회만 못하구나. 나와 너 모두 안회만 못하구나!(弗如也, 吾與女, 弗如也!)"

누군가와 무언가를 비교하려는 순간 우리 모두는 안회만 못한 존재이다.

기뻐하는 방식 속에
그 사람이 드러난다

　사람마다 기뻐하는 유형이 다 다르다. 어떤 사람은 돈을 벌면 즐거워하고, 어떤 사람은 이성 친구와 교제하는 것에 목을 매기도 한다. 먹는 것을 유난히 즐겨 맛있는 음식만 대접하면 마음이 풀리는 사람이 있는가 하면, 칭찬에 약해서 조금만 치켜세워 줘도 흥이 절로 나는 사람도 있다. 이렇듯 사람들은 저마다 고유한 기쁨의 감각점들을 지니고 있다. 이 지점을 어루만져 주면 속으로 번지는 기쁨을 숨기려야 숨길 수 없게 된다.

　현명한 사람은 자신이 어느 지점에서 지나치게 기뻐하는지 항상 자각하고 있다. 자아의 방어선이 취약해질 그 지점이야말로 자신의 결정적인 약점이고, 결국 타락한다면 그 지점에서부터 일이 터질 것이기 때문이다. 예컨대 부하 거느리기 좋아하는 사람은 부하에게 당하고, 노름 좋아하는 사람은 노름으로 망할 것이다. 자신이 좋아하고 기뻐하던 것이 최대의 약점으로 변한다.

세상에 좋아하는 것이 없는 사람은 없을 테고, 자기가 좋아하는 일을 즐기면서 마음대로 기뻐할 수조차 없다면 인생 살 맛이 나지 않을 것이다. 그러므로 기뻐할 수 있는 한 마음껏 기뻐하라! 하지만 기쁨을 추구하는 방법만은 엄격하게 선택하고 항상 책임질 자세를 가져라. 이게 유일한 조건이다. 결국 무엇에 대해 기뻐하느냐가 아니라 어떻게 기쁨을 획득하느냐가 본질이다. 집착하지 않고, 나름의 원칙을 세워 정당하게 기쁨만 취할 수 있다면 약점이 되지 않는다.

> 공자께서 말씀하셨다. "군자는 섬기기는 쉬우나 기쁘게 하기는 어렵다. 바른 도로써 하지 않으면 기뻐하지 아니한다. 그리고 군자가 사람을 부릴 때에는 그 사람의 그릇에 따라 알맞게 쓴다. 소인은 섬기기는 어렵고 기쁘게 하기는 쉽다. 비록 바른 도가 아닌 것으로써 기쁘게 하여도 그들은 기뻐한다. 그리고 소인이 사람을 부릴 때에는 한 사람에게 모든 것을 요구한다."
>
> 《논어》 '자로'편

> 子曰, "君子易事而難說也. 說之不以道, 不說也. 及其使人也, 器之. 小人難事而易說也. 說之雖不以道, 說也. 及其使人也, 求備焉."
>
> 《論語》 '子路'篇

공자의 군자론 가운데 이처럼 통찰이 빛나는 경우도 드물 것이다. 공자는 군자와 소인이 기쁨을 취하는 방식을 통해 양자의 차이를 선명하게 부각시켜 놓고 있다. 우선 군자는 섬기기는 아주 쉽다. 군자가 아랫사람을 부리는 방식이 군자를 섬기기 편하게 만들어 준다. 즉, 군자는 사람을 부릴 때 그 사람의 역량과 재능에 맞게 일을 할당해 주기 때문에 누구나 자기가 잘할 수 있는 일로 군자를 손쉽게 섬길 수 있다.

군자가 누군가의 섬김을 통해 얻으려는 것은 자기의 쾌락이 아니며, 주변 사람들을 부려 먹어야만 얻을 수 있는 향유는 더더욱 아니다. 군자가 즐거워하는 것은 내적인 자기만족이므로 주변 사람들을 이리저리 몰아대며 바쁘게 부릴 이유가 없다. 군자는 타인에게서 아주 적은 기쁨만을 취한다.

그런 군자를 진심으로 기쁘게 하기는 매우 어렵다. 당연하지 않은가? 군자는 도에 맞는 것들만 절제해 즐거워한다. 그러니 쉽게 기쁨에 빠지지 않는다. 군자가 기뻐하는 것은 자기의 내면에서, 남의 도움 없이 얻어진다. 따라서 군자의 기쁨은 주변 사람들에게 종속되어 있지 않으며, 당연히 타인이 군자를 기쁘게 만들기가 어렵다. 그렇게 쉽게 기쁘게 할 수 없기에 군자는 한없이 위엄이 있어서 함부로 대하기 어려운 존재가 된다.

반면에 소인들은 섬기기가 몹시 어렵다. 소인들의 기쁨은 자기 주변에 의존해 있기에 사람들을 부릴 때 함부로 아무것이나 요구한다. 소인들의 뒤치다꺼리는 그래서 힘겹다. 아랫사람에게 하루 종일 이것저것 요구하고 투정을 부린다. 주변 사람들이 항상 눈치

보도록 만들면서 자기 취향을 누리고자 한다. 요컨대 군자가 사람을 부리는 방식과 정반대다. 소인들은 말하자면 내면의 기쁨을 누릴 줄 모르는 바깥밖에 없는 존재들인 것이다. 그런 사람들은 늘 거칠게 주변을 다그치고 순간순간 기쁨을 느끼지만, 그것은 본질적인 것이 아니기 때문에 쉽게 흥미를 잃고 재빨리 다른 기쁨을 찾아 옮겨 간다.

그런 소인을 기쁘게 하기는 아주 쉽다. 소인들이 좋아하는 취향은 그의 외면에 감각적으로 포진해 있기에 그것만 어루만져 주면 금방 화색이 돌고 희희낙락한다. 심지어 수단 방법을 가리지 않고 그들이 기뻐하는 것만 제공하면 된다. 그렇게 섬기기가 어려웠던 소인들이건만 그들이 내심 바라는 것만 쥐어 주면 그 온갖 요구와 한없는 불평들이 싹 사라진다. 자, 그럼 아랫사람들은 어찌 해야 하겠는가? 게으른데 욕망만 강한 이 불평꾼을 선도할 필요가 있겠는가? 그저 매서운 요구사항만 적당히 피하면서 그가 좋아하는 것을 대주기만 할 것 아니겠는가?

그리하여 아랫사람을 못살게 굴면서도 자기만족은 적은 소인들은 늘 불행하다. 그들은 항상 배고프고 진정한 기쁨을 모른 채 살고 있다. 늘 성마르게 화가 나 있고, 멀리 내다볼 때에야 보이는 미래의 기쁨을 기다릴 여유가 없다. 그래서 제 속만을 들볶다가 하루를 보내리라. 고작 몇 분 즐겁자고 이 축복받은 행성에서의 하루를 보람 없이 보내리라. 그러하나니 소인들이여, 안녕!

지위와 명예를 초월하기

아침에 일어나 보니 유명해져 있더라는 조지 바이런의 말이 유명하다. 오래도록 노력한 데다 뛰어난 실력을 갖췄음에도 세상에 쓰이지 못하는 사람들이 들으면 분통이 터지리라. 어쩌면 바이런 만큼 열정적이고 재능 있는 문인들이 동시대에 많았을지도 모른다. 그들은 바이런의 성공에 더 크게 상심하여 덧없이 세월을 보냈을 것이다. 유명해지려면 운이 따라야 하는 경우가 많은데, 그 운이 반드시 내게도 오리라고 어떻게 장담한단 말인가!

그래서 우리 주변에는 정당하게 차지해야 할 자리를 얻지 못하고 절치부심하는 사람들이 참으로 많다. 한때 깔보던 보잘것없는 자가 과분한 지위를 누리는 모습을 보며 자신의 초라한 운명을 저주하기도 한다. 그런 사람들을 위로해 줄 말이 없기에 술 한 잔을 권할 뿐이다. 사실 곰곰이 따져 보면 불운에 희생된 그 또는 그녀가 다른 이들이 차지한 그 자리에 있다 해도 세상은 똑같이 굴러

갔거나 또는 더 잘 굴러갔을 것이다. 하늘은 왜 그들에게는 기회를 주지 않는단 말인가!

그러다가 이렇게도 생각해 본다. 재능 있는 많은 사람들이 덧없이 잊히는 세상이 정당하지는 않지만, 그래도 준비된 사람에게만 행운이 찾아오는 것은 아닐까? 예컨대 불운을 자조하며 살던 어떤 이는 분명 좋은 기회가 찾아왔음에도 이상하게 망설이거나, 막상 그 기회를 움켜쥘 순간에 큰 실수를 저지르곤 한다. 그래서 혹시 그들은 성공을 두려워하거나 성공할 준비가 되어 있지 않았던 건 아닐까 되묻곤 한다. 그토록 원하던 오디션 날에 감기로 몸져눕고, 기다리고 기다리던 승진 인터뷰에서는 갑자기 말이 나오질 않는다. 수많은 날들을 바친 원고가 베스트셀러가 되고 나면 창작의 욕이 급속히 떨어져 버려 단 한 권을 끝으로 문단에서 사라진 작가들이 어디 한둘이었던가!

운이 좋은 사람이 조지 바이런처럼 한순간에 뜰 수는 있을 것이다. 하지만 그렇게 얻어진 명예는 지키기가 어렵다. 갑자기 찾아온 지위와 명예를 마치 기다렸다는 듯 멋지게 활용하는 사람이 있는가 하면, 내심 자기 자리가 아닌지라 노심초사하다가 흐지부지 잊히는 사람도 있는 법이다. 비록 얼마간은 자신의 무능을 감출 수 있겠지만, 결국은 자기 깜냥에 맞는 자리를 찾아가게 마련이다. 그런 사람이 껍데기뿐인 지위를 가까스로 유지한다 하더라도 그건 위험한 일이 될 것이며, 명예는 그들과 함께하지 않을 것이다.

공자께서 말씀하셨다. "자리 없음을 근심하지 말고 (자리에 올라) 제대로 설 수 있을지를 근심하며, (남들이) 나를 알아주지 않음을 근심하지 말고 알려질 만한 사람이 되기를 구하여라."

《논어》 '이인'편

子曰, "不患無位, 患所以立, 不患莫己知, 求爲可知也."

《論語》 '里仁'篇

공자의 제자들 가운데는 탁월한 능력을 지녔지만 끝내 쓰이지 못한 자들이 많았다. 그런 제자들에 대한 스승의 미안한 감정이 《논어》에 간헐적으로 보인다. 공자는 그들에게 근심하지 말라고 한다. 그저 어떤 자리가 났을 때 그 자리에서 혼자 힘으로 설 수 있을지를, 즉 자립적으로 운영할 실질적 능력을 갖췄는지를 걱정하라고 하고 있다. 그리고 남들이 자신의 뛰어남을 알아주지 않더라도 이를 근심하지 말라고 한다. 근심해서 해결될 일이 아니다! 너희들이 남들로부터 인정받을 만한 근사한 일을 먼저 해놓고 그다음에 알아줄 이를, 눈 밝은 이를 기다려 보자꾸나!

스승인 공자 자신도 따지고 보면 제 능력만큼 인정받지는 못한 대표적 인물이 아니었던가. 그러니 세상사에는 알 수 없는 운명의 장난이 있을 거라고 믿게 되지나 않았을까? 그런 운명을 거스를 수는 없을 것이다. 대신 운명이 바뀌는 순간을 대비하여 항상 준비는 하고 있어야 할 일이다. 준비 없이 있다 운명이 준 기회를 놓친다면 어떤 변명도 통하지 않을 것이다. 이를테면 우연히 유명한 지휘자 앞에서 연주할 기회를 잡은 무명의 바이올리니스트는 소란스러운 식당의 소음에 절대 마음을 빼앗겨선 안 된다. 모든 걸 잊고 자신의 기량을 온전히 쏟아부어야 한다. 그럴 수 있을 정도로 열심히 연마되어 있어야 한다. 그래야만 어떤 상황에서도 당황하지 않고 제 실력을 드러낼 수 있다.

공자는 '학이(學而)'편에서 '남이 나를 알아주지 않음을 근심하지 말고 (내가) 다른 사람을 알아보지 못함을 근심하라(不患人之不己知, 患不知人也).'고도 했다. 더 높은 지위와 명예에만 눈이 어두워 자신도 누군가를 제대로 알아보아야 할 위치에 있음을 잊지 말라는 뜻이다. 이건 공자 자신에 대한 독백 같기도 하다. 욕망이 강할수록 위만 보이는 법이다. 아직 다듬어지지 않은 원석 상태로 누군가의 인정을 기다리고 있는 저 재능 있는 젊은이들을 보라! 공자는 그런 젊은이들과 함께함으로써 동시대 그 누구도 줄 수 없었을 불후의 지위와 명예를 얻었다.

우리도 마찬가지다. 이상하게 꼬인 내 인생을 탓하지만은 말 일이다. 늘 준비만 하다가 끝내 원하는 정도의 지위와 명예를 얻지 못하는 게 보통의 인생인지도 모른다. 대신 옆에 있는 자녀들의 초롱초롱한 눈망울과 나의 시선을 기다리는 지친 아내나 남편의 잔주름을 볼 일이다. 늙은 부모님의 잔잔한 미소를 제대로 마주할 일이다. 우리 모두는 누군가의 기억 속에서는 벌써 불멸의 지위와 명예를 얻은 셈이니까.

미움에 중독된 자,
인정(認定)에 굶주린 자

　유난히 미움이 많은 사람들이 있다. 그런 사람들로부터 누군가를 미워하게 된 비화를 듣다 보면 절로 고개가 끄덕여진다. 그리고 또 다른 미움의 이야기를 듣는다. 또다시 그럴 만하다고 수긍하게 된다. 그렇게 누가 들어도 그럴 만하다고 여겨질 미움들을 쌓아 가는 그 또는 그녀의 삶의 이야기를 듣다 보면 결국은 미움을 찾아 헤매는 증오의 사냥꾼들 같다는 생각이 든다.

　미움의 포식자들인 그들은 어떤 점에서는 광폭하다 할 정도로 위험하다. 그 사람들의 사연을 들어주던 나마저도 어느 순간 미움의 대상으로 바뀌어 버릴 수가 있기 때문이다. 그 사람들은 미움의 동력이 떨어져 증오에 굶주리게 되면 당장 눈앞에 있는 사람에게서라도 미워해야 할 이유를 찾아내고야 만다. 일단 누군가를 미워하기로 작정하면 미워할 이유야 지천에 널려 있지 않은가! 평소 미워할 거리를 잘 수집하는 이 사람들은 아주 민감하게 미움의 대상들을 축적하고 있다.

미움에 중독된 사람들이 적절히 제어되지 않으면 미움의 힘만 자꾸 키우게 되고, 결국 분을 삭이지 못해 화병을 얻는다. 그들이 힘이 부족하여 상대를 찾지 못하게라도 되면 온 세상을 끌어들여 화를 풀게 된다. 그들의 입은 온통 불만과 원한으로 도배되어 있다. 불행히도 그런 사람이 지적이라면 영특한 모사꾼이 되어 누군가를 몰락시키려 할 것이다. 그러니 그런 사람을 옆에 둔다는 것은 생각만 해도 지옥일 것이다.

미움의 내면에는 학대받은 영혼이, 세상으로부터 정당하게 평가받고 있지 못하다는 피해의식이 놓여 있다. 그들은 보통 억압적인 부모 밑에서 강압적으로 길러진 사람이기 십상이다. 때로 지나치게 위선적인 부모가 이런 유형의 자식들을 배출하기도 한다. 겉으로 보면 멀쩡한 가족이지만 실제로는 황폐한 관계였기에 그들은 그 누구로부터도 이해받지 못했다는 소외감에 싸여 있다. 어린 시절 받은 상처가 몰인정한 미움의 악마를 키워 내는 것이다. 물론 그런 환경이 가끔은 매우 뛰어난 문인을 배출하기도 한다. 그 또는 그녀는 글을 통해 가족에게 복수함으로써 세상에 대한 미움과 화해한다. 이러한 미움의 방정식을 공자도 알고 있었다.

> 공자께서 말씀하셨다. "용맹하기를 좋아하면서 초라한 것을 미워하면 어지러운 것이 되며, 사람이고도 어질지 못한 것을 너무 지나치게 미워하면 어지러운 것이 된다."
>
> 《논어》 '태백'편

子曰, "好勇疾貧, 亂也, 人而不仁, 疾之已甚, 亂也."

《論語》 '泰伯'篇

　　미움에 대한 공자의 분석은 구체적이며 임상적이다. 그는 용맹을 좋아하는 성격의 내면에 초라한 것을 싫어하고 낮고 천한 것을 미워하는 증오 감정이 있음을 간파하고 있다. 예컨대 세계를 정복했던 알렉산드로스나 폭군 네로, 독재자 히틀러는 모두 미적인 취향이 발달했던 사람들이다. 그들은 고상한 것, 강한 것, 불굴의 것, 즉 지상적인 것이 아니라 천상적이고 초월적인 것을 경배했다. 그들 눈에 구차하고 궁핍한 현실의 존재는 열등한 것으로 비쳐졌고, 그런 것들은 존재할 가치가 적다고 여겼다. 그래서 결국 전쟁을, 혼란을 불러일으키지 않았던가!

　　유명한 폭군이나 영웅이 아니라 그저 평범한 사람일지라도 용맹을 유독 좋아하는 사람들의 심리에는 자신의 존재를 타인들의 의식에 뚜렷이 새겨 두려는 집착이 있다. 그들은 자신의 강력한 존재감을 세상에 드러내기 위해 무모할 정도로 자아를 강화시키고, 결국 타협 없는 호전성 탓에 주변 사람들을 그저 하나의 장애물 정도로만 보게 된다. 때문에 그들은 아무런 죄의식 없이 잔인한 짓을 저지르기도 한다. 이 모든 게 스스로의 존재를 알리고 인정받고 싶어 하던 어린아이의 욕망에서 비롯된 것이다.

　　공자는 도덕적 폭력에 대해서도 일침을 가한다. 어질지 못한 것은 당연히 미워해야 하지만, 도가 지나친 도덕적 분노에는 무언가 무의식적인 다른 의도가 개입되어 있다! 그 또는 그녀는 인을 위배한 행동에 가혹하다 싶을 정도로 지나친 미움을 쏟아부음으로써 자기 안의 왜곡된 증오심을 배출하고자 한다. 결국 그 지나친 미움은 세상에 혼란을 초래하지 않겠는가! 따라서 공자는 어질지 못한 사람을 너무 미워하지 말라고 경고하고 있다. 그 미움은 석연치 않은 다른 감정들로 얼룩져 있고, 밑도 끝도 없는 폭력으로 번져 나갈 수 있기 때문이다.

세상 모든 사람들은 어리고 약했을 때 어른들로부터, 부모로부터 인정받고 싶어 조급해한다. 빨리 어른이 되어 부모처럼 강한 위치에 서보고자 열망하게 된다. 그런 열정은 성장의 동력이기에 바람직한 것이기도 하다. 하지만 그런 마음이 부적절하게 꺾이거나 무시당했을 때 아이들은 남모를 미움을 안으로 쌓으며 자란다. 아무도 눈치채지 못하지만 그 아이는 자라서 부모를 굴복시켜 자신이 얼마나 위대한 존재였는지 증명하고 싶어 한다. 그 강렬한 욕망이 세상에 대한 무차별적 미움으로 삐뚤어지는 것은 시간문제다. 제발 화를 내야 할 만큼만 낼 정도로 자기를 극복하기를. 세상 누구도 자기를 인정해 줄 수 없으며, 어쩌면 자신을 인정해 줄 수 있는 존재는 본디 이 세상에 없었음을 깨닫기를. 부디 모두들 극기복례(克己復禮)하시기를.

가난을 원망하지 않는 마음

　가난을 겪어 보지 않은 사람들은 가난이 한 인간의 정신에 불러일으키는 파국에 대해 잘 모른다. 그것이 얼마나 사람의 마음을 위축시키고 초라하게 만드는지, 얼마나 성마르고 여유 없도록 만드는지 말이다. 그래서 물질의 가난보다는 그것이 오래지 않아 가져올 영혼의 가난이 더 무섭다. 때문에 사람의 정신을 야금야금 파먹어 멀쩡했던 사람을 부실한 사람으로 만들어 버리는 가난은 재앙 중의 재앙이다. 다시 말해 가난도 분명히 재난이기는 하지만 다른 재난보다 더 근본적이다. 그것은 너무나 잘 알려져 있지만 애써 숨겨지는 비밀 같은 것이다. 누구나 가난뱅이를 경멸하지만 사회 속에 적당히 머물도록 허용하면서 모르는 척 무시한다. 이렇게 가난은 제대로 동정조차 받을 수 없는 인재(人災)이며 문화의 질병이다.

　가난의 무서움이란 문화가 가난을 비열하게 방치하면서도 필요할 때만 이용한다는 이중성에 있다. 가난뱅이들은 이슈가 될 때만 잠시 매체에 등장한다. 그건 형벌보다 가혹한 소외를 가져오며 존재의 뿌리까지 치욕스럽게 만든다. 게다가 가난은 삶에 대한 어떤 성찰도 허락하지 않는 잔인한 자기체벌이다. 가난 속에는 스스로를 반성할 수 있는 여분의 공간이 없기 때문이다. 가난한 자들은 자신이 무슨 죄를 지었는지도 모른 채 죄인 취급을 받는 자들이다.

> 공자께서 말씀하셨다. "가난하면서 원망하지 않기는 어렵지만 부유하면서 교만하지 않기는 쉽다."
>
> 《논어》 '헌문'편

> 子曰, "貧而無怨難, 富而無驕易."
>
> 《論語》 '憲問'篇

공자처럼 가난에 대해 즐겨 말한 성인도 드물 것이다. 그 자신이 쓰라린 가난을 이겨 내며 자수성가한 사람이었기에 가난을 어떻게 극복하느냐라는 문제에 매우 집착했다. 그가 가장 사랑했고, 어쩌면 학문적 동지로까지 인정했던 제자 안회야말로 가난을 이기고 스승의 정신적 경지에 가장 가깝게 다가갔던 인물이 아니었던가! 가난의 치욕을 이해한 스승이었기에 가난한 제자들의 심리를 속속들이 파악할 수 있었으리라.

예컨대, 공자는 '학이(學而)'편에서 자공이 '가난하면서도 남에게 아첨하지 않고, 부유하면서도 교만하지 않으면 어떻습니까(貧而無諂, 富而無驕, 何如)?' 하고 묻자 '가난하면서도 즐거워하고 부유하면서도 예를 좋아하느니만 못하다(未若貧而樂, 富而好禮者也).' 라고 대답했다. 부유했던 자공의 질문에 담긴 약점을 지적해 제자가 아직 가난과 부귀의 본질을 모르고 있음을 꼬집은 것이다.

가난하면 아첨하기가 몹시 어렵다. 아첨조차 무언가 가진 사람만이 할 수 있는 것이기 때문이다. 그러므로 가난하면 아첨조차 제대로 할 수 없다고 말했어야 옳았다. 아첨하지 않는 가난뱅이는 애초부터 틀린 개념인 셈이다. 같은 논리로 부귀한 사람은 교만할 필요를 느끼지 못한다. 교만은 어중간한 사람들이 열등감에 부리는 과시욕에 불과하다. 진짜 부자들은 교만하다는 의식 자체가 없다. 그들은 자신이 호사를 부리고 있음을 의식조차 하지 못할 만큼 완벽하게 누리고 있다. 그 사실이 가난한 사람들을 더 절망하게 한다. 따라서 교만한 부자 역시 근본적으로 틀린 개념이다. 그래서 가난하면서 아첨하지 않거나 부유하면서 교만하지 않는 것을 어려운 경지라고 할 수는 없는 것이다.

공자는 요절한 안회를 떠올려 보았다. 가난했지만 그것을 즐길 수 있었고, 비록 부유했더라도 계속 예를 지킬 줄 알았을 사라진 제자 안회. 그건 거의 초인의 경지가 아닐 수 없다. 공자도 그렇게 가난을 즐겼고, 고민 없이 순진하기만 한 철없는 부유함을 경멸했었을 것이다. 부유한 자들을 보라! 얼마나 문제의식이 없으면 저리 제멋대로 행동하고도 천진스레 웃을 수 있는가! 자신이 어떤 일을 저지르고 있는 줄도 모르는, 아니 알 필요조차 없이 세상으로부터 보호받고 있는 우아한 저들을.

그래서 공자는 가난하면서도 원망하지 않는 것이 어렵고, 부유하면서 교만하지 않은 것은 그저 그런 것이라고 다시 한 번 못 박고 있다. 가난을 즐기는 안회의 단계는커녕 그저 원망하지 않는 것도 이토록 어려운 일이다! 원망은 사람의 마음을 병들게 한다. 자신의 존재를 끝없이 타인들의 위치로 환원해야 하고, 마침내 자아가 텅 비어 버린 초라한 주체는 허깨비로 전락하게 된다. 그 또는 그녀의 마음이 가난할수록 부귀한 사람들의 삶에 사로잡힌다. 아니, 단 한 순간도 부유함을 생각하지 않고는 견딜 수 없게 된다. 가난할수록 부귀에 집착하고 부귀할수록 가난에 무관심해진다. 이것이 가난함과 부유함의 역설이다. 가난함과 부유함이라는 문명의 규칙이 양산해 내는 영원한 악순환이다.

넘겨짚는 의심을 버리고
투명하게 보라

의심처럼 힘든 고통이 있을까? 상대를 의심하며 피해의식을 쌓고 자신이 따돌림을 당한다고 괴로워하며, 뭔가 더 근원적인 진실이 있을 거라 여겨서 여기저기 파헤치고 또 파헤친다. 사실 세상에 벌거벗은 진실이 어디 있겠는가? 현실의 일부는 진실이고 또 다른 부분은 거짓이다. 어떤 면에서는 거짓도 진실의 일부다. 우리가 전능할 수 없는 한 진실로만 구성된 세계를 가질 수는 없다.

우리는 어떻게 의심에 사로잡히는가? 무엇보다 상대방이 불투명하다고 믿기 시작하면 의심이 물밀듯이 밀려온다. 상대의 말과 행동에 나타나는 사소한 조짐을 더 큰 거짓과 조작의 징후로 파악하게 되고, 그런 지나친 예단과 예민함이 지독한 의심을 낳는다. 누구나 일단 의심을 품게 되면 곧바로 의심의 포로가 되어 상상력에 굴복한다. 아니라고 생각하면서도 만에 하나 그럴 경우를 대비해 악착같이 최악의 시나리오를 쓰며 자신을 방어하고자 한다.

의심은 평온과 안정을 비정상적으로 희구하는 욕망이 만든 덫이다. 의심의 바탕에는 세상의 모든 질서를 그대로 유지하려는, 질서 속에 어떤 무질서도 허락하지 않으려는 논리적 결벽증이 놓여 있다. 모든 물건은 제자리에 놓여 있어야 하고, 내 옆의 사람은 어제의 바로 그 사람인 채로 있어야 한다. 그리고 그 질서를 지나치게 사랑하기 때문에 이를 지키고자 잠재적인 적들의 공격을 미리 막으려고 노력하게 된다.

의심은 의심을 부르고, 그 의심을 확인해 줄 것 같은 증거들을 부른다. 의심하는 자는 무척이나 외롭고 힘겹다. 그들은 온통 잘못되고 있는 세상을 고치려고 노력 중이다. 그러다가 이제 상대마저 나를 의심한다고 생각하게 되면 이 악순환은 걷잡을 수 없는 악몽으로 빠져든다.

이처럼 엄청난 에너지를 의심에 쏟아붓고 나서 남는 것은 무엇일까? 역설적이게도 의심이 많으면 많을수록 잘 속게 된다. 사기꾼에게 어처구니없게 속는 사람들은 평소엔 엄청나게 예민하고 의심이 많은 사람들, 스스로 절대 속지 않는다고 자신하는 사람들이다. 그런 사람들이야말로 의심에 지쳐 딱 한 번 방심하게 되고, 그 한 번이 공교롭게도 사기당하는 순간이 되어 버린다. 사기꾼들은 그런 사람들을 방심시키는 방법을 잘 알고 있다.

의심이 발달한 예민한 사람들이 왜 결정적일 때 잘 속는가? 그들이 멀쩡한 사람들을 너무 많이 의심해 왔기 때문이다. 의심과 후회를 반복하다 보면 어느 순간 스스로에 대한 자신감이 사라질 수밖에 없다. 의심하는 능력에 자신감이 없어지면 오히려 평범한 사람들보다 대범해지게 되고, 일종의 자포자기에 자신을 내맡겨 버리게 된다. 그래서 사기꾼들은 일부러 상대의 의심을 불러일으 켰다가 다시 안심시킴으로써 의심하는 자로 하여금 죄의식에 빠 지도록 만든다. 이런 미안한 마음 때문에 모종의 보상을 해줄 마음의 준비도 갖추어진다. 그들은 그래서 속는다.

> 공자께서 말씀하셨다. "남이 자기를 속일까 미리 넘겨짚지 아니하며 남이 자신을 믿지 않을까 괜한 억측을 하지도 않 으면서, 또한 (일의 기미를) 먼저 깨닫는 자가 현명한 사람일 진저!"
>
> 《논어》 '헌문'편

> 子曰, "不逆詐, 不億不信, 抑亦先覺者, 是賢乎!"
>
> 《論語》 '憲問'篇

공자는 넘겨짚는 사람의 심리를 아주 잘 파악하고 있다. 놀라운 일이 아닌가? 공자의 시대에도 그렇게나 의심이 많았나 보다. 여 기서 '역(逆)'이라는 표현은 '미리 나가 맞이하다'라는 뜻이다. 이 를테면 '역전(逆戰)'은 적이 오기 전에 미리 나가서 맞서 싸운다는 뜻이 된다. 따라서 어떤 사태가 벌어지기도 전에 그것을 예견하 며, 거기서 멈추지 않고 먼저 선수를 치는 행위, 그것이 바로 의심 인 것이다. 2000년도 훌쩍 넘은 과거에 이루어진 그야말로 멋진 통찰이 아닌가!

결국 의심은 선제공격의 의미를 띤다. 아직 물리적 타격이 이루어지지는 않았지만, 의심이 이는 순간 의심하는 사람은 상대를 공격할 만반의 태세를 갖추고 있다. 무사들이 한시도 의심의 고삐를 놓지 못하는 이유가 바로 선제공격의 위력을 아주 잘 알기 때문이다. 따라서 상대의 공격을 기정사실화하고 내 칼을 먼저 빼내는 것이 넘겨짚는 의심의 정체다.

공자는 상대방이 나를 속이려 한다고 의도를 넘겨짚어 미리 의심하는 행위를 현명하지 못하다고 보았다. 그런 의심은 거꾸로 상대로 하여금 나를 의심하도록 만들 것이다. 내가 칼에 손을 대는 순간 상대도 나를 적으로 간주하여 살기를 품게 될 것이다. 그 의심이 사실무근이었다면 무분별한 의심 한 번으로 목숨을 건 싸움에 뛰어드는 격이니 어리석지 않은가!

남을 의심해 본 사람들은 잘 안다. 상대에 대한 의심은 곧이어 상대도 나를 믿지 않을 것이라는 확신으로 연결된다는 사실을. 넘겨짚은 상상 속에서 상대를 악마로 가정했던 나는 상대 역시 결코 나를 믿어 주지 않으리라고 확신할 수밖에 없다. 의심의 주체가 바뀌어 이번엔 내가 의심받는 자리에 서게 된 셈이다. 그런데 위치가 전도되긴 했지만 내게 있던 서운함과 분노의 감정은 동일하게 유지된다. 이렇게 의심은 상대라는 환상의 거울에 투사되며 증폭되다 한 사람을 파멸로 이끈다.

결국 공자가 지적한 두 가지 사항은 하나의 통찰에 대한 다른 표현, 또는 연쇄적 결과들이다. 어리석은 자는 의심하지만 마침내 속고 만다. 반면에 현명한 사람일수록 의심이 적고, 그래서 감정의 낭비도 적으며, 군더더기 없는 투명한 눈으로 상대의 진실을 꿰뚫는다. 공자는 이를 선각자(先覺者)라고 부르고 있다. 일의 기미를 먼저 깨닫는 자가 의심이 적다는 말은 언뜻 역설처럼 들리지만, 의심이라는 내밀한 욕망에 덜 좌우될수록 눈앞의 사태가 더욱 투명하게 보이게 마련이다.

예를 들어 전방의 초병이 적의 위험을 예견하여 미리 겁을 먹거나 불안에 휩싸이면 나뭇가지 소리는 적의 발걸음 소리로, 사슴의 움직임은 적들이 무리 지어 다가오는 징후로 느껴진다. 환청과 환시가 동반되어 거의 확신하는 지경에 빠지고, 심지어 적과 아군을 구분하지 못하게 될 수도 있다. 마찬가지로 야간 산행을 하는 사람이 순간적인 의심에 빠지면 길을 잃게 되고, 이어서 엉뚱한 확신에 빠져 길이 아닌 곳을 길로 착각하여 찾아 들어간다. 다 의심이라는 마음의 혼란이 일으킨 얄궂은 운명이다. 우리 인생에서 실제 그런 일이 벌어진다면 한심하고 부끄러운 일이 아니겠는가!

사랑도 받고
미움도 받아야 하는 삶

 문화적으로 덜 발달된 사회일수록 사람에 대한 평가가 단순하다. 인성에 대한 통찰이 단순했던 시기의 소설들이 선인과 악인으로만 구성된 세계를 만들어 냈던 것과 같다. 마찬가지로 성숙하지 못한 사람들은 자신을 전형적인 선인으로, 타인들을 악인으로 규정하고 싶어 한다. 어린아이들이 전쟁놀이를 할 때와 비슷하다. 이렇게 유치한 자기규정이 사회생활에서도 그대로 투사되곤 한다. 나를 비난하는 사람들은 무조건 악의에 찬 자들로, 나를 칭찬해 주는 사람들은 선한 자들로 여긴다. 세상이 그렇게 단순하게 나뉠 수 없고, 자기 내부에 천사와 악마가 뒤섞여 있음을 깨닫지 못하는 한 오만하고 자기중심적인 이런 편견은 삶 전체를 지배하게 된다.

 어차피 자아는 자기보존에 유리한 상대를 선호하여, 그들과 공동체를 이루어 안전을 도모하도록 진화해 왔다. 도덕 없이 발달해 온 자아는 철저한 자기보존 본능의 산물일 따름이다. 따라서 내가 선한지 악한지는 환경에 의해 결정될 가능성이 높다. 우리의 도덕성은 생존에 그렇게 결정적이지 않았으며, 근대 윤리학에서처럼 확고하게 주장될 수 있는 것도 아니었다!

자아가 시시각각 변하는 주변 환경에 의해 끝없이 흔들리는 것이라면, 이런 가변적인 자아의 도덕적 정당성을 증명해 줄 수 있는 것들 역시 자아 밖의 현실에서 찾아야 하지 않을까? 결국 다음과 같은 질문들이 뒤따르게 된다. 나라는 자아를 구성해 주고 있는 집단은 어떤 집단인가? 그들은 무엇을 목적으로 하고 있는가? 내가 선호하는 동료들은 어떤 정체성을 가지고 있는가? 나와 대립하고 있는 상대들의 참모습은 무엇인가? 공자는 자기 자신의 정체를 비쳐 주는 거울로서 타자의 중요성을 잘 파악하고 있었다.

> 자공이 물었다. "마을 사람들이 모두 좋아하면 어떻습니까?" 공자께서 말씀하셨다. "아직 좋다고 할 수 없다." "마을 사람들이 모두 미워하면 어떻습니까?" 공자께서 말씀하셨다. "아직 좋다고 할 수 없다. 마을 사람들 가운데 선한 사람들이 좋아하고, 그 선하지 않은 사람들이 미워하느니만 같지 못하다."
>
> 《논어》 '자로'편

> 子貢問曰, "鄕人皆好之何如?" 子曰, "未可也." "鄕人皆惡之何如?" 子曰, "未可也. 不如鄕人之善者好之, 其不善

《論語》'子路'篇

　　자공의 첫 질문은 조잡하다. 그것은 한 집단의 전폭적 지지를 이끌어 낼 수 있는 선동 능력에 대한 질문처럼 보인다. 한 조직 전체를 자기편으로 만들 수 있는 친화력이나 동원 능력은 높이 살 만한 탁월한 재능이다. 그리고 자공이야말로 그런 재능을 지닌 드문 제자였다. 알고 보면 자기 능력에 대한 스승의 평가를 구한 셈이니 조잡하다 할 만하다.

　　공자는 자공이 가정한 이상적인 인물을 승인하지 않았다. 모든 사람들이 좋아하기만 하는 사람은 존재할 수 없기에 마을 사람 전체가 좋아한다는 전제 자체가 비현실적이며, 설령 그런 존재가 있다 해도 그 사람은 믿을 수 없는 사람일 것이다. 희대의 사기꾼이거나 기막힌 말주변으로 이해가 상충되는 사람들을 만족시킬 줄 아는 능변가에 불과할 것이다. 이런 성공은 정치술의 승리에 지나지 않으므로 일시적일 수밖에 없다. 공자조차 모두를 만족시키는 초월적 재능은 갖고 있지 않았다.

　　《논어》 후반부에는 스승보다 더 훌륭하다며 자공을 치켜세우는 인물들이 등장한다. 자공은 과분한 상찬들을 거부하며 스승의 존엄을 거듭 힘주어 확인시켜 주고 있다. 안회나 자로만큼 충직했는지는 알 수 없지만 자공은 영민한 제자였음에 틀림없다. 다시 원문으로 돌아가 보자. 스승의 답변에 다소 풀이 죽은 자공이 이번엔 문제를 거꾸로 세워 버린다. 한 마을 모두가 미워하는 사람은 그럼 어떨까요? 온 세상 사람들이 한 사람의 선의를 왜곡하고 비방하며 이해해 주지 않을 수도 있기는 하리라.

공자는 그런 존재도 승인하지 않았다. 온 마을 사람들이 다 미워할 만큼 철저히 악하기만 한 사람은 없다. 적어도 그의 가족이 있지 않겠느냐? 그 사람에게도 동학이나 제자들이 있지 않겠느냐? 그렇게 완전히 배척당하기만 하는 인물은 존재한 적이 없다. 만에 하나 그가 선하고 온 마을 사람들이 악하다면 무엇이 선이고 악이더란 말이냐? 내가 아무리 선하다고 해도 온 세상이 나를 나쁘다고 비난한다면 내가 나쁜 것이 되는 것이다. 다른 별로 이주해야 하지 않겠느냐? 허나 이곳이 사람 사는 세상일진대 옳은 의견을 가지고 있다면 누군가는 내 편이 되어 주게 마련이다. '이인(里仁)'편에 나오듯이 덕은 외롭지 않아서 반드시 편들어 주는 이웃이 있다(德不孤, 必有隣).

공자는 마을의 선한 사람들이 좋아하고 나쁜 사람들은 미워하는 사람이라야 인정할 수 있다고 결론지었다. 나라는 존재는 사회 속에서만 그 가치를 평가받을 수 있다. 누군가는 날 미워하고, 또 반드시 누군가는 날 좋아한다. 결국은 누가 날 미워하고 좋아하느냐의 문제인 셈이다. 나를 좋아한다고 해서 그들이 꼭 선인이라고 속단할 수는 없다. 악인들이 나를 더 좋아할 수 있으며, 특정 순간에만 악의 편에 서는 자들이 나를 좋아할 수도 있다. 선과 악은 뒤섞인다. 그래서 도덕은 단순한 과학일 수가 없는 것 아닌가!

스스로의 선함을 쉽게 믿지 않으면서, 자신을 좋아하는 사람들이 누구인지, 그들이 무엇을 추구하는지, 또는 추구하는 이상이라는 게 도대체 있기나 한 집단인지 성찰해야 할 일이다. 정직하다면 그런 것들이 보이게 되리라. 아울러 나를 미워하는 사람들을 무조건 불편해해선 안 될 것이다. 그들이 누구인지, 왜 나를 미워하는지, 나를 미워하여 무엇을 얻으려는 것인지, 그들이 추구하는 이상이 있다면 그것은 보편적인지를 물을 일이다.

나를 미워하든 좋아하든 세상 사람들 모두는 평소에 선과 악의 중간 지점에 모호하게 분포되어 있다. 하지만 그들이 나를 미워하거나 좋아할 때는 결코 중간 지점에 모호하게 서 있을 수 없다. 그 순간이야말로 그들이 선과 악을 선택하는 순간일 것이며, 적어도 그 순간 나의 선악도 분명해질 것이다.

향원(鄕原),
덕을 해치는 사이비

　미워해야 할지 좋아해야 할지 도대체 판단이 서지 않는 그런 부류의 사람이 있다. 분명 실력이 전혀 없지 않고 인격적으로도 훌륭해 보이는데, 하는 말들도 모두 옳은 소리들이기는 한데, 그럼에도 다른 사람과의 불화가 끊이지 않고 어느 순간 소통마저 단절되어 버리는 사람. 그런 사람들은 겉과 속이 다른 모습을 보인다거나 대놓고 남을 험담하거나 하는 서툰 짓을 저지르지는 않는다. 하지만 그들은 자기가 놓인 상황에 따라 태도가 수시로 변하고, 그런 변화를 합리화하는 데에 남다른 재능을 타고났다.

　이를테면 나와 단둘이 있을 때는 온화하다가도 자기와 친한 사람들 사이에 있게 되면 갑자기 과시욕을 드러내며 돋보이려 들고, 심지어 나를 우스갯거리로 만드는 일도 서슴지 않는다. 그러다가도 다시 자기에게 낯선 모임에 가게 되면 내 옆에 붙어 한없이 겸손해진다. 어떤 점에서는 인간적이라 동정이 가지만 근본적으로는 남을 행복하게 할 줄 모르는 사람이다.

그런 사람들은 겉으로는 보기 좋은 성품과 선한 인성을 지니고 있지만, 그것들을 자기의 본질로 익히지는 못한 인물들이다. 때문에 필요에 따라 인격을 갈아입을 수 있는 융통성을 지니고 있다. 이를 모르는 주변 사람들은 그들이 표변할 때마다 까닭을 몰라 당황해한다. 결국에는 서로 다투고 모욕하다 절교하게 되고, 또 시간이 지나면 다시 화해하기를 반복한다. 그런 인물들은 왜 그리 잘 변하는 걸까?

그들은 실은 변하는 게 아닐 수도 있다. 그들은 주변 색깔에 따라 보호색을 두르는 카멜레온처럼 자기에게 갖추어진 여러 형태의 인격들을 그때그때 갈아입을 뿐인지도 모른다. 그래서 저 자신은 이리저리 변신하면서도 스스로 깨닫지 못하는 것인지도 모른다. 예컨대 그 사람의 중후한 인격은 그런 인격을 유지해야 할 상황에서만 발휘되었다가 그것이 더 이상 필요 없어지면 곧바로 버려진다. 자신에게 익숙하거나 유리한 위치에 있게 되면 한없이 유덕해지지만, 낯설거나 불리한 위치에 서게 되면 급격히 초라해지거나 성말라진다. 이런 사람들에게는 변함없는 인격이란 게 애초에 없었으므로 자기의 본질도 바꿀 수 없다.

> 공자께서 말씀하셨다. "한 지역에 위엄 있게 눙치고 앉아 현인 엇비슷하게 구는 이는 덕을 해치는 진짜 도적이다!"
>
> 《논어》 '양화'편

子曰, "鄕原, 德之賊也."

《論語》 '陽貨'篇

향원. 《논어》를 처음 읽는 사람들이 가장 이해하기 힘들어하는 존재다. 사실 향원에 대해 이해한다는 것은 인생이라는 놀이의 진경을 이해한다는 것이다. 공자가 만난 향원들은 말하자면 이런 사람들이다. 그들은 일정한 지역, 즉 향(鄕)을 절대 벗어나지 않는다. 자기만의 영역, 자기가 제일 자신 있는 분야, 자기의 영향력이 미치는 경계를 결코 벗어나지 않는다. 그들은 오로지 그 안에서만 안정감을 얻고 자기 힘을 충만하게 실현할 수 있기 때문이다. 그 안에서만큼은 최고의 반열에 올라있기에 그들은 규범의 선포자나 이념의 구현자로도 행세할 수 있다. 향원들이 자신의 공간을 벗어나 새로운 세계를 발견하기란 그래서 거의 불가능하다.

공자 시대의 향원들이 지녔던 특징들은 오늘날의 향원들에게도 정확히 적용 가능하다. 그들은 자신이 믿고 있는 원칙을 의심에 빠트릴 수 있는 환경이나 인물들을 철저히 외면한다. 그럼에도 자기 영역 안에서는 선의 화신처럼 행동하기에 그들로부터 뚜렷하게 비난할 만한 점들을 발견하기란 여간 어렵지 않다. 그 또는 그녀의 정체를 발가벗기려면 그들을 자기 영역 밖으로 끌어내는 수밖에 없다! 하지만 자신의 고상한 생존을 가능케 해주는 편리한 성곽 밖으로 나오려는 향원은 세상에 없다. 공자가 덕의 도적이라고 분통을 터트릴 만하지 않은가?

세상에는 정치 향원, 경제 향원, 공무원 향원, 문화 향원, 종교 향원들이 득실거린다. 자기 영역 밖에서는 숨죽이며 겸손하던 그들은 일단 자기 텃세권으로 되돌아가면 갑자기 인격이 활성화되어 부지런해지고, 숨소리마저 거칠어지며 우두머리 행세에 여념이 없다. 쉼 없이 옳은 소리를 뱉어 내고 규칙을 양산하며 먹이사슬을 다지고 또 다지는 그들은 수달을 닮았다. 그래서 공자는 수달처럼 성실하게 자기 공간 안에서 활개 치려 드는 그들을 싫어했다.

실수를 남발하며 때로는 스스로에게 과중한 업무 탓에 좌절할지라도, 자기가 예전에 본 것보다 더 큰 세계를 보기를 꿈꾸는 위대한 약자들이야말로 사랑스럽다! 때문에 수업 내용이 아닌 엉뚱한 철학적 질문을 들고 찾아오는 제자들을 만나면 껴안아 주고 싶은 충동을 느낀다. 그들은 사소하지만 아름다운 결단을 통해, 주변을 좁게 단속하려는 어리석은 세상의 질서에 눈부시게 저항하고 있다.

화이부동(和而不同)과
사랑이라는 아슬아슬한 긴장

비엔나에서 우연히 만나 하룻밤을 같이 보내는 두 명의 젊은이를 다룬 〈비포 썬라이즈〉는 가장 아끼는 영화 가운데 하나다. 젊은 시절 이 영화를 보고 눈물을 글썽이던 기억이 새삼 떠오른다. 닿을 듯 닿지 못하는 두 사람의 마음을 살피다 상영 시간은 너무 짧게 끝나 버렸었다. 6개월 뒤에 만나자는 막연한 약속만을 주고받은 주인공들은 엔딩 장면 직전에 어색하게 헤어진다. 그리고 카메라는 지난밤 둘이 걸었던 비엔나의 텅 빈 거리들을, 함께 앉았던 카페를, 사랑을 나누던 공원 벤치를 침묵 속에 차례로 비춰 준다.

사람 사이의 진정한 관계, 심지어 사랑조차도 부재 속에서 비로소 빛난다고 믿는다. 부재는 감춰져 있던 상대의 가치를 복원시키는 힘이 있기 때문이다. 하지만 불행히도 모두가 부재를 견디는 힘을 타고나지는 않는다. 무언가가 여기에 없다는 것은 존재에 뚫린 구멍과 같은 것으로서, 우리가 사는 세계를 근본적으로 불안하게 만들며, 결국에는 나라는 존재까지 불확실한 것으로 느끼게 하는 탓이다. 이러한 불안과 불확실성을 참아 내기 어렵기 때문에, 보통 사람들은 삶의 본질인 부재를 부인하고 다른 사람들과 떠들썩하게 어울린다.

유명한 실존주의자였던 장 폴 사르트르는 자신의 책《존재와 무》에서 '사유는 존재의 무'라고 말했다. 세상과 나에 대해 거리를 두고 생각하는 동안에는 그 세상과 나의 '직접적 존재함', 즉 실존이 멈춰 버린다는 뜻이다. 한편 존재는, 사유처럼 현실로부터 소외된 추상적인 정신 활동이 아니라, 우리가 살아가는 세상의 참모습을 드러내 주는 부재, 즉 무로부터 제대로 파악할 수 있다. 쉽게 말해서, 어떤 사람의 존재가 가장 강렬하게 느껴지는 순간은 그 사람이 없을 때이며, 삶이 존재의 의미로 빛나는 순간은 그것의 부재로서 죽음이 분명해질 때라는 것이다.

그러므로 시간이란 부재의 연속이라고 할 수 있다. 우리가 시간을 잡는 순간, 그것은 이미 과거로 멀어져 있다. 우리의 생각은 현실을 지나간 상태로만, 과거로만, 즉 부재로만 포착할 수 있는 것이다. 이렇게 시간 자체가 부재라면, 우리의 삶 역시 부재로 만들어진 것이 아니겠는가! 또한 이 근본적인 부재를 인정하고 목격한 뒤에야 우리는 남들과 진정한 인간관계를 맺을 수 있는 게 아닐까?

> 공자께서 말씀하셨다. "군자는 화합하되 같아지지는 않고
> 소인은 같아지기는 하되 화합하지는 않는다."
>
> 《논어》 '자로'편

> 子曰, "君子, 和而不同, 小人, 同而不和."
>
> 《論語》 '子路'篇

공자는 이 유명한 말을 통해서 세상의 어떤 타인도 자기 자신과 하나가 될 수 없는 운명에 대해 밝히고 있다. 심지어 우리는 우리 자신에 대해서조차도 완벽하게 알아낼 수 없는 존재가 아니던가! 공자는 그러한 불완전한 삶의 운명을 겸허히 살폈고, 비록 완성될 수는 없을지라도 남들과 슬기롭게 공존할 수 있는 방법을 찾으려 애썼다.

나라는 불안한 존재는 스스로는 존재의 의미를 만들어 낼 수 없기 때문에, 끝없이 남들과 어울리면서 그들로부터 사회적 존재로 인정받을 때에만 제대로 존재할 수 있다. 따라서 타인은 나의 정체성을 구성해 주는 고마운 존재이기도 하지만, 동시에 나의 의미를 순식간에 뭉개 버릴 수도 있는 위험한 존재이기도 하다. 이렇게 우리는 서로에게 의미가 되어 주면서도, 또 다른 한편으로는 서로의 의미를 위협하고 있기도 하다. 한 개인이 사회 속에서 겪는 이 아슬아슬한 존재론적 긴장을 이해하는 사람을 군자라고 할 수 있을 것이다.

그렇다면 소인은 어떤 사람들일까? 그 또는 그녀는 자기 스스로

이미 완성되었다고, 세상과 관계없이 존재로 가득 차 있다고 여긴
다. 한마디로 그들은 세상의 부재를 볼 줄 모르며, 자기 자신이 부
재로 만들어진 불완전한 존재임은 더더욱 모르고 있다. 이렇게 우
주의 중심이 된 소인은 자기가 만든 세계 속에서 애초부터 신인
것이다.

오만한 우월감으로 신의 위치에 오른 소인들은 세상을 자기 자
신의 투사물 정도로만 보기 때문에, 놀이터를 휘젓고 다니는 어린
아이처럼 멋대로 살아간다. 그들은 혼자서만 잘났고 오만하여 타
인을 무시하고, 그래서 타인을 두려워하지도 않는다. 이렇게 두
려움 없이 타인과 하나가 되지만, 망설임 없이 배신하기를 서슴지
않는다. 세계를 손쉽게 자기 식으로 해석해 마음대로 굴고, 아무
런 고민 없이 세계와 자기를 동일시하는 게 소인들의 특징인 것이
다. 파시즘과 무엇이 다른가?

스스로를 우주의 중심이라고 여기는 이런 자들은 겉으로는 남
들과 잘 어울리며, 아무하고나 쉽게 친구가 되기도 한다. 세상에
대해 거칠 것이 없는 그들은 언뜻 사교성이 넘치는 좋은 사람들처
럼 보이지만, 속으로는 그 누구도 존중하고 있지 않기에, 그들에
게 친구란 어떻게 처분해도 좋을 자신의 소유물에 지나지 않는다.
이렇게 소인들은 아무하고나 잘 동화되지만 근본적으로는 외로울
수밖에 없고, 때문에 끝없이 다른 친구들을 찾아 방황하거나, 별
망설임 없이 친구를 갈아 치우기도 한다. 남녀관계로 치자면 진실
성 없는 바람둥이인 셈이다.

공자가 보기에 스스로를 완벽하다 여겨서 남들과 겁 없이 어울

리는 용감한 자들은 다 소인배들이다. 그들은 자기 자신을 의심하지 않는다. 자신을 의심하지 않기에 겁이 전혀 없고, 겁이 없기에 남들을 의심하지도 않는다. 아니, 그들에게 남이란 의심할 만한 가치가 없는 존재들로서, 그저 삶이라는 즐거운 잔치의 흥을 돋워 주는 광대들인 것이다. 때문에 타인들과 손쉽게 친해지는 소인들은 그럴 필요가 사라지면 아주 간단히 그 관계를 끊으며, 간을 빼줄 듯 가깝다가도 수가 틀리면 심한 미움을 드러내기도 한다.

군자는 그렇지 않다! 군자는 자신의 한계를 깨닫고 있다. 그들은 늘 발전 중인 미완성의 존재들이기 때문에, 아마 죽을 때까지 완벽해질 수 없을 것이다. 그들은 영원한 학생일 뿐이다. 따라서 남들과 감히 하나가 될 수 없으며, 남과 함께 있어도 그 사이에 놓인 깊은 심연을 쉽게 건널 수 있다고 믿지 않는다.

군자들은 세심하게 간격을 유지함으로써 타인들을 존중한다. 이런 태도는 얼핏 교만해 보이기도 할 것이다. 우리 모두가 하나라며 용광로같이 취한 무리 가운데에서도, 여전히 홀로 자기 존재를 깨닫고 있는 게 군자이기 때문이다. 하지만 그들은 현명하게 남들의 고유한 삶을 보호해 주고 있는 것이며, 소인들처럼 반성 없이 타인의 삶에 간섭해 들어가지 않으려 치열하게 노력하고 있는 것이다. 그런 사람과 함께 있으면 시간이 갈수록 나 자신도 귀해진다는 기분에 젖게 된다.

화합하기는 하지만 하나가 되지는 않는 것, 아마 사랑도 그런 것이 아닐까? 자신의 존재감에 도취하여 타인의 삶을 배려하지 않는 사람은 섣불리 하나가 되려 한다. 어쩌면 그런 마음의 폭력은 애초부터 사랑이 아니었을지도 모른다. 에단 호크와 줄리 델피는 젊은 한때 내 앞에 나타나서, 그러한 사랑의 진실을 간곡하게 설득하고 있었는지도 모른다.

사랑하는 무관심

아랫사람들을 요리조리 잘 부려 먹는 사람들에게는 공통점이 있다. 경쟁을 잘 시킨다는 것이다. 경쟁이 치열해질수록 자신에게 돌아오는 이익도 늘어나므로, 그러한 윗사람들은 부하들에게 끝없는 비교의 잣대를 들이댄다. 하지만 아랫사람들에게도 기발한 수가 있으니, 바로 경쟁을 멈추고 담합해 버리는 것이다. 과도한 경쟁이 주는 피로보다 화합이 주는 이점이 월등할 때, 아랫사람들은 무익한 경쟁을 멈추고 윗사람에게 맞선다.

아랫사람들을 부려 먹을 대상이 아니라 함께 발전할 파트너로 받아들이는 성숙한 리더가 길게 볼 때는 더 크나큰 성취를 이룬다. 반면에 근시안적으로 경쟁만 붙이는 지도자는 결국 조직의 활력만을 소진시키다가 스스로 주저앉기 십상이다. 하지만 아무리 훌륭한 지도자라도 과연 편애로부터 완전히 자유로울 수 있을까? 모든 정상적인 조직에는 합리적 경쟁과 보상 제도가 갖춰져 있게 마련이고, 그런 제도를 통해 우수한 성과를 내는 부하를 예뻐하지 않기란 힘들 것이다.

조직의 지도자가 훌륭하면 할수록 그 또는 그녀에게서 편애의 흔적을 찾기란 불가능하다. 유능한 지도자는 뛰어난 성취를 이룬 부하에게 조직이 정한 보상을 내려 줄 뿐, 그 이상의 애정은 결코 드러내지 않는다. 왜일까? 지도자가 누군가에게 정당한 보상 체계를 넘어서는 애정을 보이는 순간, 그 조직 안에는 눈에 보이지 않는 비합리적인 경쟁 구조가 자리 잡을 것이기 때문이다. 객관적인 보상 체계만 작동하는 조직에서는 그 누구도 영원한 승자가 될 수 없다. 보상의 대상은 수시로 바뀔 것이므로, 모든 구성원들은 동등한 가능성을 가진 채 업무에 임한다. 하지만 조직 안에 특별한 편애의 대상이 있다고 여겨지는 순간, 서로가 평등하다는 구성원들 사이의 믿음은 순식간에 무너지게 된다.

> 안연이 죽거늘 문인들이 성대하게 장례 치러 주고자 하였다. 공자께서 말씀하셨다. "그럴 수는 없다." 문인들이 성대하게 장례를 치러 주자 공자께서 말씀하셨다. "안회는 나를 아버지처럼 여겼건만 나는 그를 자식처럼 대해 주지 못했다. 그것은 나 때문이 아니라 바로 너희들 때문이었다."
>
> 《논어》 '선진'편

安淵死, 門人欲厚葬之. 子曰, "不可." 門人厚葬之, 子曰,

"回也, 視予猶父也, 予不得視猶子也. 非我也, 夫二三子也."

《논어》'선진'편은 주로 공자가 제자들에 대해 했던 인물평들로 이루어져 있다. 특히 편의 앞부분은 유독 안회의 죽음에 대해서만 연거푸 네 차례나 언급하고 있다. 두 가지 해석이 가능하다. 우선 안회에 대한 공자의 편애가 반영되었을 수 있다. 충분히 가능한 일이다. 다음으로는 안회 계열의 후대의 유가학자들이 자신들의 학문적 선조를 특별히 기념하기 위해 특히 '선진'편에 개입했을 수 있다. 이 개입은 안회에 대한 공자의 사랑을 기억하고 있던 다른 모든 계파들의 승인을 얻었을 것이다. 정말이지 공자는 제자 안회를 과분하게 사랑했었기 때문이다!

스승의 제자 사랑은 부모의 자식 사랑과 흡사했다. 열 손가락 깨물어 안 아픈 손가락이 없다지만, 이렇게 특히 아픈 손가락이 있는 법이다. 공자 같은 스승도 별수 없이 어떤 제자는 사랑스럽고 또 어떤 제자는 정이 안 갔던 셈인데, 그럼에도 그는 상식을 뛰어넘는 지나친 편애나 미움을 드러내지는 않았다. 제자 모두를 똑같이 사랑해 줄 수 없다면, 차라리 모두에게 무관심해야 하는 것이 스승의 길이다. 따라서 누군가를 지나치게 끼고돌거나 뚜렷한 이유 없이 미워한다면, 이미 스승으로서의 권위와 위엄을 잃은 것이다.

안회에 대한 공자의 칭찬은 몇몇 예외를 제외하면, 대부분 안회가 죽고 난 한참 뒤부터 나타나고 있다. 제자가 살아 있을 동안 스승은 결코 안회를 눈에 띄게 예뻐할 수 없었다. 그저 간접적인 행동이나 암시적인 표현으로 얼핏얼핏 드러냈을 뿐이다. 예컨대 제자가 혼자 있을 때 어떤 행동을 하는지 살펴보려고 공자는 안회의 집을 몰래 방문하기도 했다. 제자에 대한 특별한 사랑은 선생으로서의 자제력에 의해 잘 다스려지고 있었던 것이다.

그러다가 안회가 죽자 스승은 그를 성대히 장례 지내는 데에 강하게 반대했다. 제자들의 요구를 못 이기는 척 들어줘도 됐으련만, 스승은 너무도 완고했다. 이 거절 속에는 그 누구도 특별히 대우해 줄 수 없는 스승으로서의 사명감이, 공인으로서의 깊은 고심이 배어 있다. 그런데 누구보다 안회를 아꼈기에 공자는 더더욱 그를 특별히 대우할 수는 없었을 것이다. 그건 안회를 다른 제자들로부터 떼어 내 질투의 대상으로 만들 수도 있었다. 그렇게 되면 다른 제자들의 기억 속에 존재할 안회의 모습을 훼손하는 짓이 되지 않겠는가?

스승의 의견을 무시한 제자들이 안회의 장례를 성대히 치러 주자 공자는 꾸짖지 않았다. 그 대신 담담히 자신의 진심을 털어놓았다. 안회를 자식처럼 아꼈고, 안회도 나를 아버지처럼 따랐었다. 너희들도 실은 잘 알고 있었을 것이다. 하지만 그걸 스승인 내 입으로 하는 것과 하지 않는 것은 다른 문제다. 나는 적어도 너희들 앞에서만큼은 누구에게나 한결같은 스승으로 남길 바랐었다. 때문에 안회에게 더 잘해 줄 수 없었구나. 그것이 마음에 걸려 통곡까지 했었다. 그러나 알아주길 바란다. 나는 너희들도 똑같이 아끼고 사랑한다. 내가 안회를 자식으로 대해 주지 못한 것은 내게 다른 자식들이 많았기 때문이다. 바로 너희들 때문이었다.

균형 잡힌 공자의 인격

공자의 사람됨이 어떠하였는지 구체적으로 알 길은 없다. 후대의 학자들에 의해 하도 윤색되는 바람에 거의 신적인 존재가 되어 버렸기 때문이다. 이는 석가나 예수의 운명과도 별로 다르지 않다. 카리스마 넘치는 창업자가 사라지고 나면, 그에 버금갈 인물을 찾지 못한 제자들은 차츰 분열되고, 결국 이들이 다시 뭉치기 위해서는 사라진 창업자를 영원한 신화적 존재로 만들 수밖에 없다.

필자는 공자에게 매료된 뒤, 이 놀라운 인격의 정체를 알고 싶어 무던히 노력해 본 적이 있었다. 그 과정에서 당시에는 잘 알려져 있지 않던 서구의 연구 결과들을 접하게 되었는데, 내용은 충격적이었다. 초반 열 편 정도를 제외한 《논어》의 대부분이 한참 후대에 날조되지 않으면 상당히 수정된 것들이라거나, 심지어 공자는 현존하는 그 어떤 텍스트와도 직접적인 연관성이 없다거나 하는 등등의 내용들이었다.

《사기》 연구의 세계적인 대가였던 에두아르 샤반느는 《사기》 번역본의 긴 서문에서 사마천과 공자와의 관계를 설명하고 있다. 말이 서문이지 책 한 권의 분량이다. 샤반느에 따르자면, 사마천과 그의 부친 사마담의 눈에 비친 공자는 역사가였다. 그들 부자는 공자를 무엇보다 《춘추》의 저자로 이해하여 오직 그 측면만을 부각시켰다는 것이다. 결국 공자는 부정이 난무하는 무질서한 세계에서 정의로운 질서가 여전히 살아 있음을 증명해야 할 사명을 띤 사관이었고, 그 정의로운 질서라는 게 공자가 평생 그토록 강조해 마지않았던 도였던 셈이다.

사마천 부자 이후 공자의 사상은 각 시대의 정치적 필요에 따라 수많은 모습으로 변모하면서 동아시아 거의 모든 지역에서 계승되었다. 그 과정에서 중세 유교국가의 계급 이데올로기에 부응하는 공자의 사상만 부각되었고, 급기야 이 인류의 대스승을 노예주 철학을 옹호한 역사의 반동으로 매도하기에 이르렀다.

공자는 어떤 사람이었을까? 그건 아무도 모른다. 그저 《논어》에 남아 있는 제자들의 단편적인 기억 속에서 흐릿한 자취로 어른거릴 뿐이다. 그러니 그건 각자가 《논어》를 읽으며 자기 마음껏 창조해 볼 일이다. 다만 이것 하나만큼은 확실하다. 소인들은 《논어》 속에서 성마르고 금욕적이며 권위만을 내세우는 초인을 볼 것이고, 군자라면 고독한 시인이며 인자한 교사였던 한 인간의 얼굴을 보리라.

> 공자께서는 온화하면서도 준엄하셨고, 위엄 있으면서도
> 사납지 않으셨으며, 공손하되 편안하셨다.
>
> 《논어》 '술이'편

> 子, 溫而厲, 威而不猛, 恭而安.
>
> 《論語》 '述而'篇

　스승이 지녔던 사유의 정수들을 가장 충실하게 모아 놓은 '술이'
편의 마지막 구절이다. '술이'편은 후대에 성립된 특정 유파의 영
향을 가장 덜 받은 부분이며, 때문에 공자의 말이 비교적 원형에
가깝게 보존되었을 것으로 보인다. 위에 인용된 글만 살펴봐도 특
별한 발화자가 등장하지 않고 있다. 만약 자하나 자유 계열의 학
자들이 이 부분을 편집했다면, 틀림없이 자신들의 스승인 그들을
공자의 대화 상대자나 발화자로 분장시켜 등장시키고야 말았을
것이다. 그렇다면 공자의 실제 인격을 궁금해하던 후대인들이 참
조했던 가장 기본적인 자료가 바로《논어》의 이 구절이 아니었을
까? 바로 이 구절을 원형으로 삼아서 공자의 나머지 인격들을 재
구성해 갔던 건 아니었을까?

　'술이'편을 편집했던 후대의 학자들은 공자의 말들을 이리저리
배치한 뒤, 마치 스승의 인격에 대한 총평이라도 가하려는 양 위
의 짧은 구절을 마지막에 슬쩍 끼워 넣었다. 어떤 학맥을 통해 전
승된 것인지도 불확실하며, 말한 사람에 대한 암시도 전혀 없다.
특정한 한 유파 내부에서가 아니라 공자를 따르던 모든 유파의 문

하생들 사이에서 널리 떠돌던 이야기가 오랜 세월 동안 전승되다
가 이 부분의 편집자들 손에 들어갔을 것이다.

스승인 공자는 온화하고 따뜻한 사람이지만 준엄하고 깐깐한
데가 있다. 이렇게 냉기와 온기가 이상적으로 결합한 인격이야말
로 가장 매력적이다. 물론 이 결합이 균형을 잃게 되면 변덕스러
운 이중인격자의 모습이 나타나기도 한다. 훈훈한 사람이었다가
제 비위에 맞지 않으면 벌컥 화내는 성격이 그런 경우다. 공자는
그렇지 아니하여 서늘한 태도 안에 화사한 마음의 온기가 가시지
않는다. 그 불씨가 남아 있다고 믿는 제자들은 스승의 준엄함에
놀라거나 좌절하지 않으며, 꾸지람을 들으면서도 여전히 스승을
신뢰하게 된다. 그 반대도 마찬가지다. 제자들과 마음 놓고 여흥
을 즐기지만 스승은 어느 이상으로는 풀어지지 않는다. 따뜻하게
녹는 것 같다가도 어느새 차가운 기운이 모인다. 참으로 알 수 없
는 경지에서 빈틈없이 조화를 꾀하고 있다!

그리고 스승은 위엄은 세우되, 사납게 굴어 두려움을 불러일으
키지 않는다. 스승의 위엄은 남들을 압박하는 거센 기운이 아니
라, 스스로를 안으로 단속하려는 농밀한 기운이다. 예컨대 완벽히
조화를 이룬 지세를 취한 채 주위를 경계하는 무인과 사납게 공격
할 태세를 취하며 이리저리 두리번거리는 사냥개의 차이를 생각
해 보라. 두려움이란 상대의 공격을 예측할 때나 생기는 감정이
다. 공자의 위엄은 누군가를 공격할 의도가 전혀 없기에 사납지
않으며, 따라서 두려움을 몰고 오지도 않는다.

끝으로 스승은 공손하지만 편안하다. 공손한 태도는 약간만 균

형이 흔들려도 상대에게 쩔쩔매는 듯한 비굴한 기색을 띠게 마련이다. 이를테면 귀한 손님이 찾아왔을 때 집안의 가장이 허둥대며 취하는 어리석은 태도들을 생각해 보라. 가족들을 윽박지르고 먹을거리를 준비하라며 유난히 무시하지 않던가? 또한 힘 있는 거물급 학자와 마주한 스승의 굴욕적인 처신을 상상해 보라. 갑자기 불안해하며 자신의 문하생들을 핀잔주기 시작한다. 이렇게 자기 주변을 비하하는 이상한 방식으로 겸손을 떠는 이유가, 스스로의 체통을 살리려는 열등감의 발로임을 모르는 사람도 있을까?

공자는 느긋하고 여유로운 기품으로 예를 갖췄다. 그 당당한 겸손함에 제자들은 한없는 자긍심을 느꼈을 것이다. 제자들에게 자신을 알고 지낸다는 사실에, 자신의 문하에 있다는 사실에 무한한 자부심을 주었을 이 스승은 그 누구에게도 자기 제자를 부끄러워하지 않았을 것이다.

가까운 사이일수록
멀리해야 할 이유

　가끔 돌아가신 아버님을 꿈에 뵌다. 예전처럼 자주는 아니다. 꿈에서 반복되는 장면은 중학생 때다. 선친은 고향인 시골 마을로 두 아들을 데리고 출발한다. 산소에 성묘한 뒤 친척 집에 들러, 해가 저물녘까지 거나하게 술을 마신다. 동생과 나는 시냇물에 돌을 던지며, 마을 어귀의 비석에 올라타며, 또한 닭을 좇으며 긴 하루를 보낸다. 막차를 놓친 선친은 동네 경운기를 얻어 탄다. 두 아들은 한 시간이 넘도록 덜컹대는 경운기 위에서 구역질을 한다. 그렇게 어찌어찌하여 청주까지 나온다. 결국 서울행 고속버스를 놓치고 인근 여인숙에 묵는다. 추운 가을, 선친은 술에 취해 코를 골고, 동생은 두려워 몸을 웅크린다. 새벽까지 옹색한 불면과 벗 삼던 순간, 최백호의 〈영일만 친구〉의 멜로디가 청승맞게 들려온다.
　〈영일만 친구〉는 초라하게 취해 잠든 아버지를 떠오르게 한다. 청주 터미널 인근 허름한 여인숙의 불면의 밤을 떠오르게 한다.

추웠고 아버지는 믿을 수 없었고 세상은 취해 있었다. 처음으로 누군가를 지키는 존재가 되었다는 서글픈 자각이 밀려왔었다.

세상의 아버지와 아들들은 서로 멀어지고 나서야 화해한다. 아버지는 아들이 화해의 상대가 되기 전에 세상에서 사라지고, 아들은 화해할 상대를 놓치고 나서야 화해하는 법을 익힌다. 이 모든 것들이 종을 보존하기 위한 진화의 산물이라면 참으로 서글프지 않은가? 하지만 또 그런 식으로 서로 어긋나기에, 두 사람의 화해는 미완의 숙제로 신성하게 보존되는 것도 같다. 언약의 궤 속에 밀봉되어 영원히 펼쳐 볼 수 없는 아름다운 추억이 되는 것도 같다. 〈영일만 친구〉는 더 이상 함께 나눌 수 없는 차가운 가을 저녁에 고정되어, 흐려지는 아들의 기억 속에서 끝없이 부활하고 있지 않은가.

> 진항이 (공자의 아들인) 백어에게 물었다. "그대는 또한 아버지로부터 특별한 가르침을 들은 것이 있는가?" 대답하여 말했다. "아직 없습니다. 일찍이 홀로 서 계시거늘 제가 종종걸음으로 뜰을 지나가는데 말씀하시기를, '시를 배웠느냐?' 하셔서 대답하기를, '아직 못 배웠습니다.' 하였지요. 그러자 말씀하시기를, '시를 배우지 않으면 남과 제대로 말을 할 수 없느니라.'라고 하시여서 저는 물러나 시를 배웠습니다. 그 뒤로 또 홀로 서 계시거늘 제가 종종걸음으로 뜰을 지나가는데 또 말씀하시기를, '예를 배웠느냐?' 하셔서 대답하기를, '아직 못 배웠습니다.' 하였지요. 그러자

또 말씀하시기를, '예를 배우지 않으면 세상에서 설 수 없
느니라.'라고 하시여서 저는 물러나 예를 배웠습니다. 이
두 가지를 아버님으로부터 들었습니다." 진항이 물러나와
기뻐서 말하였다. "하나를 물어 셋을 배워 얻었다. 시와 예
에 대해 들었고 또 군자가 자기 자식을 가까이 하지 않음을
들었다."

《논어》 '계씨'편

陳亢問於伯魚曰, "子亦有異聞乎?" 對曰, "未也. 嘗獨立,
鯉趨而過庭, 曰, '學詩乎?' 對曰, '未也.' '不學詩, 無以言.'
鯉退而學詩.
他日, 又獨立, 鯉趨而過庭, 曰, '學禮乎?' 對曰, '未也.' '不
學禮, 無以立.' 鯉退而學禮. 聞斯二者." 陳亢退而喜曰,
"問一得三, 聞詩聞禮, 又聞君子之遠其子也."

《論語》 '季氏'篇

　　공자는 그리 똑똑하지 않은 아들을 두었다. 이름은 리(鯉)요, 자
는 백어(伯魚)다. 유가의 역사에 이름을 올려놓지 못한 인물이다.
공자 나이 일흔 무렵에 이 아들이 먼저 죽었던 것 같다. '선진(先
進)'편에 안회의 죽음과 관련하여 공리의 죽음을 언급하는 구절이
보인다. 사정은 이러했다. 가난한 안회가 사망하자 그의 아버지인
안로(顔路)가 자식의 관에 덧댈 외곽(外槨)을 하게 해달라고 공자
를 찾았다. 공자의 수레를 팔아 달라는 것이었다. 친자식보다 아

끼던 제자였으니 안로가 그럴 만도 했을 것이다.

공자는 정중히 거절했다. 공자는 안로에게 '재주가 있었건 없었건 모두 자기 자식은 사랑하는 법이라네. 내 아들 리가 죽었을 때도 관은 했지만 곽은 하지 못했었네 … (중략) … 대부에 올랐던 내가 수레 없이 걷는 것은 예가 아니었기 때문이었네(才不才, 亦各言其子也, 鯉也死, 有棺而無槨 … (중략) … 以吾從大夫之後, 不可徒行也).'라고 말했다. 아들의 죽음에 대해서는 일언반구도 없었던, 오히려 제자 안회의 죽음에 대해서만 하늘이 자신을 버렸다고 한탄했던 이 냉철한 지성이, 아들이 사망하고 십여 년이 지나고서야 실은 자기도 아들을 아꼈다고 고백했던 것이다.

공자는 재주는 없지만 순진했던 공리를 실은 무척이나 사랑했다. 아버지는 아들의 지적 무능을 진즉에 알아보았을 것이다. 하지만 그에게 자기를 닮거나 추종할 것을 요구하는 대신 점잖게 방임했던 것 같다. 공자인들 자식 교육을 어찌 뜻대로만 할 수 있었겠는가? 그래서 공리는 아버지의 제자인 진항의 질문에 뚜렷이 답할 것이 없었다. 평소 아버지는 그에게 어떤 특별한 가르침도 베풀지 않았기 때문이다. 골똘히 고민하던 공리는 두 가지 기억을 떠올렸다. 두 차례에 걸쳐 뜰에서 우연히 마주쳤던 아버지는 시와 예를 배우라고 말했었다. 말이라도 제대로 하면서 세상에서 구실하려면 그 두 가지만큼은 꼭 배워 두라고 했다. 아들의 재주 없음을 기꺼이 받아들인 공자는 필요 이상의 욕심을 부리지 않고 딱 거기까지만 기대했던 것이다.

하지만 이렇게 너그러웠던 공자는 아들을 제자들보다 더 가까이 두지는 않았다. 오히려 더 멀리했다. 진항은 그 점에 안심하고 기뻤으리라. 군자는 본디 누군가를 더 특별히 친밀하게 대하지 않는다. 군자는 도를 섬겨야 하므로, 설령 그것이 가족일지라도 개인적인 애정을 누군가에게 쏟아부을 수가 없다. 진항은 공리의 말을 통해 그 점을 확신했을 것이다.

그런데 공자가 아들을 멀리했던 것은 진심이 아니었을 것 같다. 공자는 지적이지는 않았지만 우직했던 공리를 좋아했을 것이다. 지성적으로 탁월한 아버지는 보통의 경우에 소박하고 단순한 아들을 싫어하지 않기 때문이다. '선진'편의 인용문에서 드러나듯이, 공자는 아들을 몹시 아끼면서도 일부러 멀리했었다. 왜 그랬을까? 예를 지키기 위해서였다. 대부로서 걸어 다녀서는 안 되는 예를 지켜야 하듯, 아버지로서 자식을 아끼는 데에도 지켜야 할 예가 있어서였다.

인륜으로 가까운 사이면 사이일수록 그 관계는 일정한 거리를 필요로 한다. 일정한 거리를 두어 지나치게 친밀한 사이가 빚을 열기를 식혀 줘야 한다. 당연히 사사로이 좋아하지 않으려야 않을 수 없는 자식과는 특히 거리를 두어 균형을 맞출 필요가 있다. 예컨대 세상에서 부부지간처럼 가까운 관계도 없을 것이다. 그러나 너무 가까운 사이는 지나치게 뜨겁거나 거리낌 없는 관계로 발전할 소지가 다분하다. 그렇게 과열된 관계는 폭발하고 말 것이다. 정애가 지나치면 편애가 되고, 편애는 중용의 덕을 해치는 격정이 되어 버린다. 부자지간 역시 마찬가지 아니겠는가? 그래서 공자는 짐짓 공리에 대한 애정을 감추며 거리를 두었던 것이다. 진항

은 그 점을 볼 줄 몰라 기뻤겠지만, 부디 스승에 대한 그런 오해 때
문에 자식을 멀리하지는 않았기를 빈다.

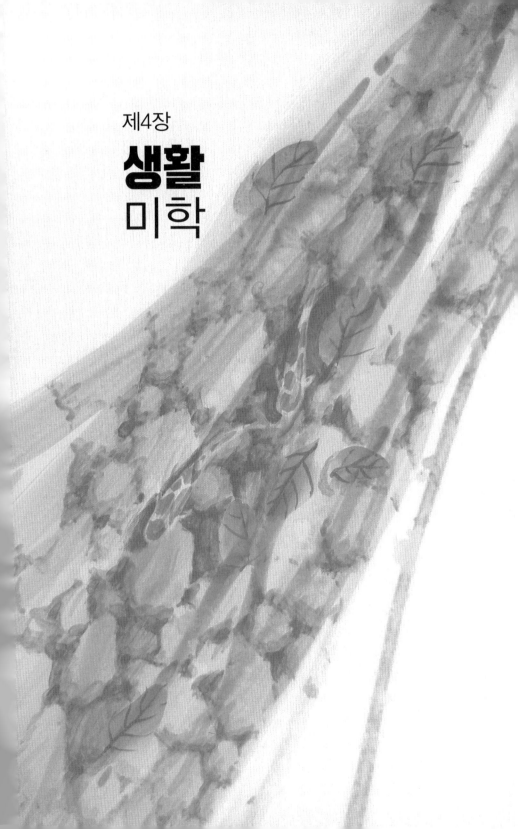

제4장

생활
미학

인생, 덧없이 흘러
아름다운 것들

1915년 지그문트 프로이트는 베를린 괴테학회의 부탁으로 괴테 기념논문집에 수록할 짧은 에세이를 작성한다. 제목은 〈덧없음〉이었다. 영원할 수 없는 자연의 아름다움, 그것들을 짧게 누리다가 사라져 갈 유한한 인생에 대한 심리학적 성찰을 담은 아름다운 글이다. 그는 이렇게 썼다. '모든 아름다움과 완벽함은 그것이 우리의 정서적 삶에 어떤 의미를 지니느냐에 따라 그 가치가 결정되는 것이기 때문에 그것이 우리 인간의 삶보다 더 오래 존속해야 할 필요도 없는 것이며, 따라서 그 아름다움과 완벽함은 절대적인 시간의 길이에 구속되지 않는다.'

누구나 영원히 잊을 수 없는 추억의 장면들이 있다. 그것은 자연의 장대한 광경일 수도 있고, 누군가와의 아름다운 추억이 담긴 인상적인 장소일 수도 있다. 가끔 눈을 감으면 몇 개의 장면들이 나를 잠시 쉬게 해주고, 다시 일어나 삶의 전쟁에 복귀하도록 위로해 준다. 사람의 하루란 언뜻 어설프고 값어치 없어 보이지만, 삶과 죽음의 경계에서 힘겹게 디뎌 낸 몇 걸음이기도 하다. 그 숱한 하루 가운데 우리는 어떤 한 장면을 선택해 평생 간직한다.

한 인간의 정서적 삶을 지배하는 몇 가지 장면들은 자신이 살아 있었음을 힘주어 증명하는 것들이기에 나이가 들수록 더 중요해진다. 윤기 있는 검은머리를 출렁이며 노래하던 강가, 코발트빛으로 물들던 호주 해변, 낯선 곳에서 외국의 배낭여행자들과 나누었던 짧은 대화, 초병으로 망루에서 바라보던 하얀 산맥, 처음으로 사랑을 잃고 걷던 길고 긴 도로. 우리가 완벽하다고 믿는 이 장면들은 그러나 사실에 기초해 있는 것들이 아니다. 우리의 기억은 욕망이 바라는 대로 수정되거나 뒤섞인다. 그리고 그렇게 내 삶에 유리하게 변형된 기억을 사실이라 믿으며 살아간다. 영원한 진실, 변하지 않는 기억이란 존재하지 않는다.

그런데 변하지 않는 사실과도 관계가 없으며, 게다가 영원하지도 못할 어느 하루에 대한 기억이 나의 정체성을 만든다. 그 하루의 기억을 불멸로 만든 것은 그 시절 나의 삶에 쏟아부었던 열정이다. 그래서 삶이 지속되는 한 거듭 떠오를 그 장면들이 나라는 존재의 신원을 증명해 줄 유일한 자료들이 된다. 나는 내가 죽었을 때 편년체 이력서로 기억되기보다는 내 삶을 뜨겁게 역류시켰고 가슴 설레게 했던 몇 개의 장면들로 기억되기를 바란다. 마치 죽음을 앞둔 배우가 자기 삶의 절정을 이루던 명장면의 한 컷으로 기억되길 소망하듯.

공자께서 시냇가에서 말씀하셨다. "모든 흘러가는 것들이
저와 같구나! 밤낮 쉬지 않고 흐르고 있도다!"

《논어》 '자한'편

子在川上曰, "逝者如斯夫! 不舍晝夜!"

《論語》 '子罕'篇

공자는 시냇가에 앉아 말없이 긴 시간을 보낸다. 흐르는 물결은
다시는 돌아오지 못할 길을 따라 뜻 없는 궤적을 그리며 동쪽으로
향하고 있다. 물 분자 하나하나의 운명을 생각해 보라! 그것들의 운
동에는 목적이 없다. 거기에 무슨 의미가 있겠는가? 물 알갱이들은
무한한 시간을 그냥 그렇게 이동해 왔을 뿐이다. 그렇게 한없이 흘
러 끝내 성취해야 할 목표를 지니고 있지 않다. 우리 인생도 그런
흐름에 지나지 않는다면 너무나 무서운 일이 아니겠는가!

공자는 제자들 쪽을 돌아보았으리라. 오직 자기만을 의지하는
제자들, 스승이 우주의 본체를 깨달았다고 믿는 제자들, 스승이
자기 회의에 빠지는 순간 절망할 순수한 제자들을. 공자는 시냇물
과 제자들 사이의 갈림길에서 잠시 황홀한 방황에 탐닉해 있다.
그 혼란은 이미 오래전부터 그의 마음을 사로잡곤 하던 삶 자체
에 대한 회의였지만, 제자들에게 단 한 번도 발설할 수 없었던 자
기만의 비밀이었다. 우주는 어쩌면 우리가 생각하고 있는 윤리로
만들어진 것이 아닌지도 모른다. 그건 우연히 만들어진 것일 수도
있다. 그렇다면 그 속에서 변하지 않는 진리를 찾으려는 우리의

시도는 어리석은 문명의 작위에 지나지 않을 것이다. 하늘은 인과
의를 모른다!

공자가 자신의 지나온 삶을 돌아보자 사실은 더욱 분명해 보였
다. 그토록 열렬히 주나라의 인문정신을 구현하고자 노력했건만
세상은 여전히 도리에 어긋나 있고, 제자들은 대부분 가난하다. 여
러 차례 죽을 고비를 넘겨야 했고, 벼슬자리 주겠다는 어진 통치자
는 단 한 명도 찾을 수 없었다. 자신이 가꾸어 온 정신의 고귀함에
대해 세계는 번번이 모욕으로 화답했다. 하늘이 나를 버린 것이 아
니라 하늘이 아예 없는지도 모른다. 그럼에도 묵묵히 바른 도리를
추구한다면 저 흐르는 물과 무엇이 다르랴! 다시 돌아올 수 없는 길
을 그저 반복하여 나아가고, 그 자체에서 허무한 기쁨을 발견해 자
족할 뿐인 것이다. 그건 안회만이 이해했던 비밀이었다.

옆으로 다가오는 제자들을 바라보던 공자의 눈가엔 지친 그림
자가 너울거렸다. 자신에게 찾아온 불행을 운명으로 받아들이고
오히려 그것을 기쁨으로 전환시키는 것, 그건 안회가 참으로 탁월
하여 스승을 번번이 승복시키곤 했다. 공자는 이미 세상에 없는
제자를 떠올렸다. 흐르고 흐르다 의미 없이 소멸하는 것이 사람의
운명일지라도 끝내 충직한 제자들을 외면할 수는 없었으리라. 어
쩌면 제자들이야말로 하늘이 그에게 내린 축복이었는지도 모른
다. 공자는 그렇게 생각하며 시냇물의 공상으로부터 현실로 돌아
왔다.

그는 제자들에게 낮게 속삭였다.

"흐르는 것이 저와 같구나. 밤에도 낮에도 쉼 없이 저리 흐르는

구나."

　제자들은 스승이 하는 말의 뜻을 알 수 없었다. 그건 탄식 같아 보이기도 했고, 자연에 대한 감탄 같아 보이기도 했다. 종잡을 수 없는 의아함에 제자들이 침묵할 때 공자는 미소를 지으며 시냇가를 천천히 벗어나고 있었다. 그건 탄식이자 감탄이었다. 삶의 불운을 탄식하는 것이 곧 삶의 유한성 속에 깃든 무한에 대한 감탄임을 제자들은 몰랐다. 그 두 가지 상념은 성인의 마음속에서 동시에 솟아올랐다가 작은 포말을 날리며 가라앉았다. 그렇게 물의 분자 알갱이들처럼 제자들은 스승을 따라 숙소를 향해 일렬로 걸었다. 그 걸음은 시냇물을 닮은 여정이었지만, 공자는 다시는 제자들 앞에서 그런 회의에 빠지지 않겠다고 결심했다.

남자(南子), 그녀 방에서 무슨 일이 있었나요?

위나라 영공(靈公)은 무도한 사람으로 정평이 나 있었다. 예의범절을 제대로 지킬 줄 몰랐고, 나라를 위태롭게 만들어 놓고도 선정을 베풀려는 노력조차 하지 않았다. 때문에 공자는 위나라가 몇명의 현명한 신하들 덕분에 간신히 유지되고 있다고 말한 바 있다. 그 가운데 한 명이 말주변이 좋기로 소문난 대부 축타(祝鮀)였다. 공자는 말주변이 뛰어난 사람을 그리 신뢰하지 않았고, 오히려 질박하면서도 말이 적은 사람을 좋아했다. 그럼에도 위나라를 지탱하는 것이 바로 그의 세 치 혀라고 했으니, 위나라를 바라보던 공자의 시각을 짐작할 만하다.

이렇게 형편없는 국가였던 위나라에 대해 공자가 꽤나 관심을 갖고 있었다는 점은 흥미롭다. 위나라로 벼슬 살러 가는 문제를 심각하게 고민하던 공자를 제자들이 염려하기까지 할 정도였다. 참다못한 제자 자공이 입실하여 백이숙제는 어떤 사람이냐고 물어 공자의 의중을 떠보는 장면이 '술이(述而)'편에 보인다. 제자들은 영공과 그의 음탕한 부인 남자(南子)가 설치고 있던 위나라로 스승을 보내고 싶어 하지 않았다. 실제 위나라는 영공 사후에 왕위 계승권을 놓고 부자가 골육상쟁을 벌이는 패륜 국가로 전락해버리고 만다.

또 '위영공(衛靈公)'편을 보면 공자는 한때 제자들을 이끌고 위나라로 들어가 영공에게 벼슬을 구한 것으로 나와 있다. 인과 의에는 관심이 없던 영공은 공자에게 군사를 움직이는 법에 대해 물었고, 이에 실망한 공자는 그제야 포기하고 위나라를 떠났다.

그런데 위나라에 머물 동안 공자는 영공의 방탕했던 부인 남자와도 알고 지냈던 것 같다. 남자는 위나라를 도탄에 빠트린 원흉이기도 한데, 빼어난 미모와 사람 다루는 수완으로 영공을 사로잡고 있었다. 공자는 이 맹목적이고 도발적인 권부의 여인에 대해 모종의 정치적 흥미를 느끼고 있었던 것도 같다.

남자는 당시 송조(宋朝)라는 송나라 출신의 정부와 밀회를 즐기고 있었는데, 송조는 이 여인의 마음을 송두리째 사로잡을 만큼 빼어난 미남이었다. 공자는 '옹야(雍也)'편에서 이에 대해 이렇게 말하고 있다. "축타의 달변은 없고 송조의 아름다움만 있었더라면 (위나라) 오늘과 같은 어려움을 벗어나기 어려웠을 것이다(不有祝鮀之佞, 而有宋朝之美, 難乎免於今之世矣)." 당시 송조는 남자의 후원으로 위나라에서 대부가 되어 떵떵거리며 살고 있었다.

남자의 치마폭에 싸여 있던 영공은 그저 한 여인의 허수아비가 되어 있었음에 틀림없다. 따라서 공자로서는 영공보다는 남자를 통해야만 위나라 정치의 중심으로 진입할 수 있었다. 그러니 미남을 좋아하던 이 여성에 대해 일말의 관심을 가지지 않을 수 없었을 것이다. 그 관심이 성적 호기심과 결부되었었는지, 그래서 못난이 영공이나 남자의 정부였던 송조에 대한 평가가 그토록 박했었는지, 아니면 단순한 정치적 필요에 따른 무미건조한 관심이었는지 우리는 구체적으로 알 길이 없다. 다만 공자가 남자의 부름에 따라 그녀의 방으로 찾아갔을 때, 스승을 수행했던 제자 자로, 우직하여 딴생각은 할 줄 몰랐던 그 자로의 가슴에는 천불이 나고 있었다.

> 공자께서 (위영공의 부인인) 남자를 만났다. 자로가 좋아하지 않거늘 선생님께서 맹세하여 말씀하셨다. "나에게 잘못한 일이 있었다면 하늘이 날 벌줄 것이다! 하늘이 날 벌줄 것이다!"
>
> 《논어》 '옹야'편

> 子見南子, 子路不說, 夫子矢之曰, "予所否者, 天厭之! 天厭之!"
>
> 《論語》 '雍也'篇

자로는 목격했을 것이다. 교태 부리는 남자의 목소리와 그 앞에서 전전긍긍하는 공자의 태도를. 공자와 같은 유덕자들은 공통적으로 고귀한 음녀들에게 약하다. 가령 사자와 싸우는 데 익숙한 투사에게 귀여운 고양이와 싸우라고 한다면 어떻겠는가? 통제되지 않는 권위를 쥔 채 상대를 천연스레 남성으로 다루는 매력적인 악녀를 어찌할 것인가? 자고로 어여쁜 여인이 자신의 여성성을 드러내며 누군가를 남성으로 대하게 되면 상대에게 주어진 선택권은 별로 없다. 빨리 자리를 뜨거나 비록 촌스러울망정 서둘러 역정을 내버리는 수밖에. 그럴 수 없었던 공자는 자신의 무의식 속 욕망과 상대의 겁 없는 도발이라는 두 가지 문제와 동시에 싸워야 했을 것이다.

공자는 후회스러웠으리라. 유능한 머리를 지닌 남자라는 여인은 무척 아름다웠으며, 윤리의 위선마저 품고 있지 않았기에 방어하기 더 난감한 그런 존재였다. 그녀는 공자가 철인이며 교육자이고 많은 남성 제자들로부터 추앙받고 있는 유명한 인물이라는 사실을 몰랐으며, 사실은 알고 싶어 하지도 않았을 것이다. 그녀에게 공자는 그저 남자였다. 이런 여성을 어떻게 상대한단 말인가! 공자는 자신의 지적, 도덕적 권위나 감화력이 조금도 영향을 미칠 수 없는 상대로부터 빨리 벗어나고 싶다고 생각했을 것이다.

그렇게 겨우 방을 빠져나온 공자 앞에는 천둥벌거숭이 같은 제자 자로가 버티고 서 있었다. 참 지루하고도 위태로운 하루였건만, 자로는 눈이 벌개져서 스승에게 불만을 터트렸다. 의심하는 눈초리는 부담스럽고 숨을 씩씩 몰아쉬며 수레를 모는 제자의 등도 보기 싫었을 것이다. 자로는 자로대로 제자들에겐 호랑이 같던 스승이 그저 일개 음녀에 지나지 않는 여인 앞에서 머리를 조아리며 괴로워하는 광경이 떠올라서 분이 풀리지 않았을 것이다.

그래서 참다못한 공자가 하늘을 우러러 부끄럽지 않다고 거듭 맹세하고 있다. 한편으로는 스승과 제자 모두가 안쓰럽지만, 다른 한편으로는 꽤나 정겨워서 그들이 부러울 뿐이다. 그렇게 맹세하며 씁쓸히 수레 앞을 바라보는 시름에 겨운 공자와 당장 이 나라를 뜨자고 해야겠다며 벼르는 자로의 어깨 위로 위나라의 하루해가 뉘엿뉘엿 지고 있다.

죽음을 기억하라!
하지만 아직은 살아 있거라

　죽음에 임박한 사람들은 평생을 집약한 마지막 꿈을 꾼다고 한다. 영겁의 무로 산화되기 직전 온 힘을 다해 삶을 기억하려고 한단다. 어디에도 보관될 수 없는 생의 기록들을 사력을 기울여 되새긴다는 것이다. 돌아가신 나의 선친도 그러했을까? 시골길 옆 초라한 집에 매달려 가을바람에 흔들리던 조등의 비웃음이 떠오른다. 해맑게 손짓하는 그 움직임은 마치 선친의 마지막 인사처럼 보였다. 나의 죽음을 기억하라! 하지만 너도 필멸할 것이니 곧 내 곁으로 오리라.

　나의 추억은 살아 있는 사람들과의 결별과 죽은 사람들과의 영원한 이별로 촘촘히 채워져 있다. 그 숱한 죽음 앞에서 많이도 울고 많이도 웃었다. 삶 전체가 죽음으로 넘치고, 죽은 자들의 한숨이 이승이라는 편도 여행길에 가득 차 있다. 그리도 두렵던 죽음이 이제는 꽤나 친숙해져서 굳게 아문 상처 자국 같다. 그 상처가 길게 열리는 날, 우리 모두는 같은 지점에서 만날 것이다. 이렇게 죽음에 대한 상념은 삶의 미움스러움과 욕망의 고달픔을 그대로 드러내 우리를 겸손하게 만든다.

죽음이 다가오는 방식은 너무나 다양하여 매일매일 죽음을 예습하지 않으면 삶이라는 과제를 온전히 마칠 수 없을 것만 같다. 그러니 항상 죽음을 기억하라! 성 아우구스티누스가 저 예비된 무한과의 만남에 전율하며 그렇게 외쳤다고 한다. 그게 아니라면 죽음이라는 성소에 들어가기 전까지 아주 잠시 유예된 이 찬란한 생을 마음껏 즐겨야 하는 걸까?

모든 인문학적 고민은 대답 없는 실체에게 죽음을 묻고, 산 자들에게 살아야 할 이유를 되돌려 주는 데에 있다. 따라서 죽음과 삶은 서로 등을 돌리고 있는 에로스와 타나토스가 아니라, 사이좋게 손잡은 일란성 쌍둥이라 할 것이다. 죽음은 근거 없는 삶에 살아야 할 이유를 증명하며, 삶은 죽음에게 정당한 위엄을 회복시켜 준다. 그래서 우리는 히말라야에서 사투를 벌이고, 맨몸으로 사막을 가로지르며, 생사의 기로에서 기필코 살아 돌아온다. 모든 살아 있는 위대한 것들은 죽음을 마주하여 극복한 것들이다. 모든 위대한 자들은 죽음을 넘어 삶을 회복시킨 자들이다.

> 계로가 귀신 섬기는 일에 대해 묻자 공자께서 말씀하셨다. "아직 사람조차 제대로 섬기지 못하거늘 어찌 귀신을 섬길 수 있겠느냐?" (계로가 다시 물었다.) "죽음에 대해 감히 여쭙겠습니다." (대답하시길) "삶조차 아직 잘 모르거늘 어찌 죽

음에 대해 알겠느냐?”

《논어》 ‘선진’편

季路問事鬼神, 子曰, “未能事人, 焉能事鬼神?.”“敢問
死.”曰, “未知生, 焉知死?”

《論語》 ‘先進’篇

　죽음을 초월한 용맹한 제자 자로(계로)가 뜬금없이 귀신에 대해
물었다. 이 성질 고약한 제자는 죽음 자체에 대해 궁금했다기보다
귀신 섬기는 풍습이 과연 타당한지 묻고 싶었던 것 같다. 이에 대
해 공자는 핵심을 비껴 대답한다. 귀신을 섬기는 일이 옳은지에
대해 확답할 수 없다. 그보다는 사람을 섬기는 것이 더 중요하다.
사람 섬기는 과업도 제대로 하기 힘들거늘 어찌 귀신까지 섬길 여
력이 있겠는가. 귀신의 세계보다는 눈앞에 펼쳐진 현실의 위중함
에 집중하라!
　자로는 조금 끈질겼다. 이번에는 죽음 자체에 대해 물었다. 죽
음이 무엇인지 안다면 귀신을 섬기는 문제에도 단안을 내릴 수 있
을 것이다. 공자는 매우 독특한 답을 주었는데 자로가 이 대답에
만족했는지는 알 수 없다. 공자는 그저 삶조차 모르는데 죽음을
어찌 알 수 있겠느냐고 얼버무렸다. 잘 생각해 보면 이상하다. 공
자는 죽음에 대해 알 필요가 없다고는 말하지 않았다. 그냥 알 수
없다고 했다. 삶에 대해 알 수 없듯이 죽음에 대해선 앎으로 접근
할 수 없다고 했다.

이 문제를 이해하려면 은(殷)나라 문명을 조금 알아야 한다. 공자가 속한 주나라 문화는 은나라의 귀신 신앙을 계승하면서도 이를 인문적 의례로 개편하면서 성립된 것이었다. 은나라 유적지에서 수없이 출토된 갑골문들은 이 문명이 현실의 모든 문제 해결을 조상신들에게 의존했었음을 증명하고 있다. 주나라는 이를 상징으로만 받아들여 과도한 귀신 신앙을 근절했다. 따라서 공자가 살아 있을 때 다른 무엇보다 예의 대가로 알려졌었다는 점은 주목할 만하다. 공자는 거북이 등껍질에 점복 내용을 새겨 신들에게 문의하는 오래된 관습에 반대했다. 현실을 구원하는 것은 귀신들이 아니라 삶을 삶답게 안정시켜 줄 예악(禮樂)이다. 죽음 자체에는 삶이 없다!

그런데도 혈통으로 보자면 은나라의 후예였던 공자는 귀신이 없다거나 귀신을 섬길 필요가 없다고 주장하지는 않았다. 바로 이 점이 공자의 매력이다. 그는 알 수 없다고 말함으로써 죽음이라는 삶의 곤경을 비켜 갔고, 그럼으로써 한편으로 죽음을 예우했다. 죽음을 기억하되 살아있는 자들은 아직 살아 있거라! 삶이 제 정체를 드러낼 순간까지 죽음에 대해 말하지 말라! 그냥 가슴속에 간직하며 살거라! 삶은 죽는 순간에서야 자신을 드러낼 것이고, 죽음은 그제야 삶의 소중함을 자신을 통해 제시할 것이다.

공자는 '옹야(雍也)'편에서 앎(知)이 무어냐는 제자 번지(樊遲)의 질문에 대해 '백성으로서의 의리에 힘쓰고 귀신을 공경하되 멀리하면 잘 안다고 할 수 있다(務民之義, 敬鬼神而遠之, 可謂知矣).'고 대답했다. 공경하되 멀리하라. 참으로 멋진 죽음의 해석이 아닌가!

도대체 알 수 없는, 그러나 결코 무시할 수 없는 신성한 존재에 대해 예의는 갖추라는 말이다. 그러나 그것에 얽매여 절실한 현재의 삶을 놓치지는 말라는 것이다. 이 구절을 읽을 때마다 대학 시절 내내 액자에 넣어 책상 위에 놓아두었던 철학자 루트비히 비트겐슈타인의 초상화가 떠오른다. 말할 수 없는 것은 말하지 말고 놓아두라는 그의 냉엄한 명제도 떠오른다. 그 말은 마치 이승에서 해결할 수 없는 문제는 저승의 길에 맡겨 두라는, 이젠 더 이상 만날 수 없는 아버지는 아버지의 길에 맡겨 두라는 말처럼 들렸다.

어제에 대한 예의,
한결같음

살다 보면 좋은 사람을 만나기가 힘들다고 한다. 그런 말을 한 사람들은 모두 스스로 좋은 사람이라고, 자신이 선하다고 생각했을 텐데, 좋은 사람은 왜 그리 없는 걸까? 결국은 나 자신도 좋은 사람이 아니기 때문이다. 착하고 좋은 사람은 실제로는 자신이 착하고 좋다는 걸 알지 못한다. 오히려 남에게 폐를 끼칠까 전전긍긍하며 목소리를 낮추고 한 번도 자신을 버젓이 내세울 줄 모르는 사람들일 경우가 많다. 그러니 스스로를 좋은 사람으로 착각하고 사는 우리는 좋은 사람을 만나고도 알아보기 힘들밖에.

진정한 선행은 무의식중에 일어나기에 막상 그런 아름다운 일을 한 사람은 그저 자신의 착한 본성에 충실했을 뿐이다. 때문에 그런 사람들은 선행의 동기를 묻는 질문에 제대로 된 대답을 내놓지 못한다. 선한 사람들은 도덕적 영웅들이 아니다. 자신의 윤리적 우월성을 은밀히 속에 품고 남들의 부족함을 끝없이 탓하는 우리들은 결코 착하지 않으며, 더욱이나 선하지도 않다. 그러므로 세상에 좋은 사람이 없다고 푸념하는 자신을 되돌아볼 일이다.

선한 사람들은 누구인가? 그들은 악과 싸워서 이기려는 사람들이 아니다. 그들은 자신의 정체성을 악의 대척점에 세우고 대중 앞에 나서서 선을 주장하는 전도자는 더더욱 아니다. 선인들은 그렇게 정치적인 유세를 잘하지 못하며, 남들을 사로잡는 카리스마를 지니고 있지도 않다. 그들은 남의 삶에 그런 폭력적인 방식으로 개입하지 않는다. 그들은 아무도 모르게 자신의 위치에서 악에 저항하며 일상을 버텨 낼 뿐이다. 세상의 악을 공격하는 대신에 악을 모른 채, 그래서 악을 철저히 무시하고 소외시키면서 빛나는 침묵 속에 잠겨 있다.

> 공자께서 말씀하셨다. "선한 사람을 나는 만날 수가 없었다. 항상 변함이 없는 사람이라도 만날 수 있다면 좋겠구나. 없으면서도 있는 듯하고, 텅 비어도 꽉 찬 듯하며, 가난하면서도 태연하나니, 항상 변함없기도 어려우니라!"
>
> 《논어》 '술이'편

> 子曰, "善人, 吾不得而見之矣. 得見有恒者, 斯可矣. 亡而爲有, 虛而爲盈, 約而爲泰, 難乎有恒矣."
>
> 《論語》 '述而'篇

공자는 세상에서 선한 사람을 찾기가 불가능함을 제자들에게

토로하고 있다. 공자 시대에 자신의 선한 덕성을, 선함에 관한 자신의 철학을 주장하는 사람들이 얼마나 많았으랴! 하지만 그럴수록 진짜 선인은 세상에서 더욱 자취를 감추었을 것이다. 선에 대한 담론이 극성스럽게 왕성해질 때일수록 도덕적으로 선한 시대가 아니었다. 선에 대해 강조하면 할수록 오히려 그에 비례하여 악이 창궐했음을 역설적으로 증명할 뿐이다. 공자의 시대는 그러한 시대였다.

그래서 스승은 젊은 제자들을 앞에 두고 조용히 한숨지으며 선인을 만날 수 없었다고, 앞으로도 만날 것 같지 않다고 탄식하고 있다. 선인이 목격된다는 것은 그 또는 그녀가 어떤 악의 간섭도 없이 절대적 순진무구의 상태로 세상에 출현한다는 것일 테다. 하지만 간교한 세상은 그들을 그냥 놔두지 않을 것이다. 카메라를 들이대고 온갖 언어로 포장하여 상품으로, 선전 도구로 만들어 낼 것이다. 그 와중에 선인은 자신에게 잠시 깃들었던 선한 본질을 잃고 자기도취에 빠지고야 말 것이다. 자고로 선의 타락이란 그것이 거명되고 치장되고 대중 앞에 내세워지며 이루어진다. 선인은 이제 자기가 선인이라고 생각한다. 그래서 그는 선하지 않다!

공자는 마침내 상심하여 항상 그러한 모습으로 있는 사람이라도, 어제의 모습이 곧 오늘의 모습이며 또 내일의 모습일 것 같은 사람이라도 만나 보면 좋겠다고 했다. 한결같은 사람, 그런 사람은 선인이라고 말할 수는 없지만, 조금은 선하고 조금은 선하지 않은 모습 그대로 늘 변함없이 자기 자리를 지킬 사람이다. 무언가 있던 것이 없어져도, 돈이든 명예든 직업이든 또는 젊음이든,

그것이 있었을 때와 같은 사람, 그래서 주변 사람들을 안심시키는 사람, 그런 사람은 타인들을 배부르게 한다. 어제와 오늘이 같은 세상임을 확신시켜 줌으로써 혼란한 우주를 불안한 상태로부터 구원해 준다. 그들과 함께 있으면 어제와 다를 바 없는 나의 삶도 초조해지지 않는다.

한결같은 사람은 자기 삶으로부터 뭔가 빠져나가 비게 되어도 가득 차 있을 때와 다름이 없다. 그들은 공허함을 모르기에 항상 충만해 있다. 궁핍한 자들에게 나누어 줄 만큼의 여유가 남아 있다. 그래서 그들은 포탄이 떨어지는 전쟁터에서 부상을 입고도 평소 훈련받은 대로 묵묵히 임무를 완수한다. 심지어 자기보다 더 다친 전우를 위해 목숨을 건다. 그에게는 아직 무언가가 더 남아 있기 때문이다.

그래서 한결같은 사람들은 가난하다. 그들은 채우기보다 덜어 내며, 자신에게서 무언가 없어지는 것을 두려워하지 않는다. 그 대로인 채 있는 것, 어제와 오늘이 같은 모습으로 있는 것을 받아들인다는 것은 결국 어제보다 오늘이 더 많고 더 배부르고 더 뛰어나고 더 강해지지 않아도 견딜 수 있다는 것이 아니겠는가. 그런 사람들이 어찌 부유해질 수 있으랴. 그들은 예전에 살던 그 모습대로 조용한 단층집에서 여전히 잘 살고 있다. 그들은 이리저리 이사하며 재산을 불리지 않는다. 그런 사람들을 보고 있으면 어제가 오늘에게 배신당하지 않아서 참 좋다!

노래하는 공자

　노래를 부를 줄 안다는 것, 하나의 악기를 연주할 줄 안다는 것은 새로운 언어 하나를 더 안다는 것을 의미한다. 자기의 손과 입으로 아름다운 것을 만들어 낼 수 있음을 처음 깨닫는 순간은 무척이나 경이롭다. 그리하여 무언가 좋은 것을 내 힘으로 세상에 줄 수 있다는 자각과 함께 비로소 창조의 기쁨도 알게 된다. 몸에서 출발한 삶의 적극적 긍정이 음악을 통해 정신적인 것으로 승화되는 순간이다. 이토록 인생이 절정으로 완성되는 때도 드물리라.

　공자는 '태백(泰伯)'편에서 '시에서 감흥을 일으키고, 예에서 사람답게 세상에 서며, 음악에서 성정을 완성한다(興於詩, 立於禮, 成於樂).'고 했다. 언어인 시로 출발해서 음악에서 인격이 완성된다. 공자는 유독 음악을 좋아하여 제나라에서 순임금 시절의 음악인 소(韶)를 듣고는 석 달 동안 고기 맛을 잃을 정도였다. 공자의 철학을 간략히 예악으로 정리할 수 있는 것도 이 때문이다.

좋은 음악은 사람의 마음마저 좋게 만든다. 그리고 몹시 좋은 것을 느꼈을 때 사람은 이를 언어로는 다 표현하지 못하여 흥얼거림으로 표현한다. 좋은 느낌이 좋은 음악을 만들고, 그 음악이 다시 좋은 느낌을 만든다. 좋은 것은 이렇게 순환하며 세상에 좋은 것을 퍼트린다. 공자가 그토록 추구했던 선한 세상이란 이렇게 좋은 느낌으로 충만한 우주에 다름 아니었을 것이다. 이를 진흙탕 세상 가운데에서 알기 쉽게 설명하려다 보니 인(仁)이니 정명(正名)이니 하는 개념들로 설파하게 되고, 어쩔 수 없이 이념적인 교훈을 담은 도덕원리로 해명할 수밖에 없었던 것이다. 하지만 공자의 마음은 다른 곳에 가 있었다. 제자들로부터도, 세상 그 누구로부터도 자신이 꿈꾸는 미적인 이상세계를 이해받지 못하여 그는 때로 고독하였으리라!

> 공자께서는 다른 사람들과 함께 노래를 부르다가 누군가 잘 부르면 반드시 다시 불러 보도록 하신 뒤 절주에 맞추어 따라 부르셨다.
>
> 《논어》 '술이'편

> 子與人歌而善, 必使反之, 而後和之.
>
> 《論語》 '述而'篇

공자는 사람들과 앉아 아름다운 노래를 부르고 있었다. 좋은 음악과 노래는 세파에 지친 마음의 악취를 빼주고, 잠시 잊고 있던 높고 높은 세계로 다시 이끌어 준다. 머리에 의지해 살면서 순간 순간 잊고 있던 본질의 세계로 자아를 거듭 회귀시킨다. 그것은 본디 음악이나 노래만은 아니었으리라. 자연의 온갖 소리들, 이를 테면 새의 지저귐, 바람 소리, 이슬이 맺혀 구르는 소리, 영겁을 향해 흐르는 강물 소리 등이 다 우주의 화음이 아니면 무엇이랴! 이렇게 우주는 거대한 교향악이다. 그 가운데에서 인류가 만들어 낸 화음을 듣고 있는 공자는 기분이 좋다. 사람이 우주의 리듬과 멋진 조화를 이루고 있다.

길거리를 걷다가 언뜻 들리는 귀에 익은 노래 한 소절로부터 우리는 먼 과거, 순수하고 때 묻지 않았던 시절로 되돌아간다. 골목 길을 지나다 맡게 된 익숙한 냄새 덕분에 우리는 아련한 어린 시절의 어떤 지점으로의 순간 이동을 경험한다. 소리와 냄새, 우주의 리듬, 자연의 일렁임 속에서 우리는 인간 본질의 순수했던 맨 처음 지점으로 회복된다. 훌륭한 음악과 노래는 우리에게 태초를 되찾을 수 있는 힘을 기적적으로 잠시 부여한다. 그 울컥 솟아나는 리듬감 속에 악의 징후는 숨어 있지 않다.

그리하여 즐거워진 공자는 다시 한 번 불러 보라고 청한다. 음악이나 노래도 다 좋은 것만은 아니라서 세속의 쓸모 때문에 지어진 것들도 많다. 남녀가 연애할 마음으로 서로를 유혹하는 노래, 전쟁을 독려하는 살벌한 노래, 성나서 욕하는 노래 등은 조화로운 리듬에 순종하는 대신 지상에서 벌어지는 한순간의 욕망을 해결하려는 데에 초점을 맞추고 있다. 그래서 그런 욕망에 잠시 휩쓸린 사람들에게 일시적 쾌락을 제공하지만, 그건 그리 오래 가지 못한다.

공자는 다시 한 번 상대의 노래를 경청하다가 저음으로 따라 부르기 시작한다. 가락과 시간을 타고 삶이 흐른다. 우주는 그런 리듬으로 흘러간다. 저렇게 흘러 다시 오지 못하는도다! 우리 삶이 흐르는 물결 같아서 저 시냇물처럼 한 번 가면 돌아올 수 없도다! 슬근슬근 노래를 화답하던 공자는 시냇물에 발을 담그고 지는 노을을 마주하여 서글프게 탄식한다. 그 아름다운 노래 소리와 곧 노을과 하나가 되어 소멸할 것 같은 스승의 뒷모습에 취한 제자 안회는 여쭤볼 말을 까먹었고, 이어 말 자체를 잊었다.

존재의 사슬,
어버이와 자식

아들의 미래를 생각하다 보면, 특히 내가 사라지고 난 뒤에도 이어질 그의 미래를 생각하다 보면 가끔 목이 멘다. 어떤 모습으로 늙고 어떤 최후를 맞이할까, 또는 그의 마지막은 행복할 수 있을까, 내가 지켜 주지 못할 그 시간들을 잘 견딜 수 있을까를 헤아리며 아직 연약해만 보이는 아들의 등을 어루만진다. 항상 이 모습으로 돌볼 수 있기를 헛되이 꿈꾸면서.

아들을 데리고 돌아가신 선친을 찾을 때마다 조부의 묘소로 오르시던 아버지의 기억에 휩싸여 무서워지기도 한다. 나라는 존재는 그저 하나의 죽음과 또 다른 죽음 사이의 칸막이, 그저 덧없는 분할선으로 잠시 이 세상에 머물고 있다는 서늘한 깨달음에 휩싸인다. 선친을 여의고 나서 어버이의 죽음이 이토록 오랫동안 삶에 영향을 미칠 거라고는 생각하지 못했다. 그러나 지금 나는 무한한 존재의 사슬의 한 고리가 되어 내 뒤를 이을 다른 고리 하나에 애

240

틋하게 집착하고 있다.

자식이 진정으로 살아 있는 어버이를 이해하지 못하는 것은 스스로가 어버이로서 맞을 죽음을 미리 체험할 수 없다는 기막힌 시간 차 탓이다. 우리는 어버이의 죽음을 통해서만 자신 또한 어버이로서 맞게 될 죽음을 희미하게 예감하게 된다. 내가 죽음을 이해하려는 순간에만, 조금은 뒤처진 깨달음을 통해서만 어버이를 온전히 이해할 수 있게 된다. 바람이 불어 나뭇잎이 낙엽이 되고, 그 나뭇잎이 썩어갈 때가 되어서야 나뭇잎의 존재 의미가 뚜렷해진다. 그래서 어버이의 적막한 죽음을 체험하기 전에 느끼던 모든 생사에 대한 감정은 그저 예민한 지적 사치일 뿐이다.

> 공자께서 말씀하셨다. "어버이[아버지]가 살아 계실 때엔 그 분의 뜻을 살피고, 어버이[아버지]가 돌아가시면 그 분의 옛 행동을 살피어라. 어버이[아버지]께서 지키시던 도를 삼 년 동안 고침이 없어야만 효라 할 수 있으리라!"
>
> 《논어》 '학이'편

> 子曰, "父在, 觀其志, 父沒, 觀其行. 三年, 無改於父之道, 可謂孝矣."
>
> 《論語》 '學而'篇

공자는 아버지의 정을 담뿍 받으며 자라나지 못했다. 홀어머니에 의해 길러진 그는 어린 나이에 인생의 쓴맛을 뼈저리게 겪은 자수성가형의 인물이었다. 그래서인지 효에 대한 그의 집착은 남달랐던 것 같다. 하지만 아버지의 정을 구체적이고 직접적으로 체험한 적이 없었기에 공자의 효 개념은 다소 의례에 집중되어 있기도 하다. 제자들에게 천명한 효의 내용들은 때문에 매우 엄격하고 지성적인 논리에 기초를 두고 있다.

공자는 어버이가 살아 계실 때는 어버이의 뜻과 세계관을 잘 살펴 따르고, 돌아가신 후에는 그들이 어떻게 행동했는지를 기억하여 그 뜻을 미루어 짐작하라고 말한다. 이렇게 어버이가 돌아가신 후에도 마치 그들이 살아 있는 것처럼 여기며 적어도 3년은 변함이 없어야만 비로소 효라 할 수 있다고 했다. 우리가 삼년상을 지키는 논리가 바로 여기에 있는 셈인데, 실제로 공자는 다른 곳에서 일년상을 주장하던 제자 재여(宰予)를 비난하며 자식이 태어난 후 3년은 지나야 부모의 품을 떠날 수 있었듯, 돌아가신 어버이를 3년 동안은 살아 계신 것처럼 기억 속에 붙잡아 두어야 한다고 역설하기도 했다.

이처럼 동양의 효는 죽은 자에 대한 추념, 이미 소멸한 자들에 대한 기억을 수호하려는 완강한 의리에 기초를 두고 있다. 조선 왕조 500년 동안 얼마나 많은 자녀들이 부모의 묘소를 지키며 3년 동안의 엄혹한 시묘살이를 지켰던가! 비록 형식주의적인 폐단이 없지는 않았지만, 그 정성만큼은 정녕 대단했던 것이다. 그리고 실제로 무덤을 지킬 수 없는 상황에서는 마음으로라도 3년 동안 어버이를 추도하는 이른바 심상(心喪)으로 죽은 이들을 지상에 눌러 앉히려고 했다.

요즘은 모든 상례가 약식화되어 어떤 경우에는 만 이틀이면 어버이를 저승으로 떠나보내기도 한다. 두 번의 밤을 지내면서 어버이에 대한 추억은 향불처럼 스러지고, 다시 일상의 빡빡한 스케줄로 복귀하는 것이다. 이것은 어버이에 대한 기억을 잃어버리게 될까 노심초사하던 공자가 가장 두려워하던 상황이었다. 누군가의 자식이라는 재확인, 이제는 사라진 한 존재의 후손이라는 각별한 자각이 없어진다면, 그런 존재가 어떻게 누군가의 어버이가 되어 후손들을 위해 희생하고 양보할 수 있을 것인가!

공자가 사라진 조상을 조금이라도 오래 기억할 것을 바란 이유는 자신의 현존에 대해 투철하게 이해하기를 바란 때문이기도 하다. 삶의 유한함을 깨달아 이를 윤리적으로 초월하려는 인내심이 사라진다면, 그것은 문화의 종말을 의미할 것이다. 문화는 과거에 대한 기억, 죽은 자들에 대한 존경심, 화학적으로 사물화된 시신에 대한 매장으로부터 출발한 인간적 규범들의 총합이다. 공자는 죽음을 두려워하지도 경멸하지도 않았지만, 죽음과 망자들을 아주 소중한 삶의 거울로 승화시키고자 했다.

제대로 놀기,
제대로 살아 있기

　놀이는 소비이면서 동시에 생산이라는 점에서 단순한 휴식과 구별된다. 휴식은 모든 능동적인 생산 기능의 정지이며 인체의 모든 감각을 닫는 폐쇄 행위이다. 잠과 죽음이 대표적이다. 반면에 놀이는 노동에 의해 막혀 있던 몸과 마음의 또 다른 기능들을 활성화시키기 때문에 휴식에 저항하게 된다. 즉, 놀이하는 인간은 현실에 적응하고 환경을 극복하기 위해 잠시 미뤄 두었던 본원적 욕망을 되찾아 오려는 존재다. 그렇다면 그 또는 그녀는 문화에 의해 억압되기 이전의 삶에 미적으로 다가가려는 존재일 것이고, 궁극적으로는 예술적 존재이기도 할 것이다. 말하자면 그들은 알타미라 동굴에 절실한 실용적 목적 없이 최초로 벽화를 그렸던 존재들이다.

　이렇게 놀이는 그것 없이는 불가능했을 삶에 대한 쇄신을 가능하도록 해준다. 그리고 이처럼 창조적으로 쇄신된 인간이어야만 자신이 수행해야 할 노동에 제대로 의미를 부여할 수 있을 것이고, 삶을 나태하게 회의하지 않을 수 있을 것이다. 말하자면 사람들은 놀이를 통해 자기가 놓여 있는 시공간에 대해 새롭게 깨닫고 생기를 되찾는다. 꽃을 가꾸고 잔디를 깎으며 정원의 가치를 새삼 확인하고, 도시를 떠나 자연으로 소풍을 떠남으로써 자신이 자연의 자식임을 거듭 자각한다. 놀이는 인류를 자신들이 속한 문화에 더욱 본질적으로 맺어 준다.

어느 화사한 여름날, 공자의 제자들이 배불리 먹고 빈둥대고 있었다. 공자는 말없이 제자들의 하루를 관찰했을 것이다. 제자들은 이것저것 일도 하고 밥도 짓고 나무도 베고 책도 뒤적거리기는 하였으리라. 하지만 그들 누구도 마음을 다해 어느 하나에 매달릴 줄은 몰랐으리라. 그저 정해진 일과표에 따라 그렇고 그런 하루를 보내고 있었을 것이다. 날이 저물 무렵 부아가 난 공자는 제자들을 모아 놓고 이렇게 훈계했다.

> 공자께서 말씀하셨다. "온종일 배불리 먹기만 하고 마음 쓸 일이 없으면 참으로 딱한 노릇이다! 주사위 놀이나 바둑이 있지 않느냐? 그것이라도 하는 것이 아무것도 하지 않는 것보다는 현명하겠구나!"
>
> 《논어》 '양화'편

> 子曰, "飽食終日, 無所用心, 難矣哉! 不有博奕者乎? 爲之猶賢乎已."
>
> 《論語》 '陽貨'篇

위의 구절은 아무 일도 하지 않으니 주사위나 바둑 놀이라도 하는 게 낫다는 뜻으로 흔히 해석되곤 했다. 하지만 공자는 분명히 '마음 쓸 일(用心)이 없으면'이라고 말했다. 마음을 기울이는 것, 무엇인가에 집중하는 것, 다시 말해 반사적으로 생각하지 않고 창조적으로 해석하는 행위, 그것이 바로 용심이요 마음 씀이다. 그렇다면 공자가 거론한 주사위 놀이와 바둑은 어떤 놀이일까? 적어도 현대인들이 소일거리로 즐기는 슬롯머신 같은 것은 아니었을 것이다!

주사위 놀이든 바둑이든 공자가 말하고자 했던 놀이의 의미는 마음을 다른 곳에 던져 두고 사소한 규칙에 매달리는 그런 것이 아니다. 그런 것이라면 화투는 왜 안 되겠는가? 공자는 학문처럼 치열한 정신활동은 아닐지라도 세상사의 질서를 일련의 규칙으로 상징하고 있는 주사위 놀이나 바둑놀이를 통해 느즈러지는 마음을 다잡으라고 명하고 있는 것이다. 이런저런 조합을 통해 천태만상으로 분열되는 우주를 수리화한 주사위 놀이, 춘추시대의 정치상황을 복제해 놓은 듯한 바둑의 무궁한 행마술. 이런 놀이들은 일과표에 정해진 대로 조깅을 하고, 오전 회의에 참석하고, 구매자와 점심을 먹고, 동료들과 오후 잡담을 늘어놓는 나름 진지해 보이지만 실상은 진부한 일상보다는 훌륭한 행위다. 적어도 놀이하는 동안 우리는 마음에 불을 켜고 제대로 '살아 있다.'

놀이는 방심과는 질적으로 다르다. 놀이도 고도의 집중을 요구하는 창조 행위다. 따라서 정신의 집중은 사라지고 정해진 규칙만을 일정하게 반복하는 사행성 놀이를 별도로 도박이라 한다. 놀이의 근본 의미를 잊어버린 모든 행위는 곧바로 도박으로 전락한다. 놀이는 어떤 의미에서는 예(禮)이며, 일상에서 잃어버렸던 참된 자아를 되찾는 즐거운 수양이다.

공자는 가난했던 사람이다. 살기 위해서 안 해본 일 없이 노력하여 자수성가했던 사람이다. 마음은 어딘가에 팔아 두고 남들이 만든 놀이에 몰두하는 시간을 잠시라도 보낸 적이 없었다. 그는 놀이를 하면서도 세상을 통관하고 주체의 내적 긴장을 유지하려 했던 사람이다. 따라서 공자는 제자들에게 놀이를 통해서라도 자신 안에 늘어져 방심하고 있는 마음의 힘줄을 사용하라고 명하고 있다!

해마다 일정한 때가 되면 오직 놀기 위해서, 방심하기 위해서, 일과로부터 무조건 자유로워져야겠다는 안이한 생각으로 어디론가 미친 듯이 떠나는 바캉스족이야말로 공자가 미워했던 부류가 아닐까? 그들은 마치 긴장 없는 일인 양 휴가를 치르고, 업무를 처리하듯 무심하게 바닷가에 다녀오는 사명을 완수한다. 그리고 자신의 나머지 삶조차도 바캉스처럼 살게 될지도 모른다. 마음이 사라진 채 남들이 차려 놓은 일정표 속으로 뛰어드는 그들은 결코 제대로 살아 있는 것이 아니다.

실수할 수 있는 존재,
바로 사람

　세상에 실수를 저지르지 않는 사람은 없다. 실수의 성격에 차이
는 있을망정 누구나 실수한다. 아니, 모든 사람이 평생 저지르는
실수의 총량은 거의 동일하다. 다만 어떤 사람은 자신의 실수를
깨닫거나 인정할 줄 모르고, 또 어떤 사람은 스스로의 실수에 예
민할 따름이다. 누구나 한때 실수를 범하였으며, 앞으로도 범하게
될 것이다.

　그런데 여기 최악의 경우가 있다. 자신의 실수는 눈감아 버리거
나 인정할 줄 모르면서 오직 남의 실수에만 민감한 경우다. 이런
사람들에게 세상은 온통 부조리로 만연한 아수라장으로 느껴지게
마련이다. 그리고 그 가운데 자신만 고결하게 서 있다. 이런 부류
의 사람들일수록 도덕적으로 엄격한 잣대를 지녔으며 타인의 실
수에 대해서는 지나치게 냉혹하다. 자신이 깨끗하다고 생각하면
할수록 타인의 작은 실수조차 커다란 패륜으로 보여 용서가 되지

않기 때문이다.

하지만 그러한 몰인정한 완벽주의자의 내면을 잘 들여다보면 하나의 큰 역설과 만나게 된다. 바로 그들이 그토록 혐오하는 타인의 실수나 약점이 사실은 그들 자신이 안고 있는 인격적 결함이라는 점이다. 예컨대 여성의 짧은 치마에 대해 병적으로 비난하는 사람은 실제로는 바로 그것에 병적으로 집착하고 있는 사람일 가능성이 높다. 자신이 차지하고 싶은 대상을 현실적으로 차지할 수 없거나 금지되어 있기에 그들은 그것들에 드높은 도덕적 명분을 쏟아부으면서까지 열성적으로 비난하는 것이다. 그러면서도 스스로의 본질을 이해하지 못하고 있다.

실수란 때로 치명적이라서 여러 사람들에게 피해를 주기도 하지만, 대부분의 실수는 삶의 불완전성, 또는 인간의 본원적 결핍을 유쾌하게 까발려 카니발적 쾌감을 안겨 주기도 한다. 때문에 누군가의 바보스러운 실수는 다른 많은 사람들의 너그러운 웃음을 유발함으로써, 삶이란 그렇게 완전무결할 수 없다는 사회적 동의를 끌어내는 계기가 되기도 한다. 자신도 그러한 실수의 주인공일 수 있었음을 인정하는 아량, 타인의 실수를 적절히 덮어 줄 줄 아는 배려는 그래서 한 차원 높은 인간 이해를 증명한다.

> 공자께서 말씀하셨다. "군자가 행동이 신중치 않으면 위엄이 없으나 배우게 되면 어느 하나에 고착되지는 않으리라! 성실함과 믿음직함을 위주로 하여 자기와 같지 않은 사람을 벗하지는 않되, 스스로의 허물을 고치는 데는 꺼려하지

말지니라!"

《논어》 '학이'편

子曰, "君子不重則不威, 學則不固也. 主忠信, 無友不如
己者, 過則勿憚改."

《論語》 '學而'篇

공자는 신중하고 엄중한 태도를 유지하여 스스로의 권위를 세울 것을 주문하고 있다. 흔히 권위는 침묵과 고립의 커튼 뒤에서 강화된다. 잘 나타나지 않고 말을 절제할수록 자신을 덜 드러내게 되고, 드러나지 않은 만큼 남들에게 포착되지 않는 신비의 카리스마도 커지게 마련이다. 그러나 그런 권위는 두려움을 불러오긴 하지만 '사람의 얼굴'을 가지고 있지는 못하다. 때문에 공자는 배움을 통하여 자신의 불완전성을 항상 깨닫고, 이를 통해 하나의 관점에 치우쳐 집착하는 병통을 없애라고 덧붙였다.

배움이란 무엇인가? 내가 아직 완성된 존재가 아님을 인정하는 겸손한 물러섬이 아닌가! 결국 누군가에게 더 배울 것이 남아 있는 한, 그 또는 그녀는 자신이 고수하고 싶은 하나의 관념에 맹목적으로 매달릴 수는 없을 것이다. 내가 취하는 어떤 태도가 더 배우고 나면 오류였음이 드러날 수도 있고, 다른 환경에서는 역겨운 것일 수도 있기 때문이다. 따라서 이 부분에서 공자는 주체의 권위를 구성하려는 행위조차도 영원한 배움 앞에선 한 수 물려야 함을 숙지시키고 있다.

다음으로 공자는 성실하고 신실하게 살면서, 그렇게 살지 않는 사람을 벗으로 삼지 말라고 요청한다. 성실하지도 신실하지도 못한 사람은 친구로서 가치가 없다. 이러한 고독한 단절, 고고한 독선이야말로 선비가 세상을 잘 사는 오랜 비결이었다. 하지만 여기서도 공자는 단서를 덧붙였다.

"그런 내게도 허물이 있을 수 있음을 항상 염두에 두고, 허물이 있다면 미련 없이 고쳐라."

이 말은 배움을 강조한 앞의 구절과 비록 내용은 다르지만 근본적으로는 같은 이야기를 강조하고 있는 셈이다. 정중하고 성실하며 미덥게 살되, 그것이 내가 늘 타인보다 옳다는 걸 증명해 주지는 않음을 거듭 천명하고 있다.

진짜 심각한 실수는, 자기만은 결코 실수하지 않는다는 비뚤어진 자만이다. 실수를 남의 얘기로만 여기는 유아(唯我)적인 믿음은 결국 배움을 불필요한 낭비로 여기게 하고, 나아가 자신이 알고 있는 것에만 가치를 부여하게 만든다. 세상 모두가 자기만 못하게 보여 불손해지며, 스스로의 완전무결함에 도취됨으로써 자신의 단점을 볼 줄 모르는 고집불통으로 변해 버린다.

모든 실수가 용서받을 수는 없다. 허나 세상의 흔한 실수들이란 용서받을 수 있는 것들이 훨씬 많다. 그러니 자신이 실수할 가능성에 너무 겁내지는 말 것이며, 남의 실수에 애써 비수를 휘두르지도 말 일이다. 생각해 보라! 실수를 용납하지 못하는 아내나 남편, 형제와 친구, 상사와 부하, 그들의 미래에 어떤 일이 기다리고 있을지를.

준비되었기에
아름다운 퇴장

사람은 아마도 죽음에 이르러서야 삶을 제대로 알 수 있을 것 같다. 그런데 잘 죽을 수 있을 것인가? 제2차 세계대전을 다룬 다큐멘터리를 보다가 죽음이 별것 아니라는 생각이 들었다. 통화음이 갑자기 '뚜~' 하고 끊기듯이 죽음이 그렇게 흔하게 찾아왔다. 우리에게도 그런 준비 안 된 죽음이 다가오지 말라는 법은 없다. 어두운 밤에 지방 출장을 마치고 고속도로를 질주하다 보면, 죽음으로 한 발짝 넘어가는 게 아주 쉽다는 생각이 든다. 졸다가 방심한 채 죽을 수는 없기에 핸들을 움켜쥐고 사랑하는 사람들을 한 명씩 떠올린다. 한 명 한 명에게 마음속으로 작별인사를 한다.

매일 죽음을 유예하면서 사는 것은 서글프지만, 한편으로는 즐거운 일이다. 출근하기 전에 집 안을 둘러보며 이게 마지막이라고 생각해 본다. 이 냄새를 더 이상 맡을 수 없을 거라고 생각하며 깊이 숨을 들이마신다. 그렇게 하고 나면 오늘 하루의 시간들을 정중하게 받아들일 수 있게 된다. 죽을 수 있다는 것은 분명 축복이다. 그럴 수 없다면 우리는 얼마나 더 많은 방종을 되풀이하게 될 것인가? 얼마나 쉽게 삶을 경멸하여 죽었다가 다시 살아날 것인가? 삶에 대해 경외하지 않는 하루의 반복이란 얼마나 견디기 힘든 자기모욕인가?

그렇다면 매일 저녁 하루 동안 건져 올린 성과들을 삶의 재산목록에 꼬박꼬박 기입하며 사는 사람이 성실하게 죽음을 준비하는 것일까? 그렇지 않다. 그건 자신의 삶을 온당하게 대접하는 길이 아닐 것 같다. 하루의 삶을 고이 모셔 대차대조표의 대변 쪽에 안치한다고 해서 삶이 영원 속에 기념되는 것은 아니다. 어쩌면 그것은 붙잡을 수 없는 시간과 무익하게 싸우며 스스로를 과거 안에 가두는 어리석은 짓일지도 모른다. 그런 사람들에게 죽어야 할 미래란 없으며, 오직 이미 가치가 없어진 '오늘이었던 시간들'만 과거로 방부 처리되고 있을 뿐이다.

오늘 하루를 사랑한다는 것은 그 하루가 있기까지 희생된 과거와 그 하루를 힘겹게 받아들일 미래 모두를 사랑한다는 것이다. 죽을 수도 있었던 어제와 죽을지도 모를 내일을 오늘 속에 모아들여 그 모두를 운명으로 받아들이는 것이다. 따라서 죽음을 이해하여 짐짓 미루는 행위는 세상 그 어떤 것도 내 마음대로 고정시켜 놓을 수 없음에 대한 겸손한 승복이기도 하다. 그 안에 비로소 도가 깃들리라! 죽음 뒤에 보장될 어떤 피안도 없이, 소중하게 수집되어 잊히지 않을 과거도 없이, 우리는 현재를 영원처럼 산다. 과거도 미래도 우리 것이 아니므로, 우리는 잠깐 부여된 현재를 통해 삶의 영원성을 엿본다. 내 몸속에 수억 년의 진화의 기억과 그 기억이 전달될 미래의 가능성이 한껏 꽃피고 있다. 그러다가 그 꽃이 지면 후회 없이 시들 뿐이다.

> 공자께서 심하게 아프시거늘 (돌아가실 것을 예감한) 자로가 문인들을 가신으로 삼았다. 병이 조금 차도가 있으시자 말씀하셨다. "오래되었구나! 저 자로가 사람들 속인 것이. 신하 없는 나를 신하 있는 것처럼 꾸몄으니 내 누구를 속이겠느냐? 하늘을 속이겠느냐? 게다가 나는 신하들의 손에서 죽느니 차라리 자네들 손에서 죽는 것이 편하다. 그리고 설혹 내가 성대한 장례를 치르지 못한다 해도 내 어찌 길 위에서 죽는 것이겠느냐?"
>
> 《논어》 '자한'편

> 子疾病, 子路使門人爲臣. 病間曰, "久矣哉! 由之行詐也! 無臣而爲有臣, 吾誰欺? 欺天乎? 且予與其死於臣之手也, 無寧死於二三子之手乎! 且予縱不得大葬, 予死於道路乎?"
>
> 《論語》 '子罕'篇

공자의 마지막을 지킨 제자가 자로였다는 게 놀랍다. 사마천의 기록에 따르자면 자로는 노나라 밖에서 일어난 쿠데타에서 공자보다 먼저 죽었다. 선비의 위엄을 지키고 죽겠다고 하여 반란군들에게 살해되기 직전 의관을 고쳤다고 하는 고사는 아주 유명하다. 안회의 죽음에 임해 하늘이 자신을 버렸다며 통곡했던 공자는 이번에는 아무 말이 없었다고 한다. 평소 자로를 두고 제 명에 죽지 못할 것이라고 예언하던 공자였다. 제자의 죽음이 슬프지 않았다기보다는 예견된 죽음을 안쓰러워하며 슬픔을 안으로 삼켰을 것이다.

어쨌든 자로는 공자가 죽기 전에 이미 세상을 떠나고 없었다. 그렇다면 위에 인용된 장면에서 공자는 죽지 않고 되살아났던 것일까? 그렇지는 않을 것 같다. 공자 스스로 자신의 죽음을 천명하고 있지 않은가! 자고로 현성들은 자신의 죽음과 죽을 자리를 잘 알고 있다. 게다가 본문에 병이 나았다고 되어 있지도 않다. 그저 잠시 차도가 있었다고만 되어 있다. 병과 병의 사이('間'), 즉 일시적으로 회복되었다가 다시 악화되기 직전까지의 순간들을 묘사한 장면이 틀림없다. 결국 스승의 마지막을 지킨 제자가 자로일 리 없다. 자장(子張), 자하(子夏), 자유(子游), 자공(子貢) 등 공자의 학문과 사상을 실질적으로 계승한 유력한 제자들이 지켰을 것이다.

그런데 왜 하필 이미 죽은 자로가 다시 등장하는 것일까? 항상 미욱하고 과격하여 걸핏하면 스승의 핀잔을 받았고, 심지어 스승의 말뜻을 제대로 이해하지도 못했던 자로, 그가 스승의 죽음에 임하여 집상(執喪)한 것으로 설정된 것은 후대의 《논어》 편찬자들의 의도가 개입된 건 아닐까? 대스승의 어록을 짜깁기하던 한대 이후의 유자들이 자신들의 학문적 조상인 자장이나 자하 등을 이 부끄러운 임종 장면에서 슬쩍 빼내려고 했던 건 아닐까? 자로에게는 학단이라고 할 만한 학문적 제자들이 없었지 않은가! 이리하여 유가의 학통을 후세에 물려준 대표적인 제자들은 이 우스꽝스러운 상례 준비 장면에서 빠졌고, 공자를 모욕한 한바탕 소동의 주인공 역할이 어리석은 자로에게 돌아갔던 것이다.

제대로 사건을 복원해 보자면 이러하다. 공자의 임종이 다가오자 이 위대한 인물의 죽음을 성대하고도 극적으로 만들고자 했던 야심에 찬 제자들이 속속 모여들었다. 이들은 모두 영민하고 성실한 데다 스승을 몹시 사랑했을 것이다. 하지만 공자의 삶을 안회나 증자(曾子)처럼 투철하게 이해하지는 못했으리라. 게다가 공자 말년의 젊은 제자들은 절정기 공자의 박력 있는 지도를 받지도 못했을 것이다. 그들은 차라리 사숙했다고 해야 옳을 것이다. 한 차례 우상숭배의 열풍이 몰아쳤고, 어수선한 분위기에 휩쓸린 학단은 엉겹결에 스승을 대부의 예에 따라 장사 지내기로 합의했다. 공자는 실제로 노나라의 대부 벼슬을 한 적이 있었다.

그러나 현직이 아닌 공자를 대부의 예법으로 장례를 치를 수는 없는 법이었다. 그것은 예약(禮樂)의 화신이었던 스승을 모욕하는 어리석은 결정이었다. 때문에 기적적으로 잠시 정신을 회복한 스승은 몹시 노하게 된다. 대부의 가신 복장으로 공자 주변에 모여든 제자들은 이제 스승을 한없이 치켜세울 만반의 준비를 하고 있었을 것이다. 공자는 힘없는 목소리로 자신의 소원을 간청하기도 하고 꾸짖기도 했으리라. 너희 손에, 제자들 손에 선생 공구로 죽고 싶다. 나는 대부도 아니며, 또 대부로 기억되고 싶지도 않다. 그건 하늘을 속이는 짓이다. 나는 길거리에서 횡사하는 것이 아니다. 이 죽음이 나는 행복하다. 나를 그저 좋은 선생으로 기억해 주지 않겠느냐?

하지만 공자가 죽은 뒤 그의 소원은 받아들여지지 않았다. 장례 절차는 사제 간의 예우만 극진히 한 소박한 것이었지만, 먼 훗날 공자는 끝내 왕으로 추숭되었다. 후대 유가학파는 공자를 소왕(素王), 즉 현세에서는 흰 평복을 입다 죽었지만 명분에 있어서는 왕에 진배없는 존재로 높여 세웠다. 왕으로서 시호까지 받아 문선왕(文宣王)으로 불리기도 했다. 왕이 된 공자는 저승에서 만족했을까? 차라리 교사로서의 삶에 투철했던 스승, 배우기를 좋아하여 책 읽고 사색하기를 멈추지 않았던 비판적 지식인으로 남길 바랐지 않았을까? 잠시 깨어났던 공자의 유언은 그가 자신의 죽음도 충분히 준비하고 있었음을, 선생으로서의 하루하루에 자족했음을, 그리고 자기 재능에 걸맞은 지위나 명예 없이 영원히 떠나는 것을 결코 두려워하지 않았음을 증명해 주고 있다.

현실에 남아
인류를 사랑한 스승

위대한 지성이 공직에 나아가 성공하고도 여전히 인류의 교사로
남을 수 있을까? 가능하긴 하지만 아무래도 그런 사례는 드물었던
것 같다. 격렬한 현실 참여는 지성인을 어떤 식으로든 타락시키거
나 상처를 입혀 왔다. 얼마나 많은 학자들이 정치판에 뛰어들어 못
난이로 모욕당하거나 거칠고 상스럽게 이용당하다 퇴출되었던가!

지적 능력이나 고매한 인품은 행정능력을 보장해 줄 수 없고,
정직하고 올곧은 처신이 정치생명을 연장해 주지도 못한다. 인류
사 내내 정신적 지도자와 현실의 통치자가 일치되기를 염원해 왔
건만, 그런 이상적인 사례는 극히 예외적이었으며, 우리가 기대했
던 만큼 오래 갈 수도 없었다. 오히려 현실에서는 패배했던 스승
들이 인류의 정신적 성숙에 더 헌신할 수 있는 기회를 가졌던 것
같다.

예수가 전설처럼 전해져 오듯 반로마 저항군인 젤로트당의 당

수로서 정치적 삶에만 전념했다면 과연 지금의 크리스트교가 가능했겠는가? 싯다르타가 갠지스강 인근의 부족국가였던 샤키아국의 왕이기만 했다면 현재의 불교가 성립할 수 있었을까? 선종의 계보에서 육조(六祖)가 될 혜능(惠能)이 오조(五祖)의 의발(衣鉢)을 손쉽게 물려받아 신수(神秀)가 앉아야 할 자리를 선뜻 꿰찼다면 정녕 선불교가 지금처럼 확산될 수 있었겠는가? 모든 고귀한 영적 가치는 정치화되는 순간 몰락하는 것은 아닐까? 때문에 대부분의 영혼의 스승들은 보이지 않는 곳으로 은둔하곤 했다. 마치 춘추시대의 현명한 은자들이 국경이나 지키는 봉인(封人)으로 생을 마감하곤 했듯이.

그런 점에서 공자의 삶은 놀랍기만 하다. 그는 현실 정치에서 성공하기 위해, 자신의 정치적 재능과 열정을 세상에 팔기 위해 분투했던 인물이다. 하지만 현실 너머의 이상에 목말라했던 그는 세속적으로는 번번이 실패했음에도 끝내 타락하지 않았다. 봉인으로 은둔하지 않고 오욕의 현실 속에서 뒹굴면서도 인류의 스승으로서 자기 존엄을 지켜 낼 수 있었다. 공자는 현실에 철저히 머물면서도 현실의 초라한 희생양으로 멈추지 않았다. 그는 타오르는 집념으로 문화의 전달자가 되었으며, 무수한 제자들에게 지적 영감을 불어넣었다. 어쩌면 그가 자기 시대의 무도함에 덜 다칠 수 있었기에 오늘날의 모습으로 우리에게 기억되고 있는 것도 같다.

> 재상이 자공에게 물어 보았다. "공 선생님은 성인이십니다. 어찌 그리도 재능이 많으신지요?" 자공이 대답했다.

"진실로 하늘이 장차 성인으로 삼으려 하셔서 또한 그렇게 재주가 많으신 겁니다." 공자께서 그 얘기를 듣고 말씀하셨다. "그 재상이 나에 대해 안다더냐? 나는 어려서 천하게 컸기에 여러 비천한 일에 능할 따름이다. 군자가 그런 일들에 다능해야 할까? 다능할 필요가 없다." 자장이 말했다. "선생님께서 말씀하시기를, '내가 세상에 쓰이지 못한 까닭에 재주가 많아졌다'고 하셨다."

《논어》 '자한'편

大宰問於子貢曰, "夫子, 聖者與! 何其多能也?" 子貢曰, "固天縱之將聖, 又多能也." 子聞之曰, "大宰知我乎? 吾少也賤, 故多能鄙事. 君子多乎哉? 不多也!" 牢曰, "子云, '吾不試, 故藝'"

《論語》 '子罕'篇

당시 자공은 노나라에 닥친 전쟁 위기를 끝내기 위해 주변국으로 파견된 상태였다. 여러 나라를 떠돌며 다양한 정치적 설득에 성공하고 있던 자공은 오나라로 들어갔다. 오나라의 실권자는 초나라에서 망명해 온 태재 비(嚭)였다. 인용된 부분은 오나라 태재 백비와 자공 사이에 실제 이루어졌던 대화로 보인다. 자공은 이 복잡한 외교적 업무를 놀라운 수완과 재치로 성공시키게 되는데, 그 결과 오나라를 비롯한 여러 나라의 운명이 뒤바뀌는 결과를 빚는다. 말하자면 당시 자공은 정치적 성공의 절정기에 올라 있었다.

공자는 아마도 자공이 귀국한 뒤에 이 대화 내용에 대해 전해 들었을 것이다. 공자의 마음은 착잡했을 것이다. 자공을 지명하여 파견한 장본인이 바로 공자 자신이었다. 제자들의 장단점을 손바닥 훑듯 훤히 파악하고 있던 공자에게는 권모술수에 능통하고 임기응변이 탁월했던 자공이야말로 그런 업무에 적격이었다. 불행하게도 그런 현실적 재능은 사랑하는 제자 안회나 자신과 같은 인물에게는 없는 것이었다.

공자는 문학과 덕행 그리고 언어에 높은 가치를 두었다. 실천도 물론 중시했지만, 그가 총애했던 제자들인 안회나 염옹(冉雍)의 특성을 고려해 볼 때 내적 덕성을 완성하지 않은 실천을 무척 경계했음을 알 수 있다. 안회와 염옹은 말재주가 없어서 필요한 말만을 분명히 하는 과묵한 자들이었다. 이렇게 공자는 세상에서 인정받지는 못해도 안으로 인격을 수양하는 내성적인 제자들을 좋아했다. 때문에 지나치게 덤비는 자로를 평생 나무랐으며, 말 잘하는 제자들을 끝없이 경계했다. 공자가 강조한 언어 능력이란 말재주나 임기응변이 아니라, 사실을 정확하게 드러내는 도덕적 정직성에 가까운 것이었다. 그런 관점에서 안회와 자공은 서로 극단적인 대비를 이룬다.

끝없이 현실 참여를 갈구했으면서도 현실과 타협까지는 할 수 없었던 공자, 그의 눈에 자공은 자랑스러운 제자이면서도 안회의 덕성을 결코 따라잡을 수 없는 미숙한 존재로 비쳐졌다. 때문에 공자의 언행들은 자공과의 보이지 않는 내적 갈등으로 점철되어 있었다. 그런 자공으로부터 백비의 말을 전해 들었을 때 공자는 아주 곤혹스러웠을 것이다. 자공의 다재다능한 정치적 수완에 매료된 백비는 상대의 달변과 박학함에 혀를 내둘렀을 것이다. 그 모든 것들 역시 스승 공자로부터 물려받은 것임에는 틀림없다. 공자는 그런 실무적인 재능도 갖추고 있었다. 그러나 그건 공자가 지닌 덕 가운데 일부에 지나지 않았다.

백비는 자공을 통해 공자가 실무에 뛰어나고 잡무에 능통하리라고 확신했던 것 같다. 제자를 보면 스승까지 보이는 법이다! 하지만 공자는 자공을 자신의 계승자로 인정해 본 적이 없었다. 오히려 자신이 '자공의 스승'으로서 세상에 알려지는 것을 부담스러워했다. 그래서인지 누군가로부터 제자 가운데 누가 가장 훌륭하고 배우기를 좋아하느냐는 질문을 받자, 공자는 서슴없이 사망한 안회의 이름을 들었다. 공자는 자신에게 인정받고 싶어 하는 자공을 늘 밀쳐 내곤 했다. 비록 발군이었지만 자공은 공자의 수제자일 수 없었다. 자공은 그저 현실에 뛰어들어 비범한 재능을 발휘한 운 좋은 제자였을 뿐이다.

공자는 한편 이 놀라운 제자를 아꼈지만, 전폭적으로 지지해 줄 수는 없었다. 그리하여 마치 제자의 성공을 시샘이라도 하듯 공자는 이런저런 심술을 부리곤 했다. 그것은 질투라기보다는 안회 같은 인물이 차지했어야 마땅한 자리를 대신 꿰찬 자공에 대한 착잡함이었으리라. 인의의 정치를 펼칠 자리는 안회 같은 인물이 있어야 할 자리였다! 그래야만 세상에 도가 있다 할 것이었다. 안회는 그럴 수 없었으므로 쓰이지 못한 채 안빈낙도하는 삶을 받아들였고, 스승은 자공이 아니라 차라리 그런 안회와 함께하기로 결심했던 것이다.

공자는 이어서 아주 솔직하게 비천했던 자신의 삶을 고백한다. 너무나 가난해서 세상의 온갖 잡사를 다 수행해야만 홀어미를 모시고 먹고살 수 있었다. 그래서 이것저것 안 해본 일이 없고, 그러다 보니 이 일 저 일 못하는 게 없게 되었다. 태재 백비가 어찌 날 알겠느냐? 그는 나를 모른다. 그에게 그런 대답을 한 너도 나를 모르고 있다. 나는 그런 다재다능한 능력으로 세상에서 인정받고 싶은 것이 아니다! 군자는 그런 잔재주까지 다 익힐 필요가 없다. 나는 가난 때문에 어쩔 수 없이 그렇게 되었을 뿐이다.

그래서 공자는 자공이 태재 비에게 한 스승에 대한 과찬을 받아들이지 않았다. 하늘이 성인을 낸다면 그건 자공이 아니라 안회의 스승일 것이다. 공자는 속삭인다. 훌륭한 일을 해냈구나, 자공아. 하지만 그만 되었다. 이제 물러가 쉬거라. 그리고 자공이 물러난 뒤, 공자는 옆에 있던 자장이 듣도록 한마디 더했는데, 아주 슬프다. 공자의 이 말은 더없이 호소력이 있어서 차마 듣기 힘들다. 때문에 옆에 있던 제자 자장의 입을 통해 전해지고 있다.

"나는 세상에 크게 쓰이지 못하여 작은 일들만을 맡아 잘하게 되었다. 그건 그저 예(藝)였다."

예인으로 인정받을 수밖에 없었던 성인 공자. 그러나 그러했기에 안회의 스승으로 남아 인류의 스승이 된 불멸의 존재. 그 불멸을 향해 걸으며 그가 버렸던 것들을 생각할수록 옷깃이 여며진다. 위나라의 권세가인 왕손가(王孫賈)가 벼슬자리를 넌지시 암시하며 떠봤을 때, 공자는 이렇게 말했다. '하늘에게 죄를 지으면 기도 할 곳도 없소.' 이렇게 그는 자공이라면 별 문제없이 타협했었을 수많은 출세 기회들을 포기했다. 그러면서도 수많은 은둔자들로부터 어리석다는 비난을 받는 것을 무릅쓰고 현실에 남아 인간을 사랑했던 사나이 공자.《논어》'헌문(憲問)'편에는 공자와 자공 간의 다음과 같은 대화가 보인다.

> 공자 : 세상이 나를 알아주지 않는구나(莫我知也夫)!
> 자공 : 어찌 스승님을 알아주지 않는다 하십니까(何爲其莫知子也)?
> 공자 : 하늘을 원망하지도 않으며 사람들을 탓하지도 않으련다. 낮은 것들로부터 배워 올라가 높은 것들에까지 이르렀으니 하늘은 정녕 나를 알아주었다(不怨天, 不尤人. 下學而上達, 知我者其天乎)!

말은 조금씩 넘치고
행동은 조금씩 모자라는 이유

내가 말하고 있는 것이 아니라 말이 말을 하고 있다는 느낌이 들 때가 있다. 자동반사적으로 말이 나오고, 생각은 말에 이끌려 저절로 자기 길을 따라 흘러간다. 그러다가 평소 깨닫지 못했던 좋은 생각이 불현듯 솟아올라 감탄할 때도 있다. 말이란 참으로 신기하고도 미묘한 것이라서 이렇게 막혀 있던 생각의 벽을 저절로 뚫어 주기도 한다. 놀라운 일이다.

말다툼을 벌일 때도 말은 나 자신의 의지를 종종 배신한다. 실은 벌써 마음이 풀렸다고, 이제 그만 화해하고 싶다고 마음은 간절히 원하는데도, 일단 한 번 뱉은 말은 애초에 자기가 가기로 되어 있던 길을 따라 멈추지 않고 나아간다. 의도하지도 않았던 독한 말이 이어지는가 하면, 평소에는 염두에 두지도 않던 심한 표현을 퍼붓게도 되는 것이다. 후회할 걸 뻔히 알고 있지만, 나 자신보다 힘이 센 말은 넘지 말아야 할 선을 넘어가 버린다.

그래서 말은 위험하다. 사소한 신경질로 시작된 실랑이를 극단적인 이별에까지 이르도록 부추기는 것도 사실은 말이다. 이를테면 떠보고 싶은 기분에 '내일부터 만나지 말까?' 하고 실없이 던진 농담 한마디조차 이상한 무게감으로 연인들의 마음을 짓누른다. 두 사람은 전화기를 들고 망설이다가 마침내 상대방의 감정을 의심하기 시작한다. 한 사람은 자기 말에 책임지기 위해서, 다른 사람은 그런 말을 한 상대에 대한 미움과 그게 진심일지도 모른다는 두려움으로 전화기를 바라보기만 한다. 시간이 갈수록 이 무익한 신경전은 오기로 발전하게 되고, 마침내 둘은 헤어질 수도 있다.

이처럼 모든 말이란 의심해 볼 일이다. 생각은 말을 통해 전달되지만, 말이 생각을 만들어 내기도 하기 때문이다! 만약 그렇게 하지 않는다면, 우리는 덧없는 말의 파편에 상처받을 각오를 단단히 해야만 할 것이다.

공자께서 말씀하셨다. "(쉽게) 감당하기 어려운 말을 하면서도 부끄러워하지 않는다면 (나중에) 그것을 실천하려 할 때 힘들게 되리로다."

《논어》 '헌문'편

子曰, "其言之不怍, 則爲之也難."

《論語》 '憲問'篇

공자는 모든 말은 부끄러움을 띤다고 말한다. 말이란 늘 나의 능력을 벗어나서 과장되려는 경향이 있고, 비록 그렇지 않다고 해도 다시 주워 담을 수 없는 말의 속성상 피할 수 없는 책임이 뒤따르기 때문이다. 그래서 어떤 좋은 말도 많이 하고 나면 허전해진다. 쏟아 낸 말에 비례하여 속이 텅 빈 듯한 허탈함이 밀려든다. 마치 내 것이 아닌 것들을 팔겠다고 내놓은 사람이나, 감당할 수 없는 물건을 주겠다고 큰소리친 가난뱅이처럼 초조해진다. 과연 나는 내가 한 말들의 주인공이었을까?

성대한 말들의 잔치자리가 끝나고 나면 초라한 현실이 나를 찾아오고, 화려한 언어로 빛나던 순간들은 신기루처럼 흩어져 버린다. 그럴 때마다 우리는 거짓말쟁이들이었을지도 모른다. 친구들과 만난 자리에서 그 자리에 없는 사람들에 대해 함께 흉보고 나면, 무언가 같은 일을 해냈다는 동지의식이 생기기도 한다. 하지만 나는 정말로 그 사람들을 미워했던 걸까? 아니, 그 사람들을 제대로 알기나 했던 걸까? 어쩌면 우리는 너무나 외로워서 필요도 없는 말에 쓸모없는 미움을 실어 권태로운 일상을 견디려 했던 것은 아닐까?

공자가 계시처럼 보여 준 통찰은 말이 가진 위험성을 낱낱이 드러내고 있다. 말은 조금만 절제되지 않아도 허영심에 물들기 때문에, 말하는 동물인 인간은 매사에 말을 가려야 한다. 그래서 우리는 말을 하는 매순간마다 그 말이 초래할 부끄러움을 떠올려야 하는 것이다. 어쩌면 공자 자신도 그런 느낌에 시달렸을지도 모른다. 제자들의 질문에 대답할 때마다 과연 그것이 정답이었는지 스스로 의심스러웠을 것이고, 그 의심은 시간이 흐를수록 깊어졌으리라. 결국 불확실한 말이 불러오는 오해를 염려한 공자는 말보다는 실천을 강조하게 되는데, 이것이 공자가 지녔던 언어관의 핵심이었다.

　말은 뱉어지는 순간 말하는 자를 구속한다. 말이 초래할 결과를 진지하게 염두에 둔다면, 우리는 말하기의 힘겨움을 뼈에 새겨야 하리라. 하지만 동시에 말의 힘을 이용할 줄도 알아야 한다. '너를 사랑해', '늘 너에게 고마워'와 같은 말들은 서로에게 사랑과 감사의 감정을 일깨우고, 나아가 사랑과 감사의 행위를 할 수 있도록 힘을 준다. 결국 우리가 즐겨 하는 말이 우리의 운명을 결정한다.

용서란 무엇인가?

　남을 쉽게 용서하지 못하는 사람이 있는가 하면, 아주 간단히 용서하는 사람도 있다. 두 사람의 용서는 모두 믿기 어렵다. 여간 해서는 남을 용서할 줄 모르는 사람의 용서는 실제로는 자기 자신을 용서한 것이다. 무슨 뜻인가? 이런 종류의 사람들은 냉혹하고 강박적인 성향을 지니고 있기 때문에, 자기 자신에 대해서 가혹할 정도로 엄격한 규칙들을 세워 놓고 산다. 물론 그런 규칙들을 왜 지켜야 하는지에 대해서는 스스로도 잘 모른다. 더러는 규칙들을 만든 이유를 그럴듯한 이념에 가져다 대기도 하지만, 그것은 자신의 강박적인 성향의 근거를 도덕 원칙에서 끌어와 합리화한 것일 따름이다.

　이처럼 강박적인 성품을 지닌 사람은 상대가 아무리 용서를 간청해도 이를 받아들일 수 없다. 상대의 사정을 이해하지 못하는 것이 아니라, 스스로가 정해 둔 원칙을 포기하는 저 자신을 용서할 수 없기 때문이다. 결국 상대를 용서하기 위해서는 용서하는 자기 자신을 먼저 용서해야만 한다. 따라서 이런 사람에게 용서를 구하려면, 그 사람이 스스로에게 관대해지는 시점을 기다리거나, 그 사람에게 '나는 누군가를 용서하는 너를 용서하노라!'라고 선포해 줄 수 있는, 또 다른 권위 있는 사람에게 부탁하는 도리밖에 없다.

심리학에서는 강박적이고 금욕적인 이런 유형을 흔히 항문기에 고착되었다고 말한다. 지나치게 부지런하고 활동적이지만, 보통 구두쇠라고 놀림받는 이런 사람들은 쉬는 시간이 거의 없다. 그들은 아주 드물게만 휴식한다. 그런데 그들이 취하는 휴식은 온 세상에 엄격한 잣대를 들이대던 긴장을 잠시 놓기 위한 것이기 때문에, 종종 극단적으로 치닫는다. 술을 마셔서 크게 취하거나 심한 탈선을 시도하기도 한다. 이렇게 스스로를 풀어놓은 상태에서는 누군가를 용서한다. 진심으로 한 용서는 아닐지라도, 강박적인 삶에 지칠 대로 지친 그들은 살기 위해서라도 미워하는 사람의 숫자를 줄여야만 한다. 그래서 누군가를 대뜸 용서하며, 일단 용서한다고 말한 이상 이번에는 그 말을 지키기 위해서 필사적으로 노력하게 된다.

강박적인 사람에게 용서받는 또 다른 방법은, 그러한 성향의 원인을 애초에 제공한 사람에게 부탁하는 것이다. 주로는 부모일 경우가 많다. 강박증이 심한 사람들의 무의식에는 그들을 감시하는 엄한 지배자가 있게 마련이다. 꼬치꼬치 규칙을 들이대며 아이의 죄의식을 끝없이 자극한 처벌자로서의 부모를 상상해 보라! 강박적인 사람들은 부모의 감시와 처벌로부터 능동적으로 자유로워지기 위해서, 성인이 되어서도 쉬지 않고 규칙을 만들어 지켜내야만 하는 것이다. 그러므로 그런 사람의 부모의 도움을 받는다면 모든 문제는 너무나 수월하게 해결된다.

한편, 너무나 쉽게 용서해 주는 사람의 용서도 믿기 어렵기는 마찬가지다. 그런 사람들은 처음부터 그 누구도 믿고 있지 않았으므로, 특별히 용서라고 해야 할 행위 자체가 존재하지 않는다. 즉, 그들은 누군가 자신에게 실수를 저질러도, 실수 자체보다는 그것이 가져올 손해나 이익을 용의주도하게 계산할 뿐이다. 상대의 실수를 활용해 무언가 부탁할 것을 고려해 본다거나, 그것을 향후 다른 상황에서 이용해야겠다고 마음먹는다. 사람 사이의 신뢰를 믿지 않는 그런 사람들은 그래서 용서라는 말을 입에 달고 다닌다. 하지만 반드시 다른 말이 따라붙는다. 대신 야근 좀 해달라거나, 골프채를 빌려 달라거나, 거래처에 전달할 서류 정리를 대신 끝내 달라거나, 아니면 최소한 한잔 사라거나 등등이다. 그들은 본능적으로 거래를 하면서, 용서를 대가로 이익을 챙기고 있는 사람들이다.

어쩌면 믿음을 주지도 않았기에 용서 대신 거래를 선택하는 사람보다는 인색하고 가학적이어서 용서가 힘든 사람이 나을지도 모른다. 후자가 전자보다 내게 진실할 확률이 더 높기 때문이다. 때문에 인색한 스크루우지 유형의 사람들이 한때 미워했던 상대를 일단 용서하게 되면, 이번에는 그 반대로 상대에게 높은 신뢰를 주는 경우가 허다하다. 스크루우지의 방어망을 뚫기가 어려울 뿐, 일단 그의 세계 안으로 받아들여지기만 하면 매우 긴밀한 친밀감이 형성되곤 한다.

훌륭하게 용서를 구하고 성숙하게 용서한다는 것, 그것은 생각보다 아주 어려운 일이다. 남들을 아름답게 용서할 수 있다는 것은 그 자신이 잘 살고 있으며 마음이 건강하다는 방증이다. 심지어 공자는 용서하는 마음의 경지를 자신의 도에 견주기도 하였다.

> 공자께서 말씀하셨다. "삼아! 나의 도는 하나로써 꿰뚫려 있다." 증자가 말했다. "알겠습니다." 공자께서 나가시거늘 문인들이 물었다. "무슨 의미입니까?" 증자가 말했다. "선생님의 도는 충(忠)과 서(恕)일 따름이다."
>
> 《논어》 '이인'편

> 子曰, "參乎! 吾道, 一以貫之." 曾子曰, "唯." 子出, 門人問曰, "何謂也?" 曾子曰, "夫子之道, 忠恕而已矣!"
>
> 《論語》 '里仁'편

오직 증자만이 알아들었던 스승의 가르침은 충(忠)과 서(恕) 두 글자로 이루어져 있다. 이 두 개념이 일관되어 있다는 것을 증자만이 깨닫고 스승이 떠난 뒤 다른 제자들에게 설명하고 있다. 그런데 더 이상의 설명은 없다. 그렇다면 다른 제자들은 증자의 짧막한 표현으로 스승의 속내를 모두 알아냈던 것일까? 아마도 그랬을 것이다. 그들에게는 충과 서라는 개념이 우리보다 분명했으리라.

충은 글자 그대로 중심을 잡은('中') 마음('心')이다. 마음의 밸런스, 어느 한 쪽으로도 치우쳐 기울어지지 않고 균형을 잡고 있는 마음의 상태가 결국은 충이다. 그러한 균형은 자꾸 변하는 외부 상황으로부터 영향받기 때문에 역동적인 균형일 수밖에 없다. 이렇게 그때그때 상황에 따라 훌륭하게 중심을 잡고 있는 것을 시중(時中)이라고 한다. 마치 돌고 있는 팽이처럼, 몸체가 이리저리 기울어질 때마다 중심의 위치를 옮겨 가며 평형과 회전력을 유지하는 것이 시중이자 충이다.

마음이 균형을 유지하기 위해서는 마음 전체를 움직여야 한다. 그것은 몸 전체의 긴장을 통해 자신의 발끝과 손끝에까지 힘을 전달하는 무용수의 절제된 움직임을 닮아 있다. 약간의 방심으로도 몸은 기울고 회전은 멈춰 버린다. 이렇게 육체 전부를 부리듯이 마음을 다 활용하는 것이 충이기도 하다. 그래서 '자기를 다하는 것을 충이라 한다(盡己之謂忠)'라고 하지 않았던가! 결국 충은 마음을 오롯이 다 소진하면서 아슬아슬한 균형을 유지하는 것이다.

스스로를 충의 상태에 올려놓고 그것을 길게 유지할 수 있는 사람은 드물다. 발레리나가 일상생활에서조차 춤을 출 때와 똑같은 긴장 속에 있을 수 없는 것과 같다. 다만 그녀의 몸동작은 보통 사람들보다 견고하고 선이 분명할 것이다. 마찬가지로 일상 속에서 일정하게 마음의 중심을 유지하고 있다면, 그런 사람은 충으로 되돌아가는 마음의 반응 속도도 빠를 것이다. 그들은 마음이 쉽게 풀어지지도 않지만, 풀어지더라도 한계가 있고, 한계를 넘는 순간 재빨리 본래의 중심점으로 되돌아간다. 신체든 마음이든 잘 발달된 사람은 본래의 평형 상태로 재빨리 되돌아갈 수 있는 능력을 갖춘 존재다.

자기 자신을 완벽하게 조절할 수 있는 자만이 남에게 관심을 가질 수 있다. 예컨대 몸을 잘 단련하여 자신이 있어야만 타인을 육체적으로 도울 수 있다. 마음도 그러하다. 마음이 단련되어 스스로 균형을 잘 잡을 수 있고, 또 필요할 때는 아주 큰 긴장마저 견뎌낼 수 있어야만 다른 사람의 마음을 도울 수 있다. 이렇게 타인을 향하여 내 마음의 힘을 펼쳐 가는 것이 서(恕), 혹은 용서다. 서는 말 그대로 마음('心')이 가는('如') 것이다. 如에는 간다는 뜻이 있다. 균형이 잘 잡히고 탄탄하여 움직일 만반의 준비가 갖춰진 마음은 그때 비로소 다른 사람의 마음을 향해 이동할 수 있다. 질투나 열등감 같은 삐뚤어진 마음 없이 상대방의 마음을 이해하여 받아들일 수 있다. 용서란 그런 것이다.

스스로 선택한 확고한 중심과 그 중심을 잡는 절묘한 균형 감각을 통해 한 사람은 자신의 힘을 아주 잘 쓸 줄 알게 된다. 그리고 그렇게 강해진 자는 다른 사람을 배려하고 심지어 용서할 수 있다. 결국 충을 터득한 그 또는 그녀는 용서받아야 할 약자가 아니다. 그들은 누군가와 끝없이 거래해야 할 정도로 헐벗거나 주려 있지도 않다. 그들은 내적으로 풍요롭기에 타인에 대한 우월감 없이 상대를 끌어안고 용서한다.

즐거움의 마력,
현재를 창조하는 충만

　사람이 외부의 대상을 파악해 관리하는 방식이 결국에는 그 사람의 심리적 현실을 규정한다. 예를 들어 여기에 암환자가 있다고 해보자. 그 또는 그녀의 눈앞에서 꽃 한 송이가 바람에 흔들린다. 암에 걸린 사람이 온통 비관적인 생각에만 휩싸여 무심코 바라보는 한, 꽃은 그저 꽃이다. 하지만 꽃에 주목해 그 안에서 장엄하고도 아름답게 빛나는 생명의 떨림을 느낄 수 있다면, 한낱 꽃 한 송이조차 구원의 열쇠가 될 수도 있다. 세상은 어떻게 보느냐에 따라 전혀 다른 곳이 된다.

　꽃을 바라보는 이상의 두 태도를 학문적 용어로 다시 정의하면 인식과 관심이라고 말할 수 있다. 여기서 인식이란 대상을 객관적으로 파악해 기억으로 저장하는 활동이다. 여기에는 대상의 내면을 꿰뚫어 보려는 통찰이 없다. 반면에 관심은 주관적인 의지를 적극적으로 동원해서 대상 안으로 파고들려는 마음의 활동이다.

대상을 이해하려는 열정이 충만하지만 자칫 자기만의 생각에 젖어 큰 오해를 빚을 수도 있다. 우리의 삶은 이렇게 서로 모순적인 인식과 관심이라는 활동들로 얽히고설켜 있다.

인식 활동이 강한 유형을 지적이라고 할 수 있다면, 관심 활동에 치우친 유형을 정적이라고 부를 수 있으리라. 우리 모두는 이 두 유형 가운데 하나에 속하지만, 실은 매 순간마다 그 양상은 달라진다. 예를 들면, 우리는 만나는 모든 상대에게 똑같은 관심을 주지는 않는다. 특별히 관심과 애정이 가는 대상이 있게 마련이다. 관심 없는 사람과 마주했을 때, 우리는 상대를 기억해야 할 대상인지 아닌지에 따라 판단한 뒤 그 저장 방식을 결정한다. 심한 경우 헤어지자마자 기억에서 지워질 수도 있다. 이와는 달리 특별히 관심을 끄는 대상이 앞에 있을 때, 상대에게 몰두한 우리는 무언가를 기억하려는 생각 자체를 할 수가 없다. 기억이란 상대를 객관적인 대상으로 만드는 일인데, 그러한 객관화가 잘 일어나지 않기 때문이다. 막 사랑에 빠진 상태를 생각하면 쉽게 이해할 수 있으리라.

연인에 대해 관심을 집중하고 있는 사람은 객관적인 인식 활동보다는 주관적인 감정 활동에 열심이어서, 상대에 대한 객관적 정보는 거들떠보지도 않게 된다. 기억도 불규칙하여 어떤 건 지나치게 자세하고, 또 다른 어떤 건 싹둑 잘려 나가 있기도 하다. 연인에 대한 기억들은 어디에 써먹고자 모아들인 정보들이 아니기에 관심과 열정의 변덕에 따라 제멋대로 춤을 추기 때문이다. 언뜻 비효율적으로 보이는 이런 감정의 열병 상태가 그러나 사람에게 가장 창조적이고 행복한 순간이라면 어떨까? 흔히들 일을 사랑하라고 하지 않는가? 정말 일을 사랑한다면 이러한 주체 못 할 기쁨과 영감 속에 들떠 있어야 마땅하지 않을까?

> 공자께서 말씀하셨다. "아는 자는 좋아하는 자만 못하고, 좋아하는 자는 즐기는 자만 못하다."
>
> 《논어》 '옹야'편

> 子曰, "知之者, 不如好之者, 好之者, 不如樂之者."
>
> 《論語》 '雍也'篇

공자는 대상을 이해하는 수준을 세 단계로 압축하여 설명하고 있다. 이 때 알고, 좋아하고, 즐기는 대상은 도일 수도 있고 학습의 대상일 수도 있으며 삶 그 자체일 수도 있다. 우선 대상에 대한 모든 이해는 앎의 과정으로부터 시작된다. 이성을 사용하여 대상을 파악하고 이를 분석하여 머릿속에 저장하는 행위, 이른바 머리가 좋다고 할 때 가리키는 지적인 단계가 여기에 해당한다.

두뇌가 뛰어나면 논리적 문제해결 능력이 뛰어나고, 무엇보다 현실의 대상들을 객관화시킬 수 있는 거리 감각이 잘 발달되어 있다. 그래서 지적인 사람들은 주변 환경에 동화되기보다 환경을 자신에게 맞추기 위해 무색무취한 데이터로 변환시키기를 즐긴다. 뛰어난 과학자들에게 종종 일상이 없는 이유가 여기에 있다. 이렇게 앎의 세계와 현실이 동떨어지면 질수록, 지적인 사람은 평범한 세상을 살아가기 힘들고, 지도자가 되기에는 더더욱 힘들어진다. 때문에 어려서부터 수재로 불리던 사람들이 현실의 삶에서는 그리도 자주 실패하곤 하는 것이다.

수재형의 고통은 상대의 내면을 들여다볼 수 있는 정서적 능력이 부족하다는 데에 있다. 대상들을 정보화시켜 기억하는 데에 익숙한 그들은 타인에 대하여 진심으로 고민해 본 적이 거의 없는데, 사실은 자신의 삶에 대해서조차 크게 고민하는 경우가 많지 않다. 대신 그들은 삶에 대해서 고민했던 유명한 사람들의 이름들이나 그들의 저서들을 기억할 뿐이다. 물론 이런 사람들 역시 세상 돌아가는 일들에 대해서 이것저것 아는 게 많고, 간혹 달변이어서 정말 많은 고민을 한 사람처럼 말하기도 한다. 하지만 그 대부분은 그저 암기된 것들이기 쉬워서, 들으면 들을수록 공허해지고, 마침내 주변 사람들 모두를 질리게 만든다. 이런 사람들이 출세해 있는 세상은 고통스럽다.

공자가 제시한 그다음 단계는 애호의 단계다. 대상을 아는 것에서 그치지 않고, 그것에 대해 좋은 감정을 갖는 것을 뜻한다. 다른 말로 바꾸자면, 대상에 대한 감정이입을 통해 인식을 관심으로 넓혀 나가는 활동이라고 할 수 있다. 이 단계에서는 대상의 더 많은 측면들이 보이기 시작한다. 인간관계로 예를 들면, 이력서에 적힌 객관적 정보들만이 아니라, 상대가 지닌 고민, 숨겨진 취향 등등이 관심사로 떠오르게 된다. 이 단계에서야 우리는 대상에 대해 제대로 알았다고 할 수 있다. 오직 애호하는 친밀감이 형성되었을 때에만 건조한 지식들이 구체적인 경험으로 바뀌기 때문이다.

마지막으로 공자는 즐기는 단계를 들고 있다. 이것은 자기를 버리고 온통 대상에 몰입하는 경지를 가리킨다. 모든 현실적 조건들을 벗어나서, 오직 대상을 마주한 현재만을 생각하는 충만한 희열이 이 단계의 특징이다. 흥미와 애호의 감정을 지나 완벽한 사랑에 빠진 사람을 떠올려 보면 될 것 같다. 그런 사람들은 어떤 타산이나 계산도 내려놓은 채 매 순간을 창조로서 체험하는 자들이라서, 나와 너, 내 것과 네 것이라는 경계마저 모호해져 있다. 세상의 어떤 장애도 그런 사람들 앞을 막아설 수 없다. 즐기는 자들은 마치 신들린 듯 어떤 역경도 쉽게 극복하며, 꺾이지 않는 활기참으로 도전을 계속한다. 더 나아가서 즐기는 사람들은 고통마저도 향유하기 때문에 불가능의 영역을 초월하기도 한다. 즐거움이라는 마력은 이처럼 세상을 긍정하게 하고 인내를 창조로 바꿔 놓는 마법 같은 힘이다.

가장 뒷자리에 앉는
사람은 누구인가?

　제자는 스승이라는 거인의 목에 올라탄 난쟁이 같은 존재라고
한다. 그렇다면 거인의 목에 올라탄 제자는 스승을 극복한 것인가?
그 스승 역시 자기 아래에 또 다른 스승을 올라타고 있는 걸까? 그
렇게 제자들이 끝없이 자기 스승을 올라타 왔다면, 그렇게 세워진
사제의 탑은 도대체 얼마나 높은 걸까? 그러다가 최초의 스승이 무
너지기라도 하면, 이 신기한 학문의 목마 타기도 사라지는 걸까?

　스승을 아버지라고 부르는 사람들이 있다. 그들은 아버지의 명
예를 지키기 위하여 자기 자식을 희생시키기도 한다. 그렇게 후손
들의 피를 먹고 자란 아버지는 더욱 막강한 명성을 쌓아 올리다 마
침내 신의 위치에도 오른다. 그 무렵에 제자들은 신이 된 아버지를
자랑하며 작은 골목의 대장 자리 하나씩을 꿰차게 된다. 그들이 숭
배하는 스승은 실은 그들이 가장 미워해 온 우상이며, 우상 가운데
서도 이미 박제가 된 살아 있는 죽은 자다. 위대한 학자들은 딱히

내세울 스승이 없었거나, 있었다 해도 우상의 모습은 아니었다. 훌륭한 제자 뒤에는 언뜻 볼품없고 소박한 스승이 있다.

가스통 바슐라르가 프랑스 학계에 등장했을 때, 그건 하나의 사건이었다. 정규 교육이라고는 받아 보지도 못한 시골 우체국 공무원이, 오직 독서만을 통해 학문적으로 자수성가한 드문 경우였기 때문이다. 이 독창적인 이단아는 훗날 조르주 캉기옘이라는 특이한 제자를 두었다. 캉기옘은 의학과 철학 분야를 오가는, 당시 프랑스 학계로서는 매우 드문 작업에 뛰어들었다. 그런데 의학적 정상성과 비정상성에 대해 성찰한 캉기옘의 철학적 탐색과 바슐라르의 과학적 현상학은, 몇 가지 점을 빼면 서로 닮은 구석이 거의 없었다. 그들은 서로 다른 영역으로 나아갔는데, 스승의 학문에 흡수되지 않은 제자는 끝내 지적 사생아로 남았다.

나중에 캉기옘에게도 전공 분야가 불분명한 골치 아픈 제자 하나가 들어오게 된다. 학위논문의 주제가 모호하여 심사위원 위촉조차 힘들어하고 있던 학생이었다. 주류 학계의 눈치를 보지 않는 캉기옘 같은 학자가 없었다면, 이 말썽 많은 젊은이는 학위를 포기했을 것이다. 갈리마르 출판사가 출판을 거부했던 이 젊은이의 학위논문이 바로 《광기의 역사》다. 미셸 푸코의 등장 역시 학계로서는 큰 사건이었다. 니체로부터 영향을 받은 그의 논문은 바슐라르나 캉기옘의 학문 세계와는 거리가 먼 독특한 내용이었다. 그는 스승 없이 홀로 섰다.

공자께서 말씀하셨다. "말없이 깨달아 기억하고, 배우기를 물려하지 않으며, 남을 가르치며 지치지 않는 것, 내 어찌 그런 일을 힘들어하겠느냐?"

《논어》 '술이'편

子曰, "黙而識之, 學而不厭, 誨人不倦, 何有於我哉?"

《論語》 '述而'篇

공자는 소박한 스승이었다. 후대의 학자들이 만들어 낸 공자의 모습처럼 압도적이고 초월적인 권위는 그의 언행 어디에서도 찾아보기 힘들다. 간혹 정의롭지 못한 정치가들에게 지나치게 성을 내기도 하고, 평범한 사람으로선 불가능했을 지적 능력을 보여 주기는 했지만, 《논어》 속의 그는 항상 살과 뼈를 지닌 보통 사람의 모습으로 등장한다. 그는 특정 제자를 편애하기도 했고, 스스로의 행동을 석연치 않아 하는 제자들 앞에서 변명을 늘어놓기도 했다.

공자는 화려한 명성이나 정치적 영향력을 지녔던 유명인사가 아니었다. 그런 것들이라면 제자인 자공이 스승을 앞섰다. 공자는 여러 나라에서 소홀한 대접을 받으며 이리저리 떠돌던, 수많은 학파들 중 한 학파의 정신적 리더에 불과했다. 따라서 공자의 학단을 가리켜 삼천문도 운운하는 것은 신화에 지나지 않는다. 공자와 그의 제자들은 비현실적인 이상을 추구하며 예의 중요성을 주장하던, 인기 없는 복고적 학자 집단이었다. 이토록 취약한 한 학파가, 이토록 불완전했던 한 인간이 동아시아 문화 전체의 원형을 창조했다는 것은 놀랍지 아니한가?

공자는 변하지 않을 교리나 강령을 채택하지 않았다. 그의 가르침은 시시때때로 변했고, 질문하는 상대방에 따라 초점을 바꾸곤 했다. 영원한 진리나 불변의 규칙을 자신이 알 수 없다고 믿었기에, 공자는 평생 동안 배움을 멈출 수가 없었고, 따라서 학문적 완성도 있을 수 없었다. 공자는 완전하지 않은 삶을 있는 그대로 받아들여, 누군가의 스승이 되고자 오만하게 나서지 않았다. 이 겸손함이 훗날 유가 학파의 번성을 가능케 했다. 유가의 선비들은 우상이 된 스승에게서가 아니라, 그의 영혼을 통해 이어진 인간의 바른 길에서 진리를 물었다. 공자와 외모가 닮았다는 이유로, 공자 사후 잠시 스승 역할을 떠맡았던 우상 유자(有子)는, 그래서 곧바로 그 자리에서 쫓겨났던 것이다.

법가나 도가처럼 세상의 문제들을 단숨에 해결할 어떤 비결도 제시하지 않았던, 그래서 현실이라는 파도 위에 불안하게 머물며 인간의 도리를 찾으라고 외쳤던 이 위대한 스승은, 제자 한 명 한 명에게 각자 걸어가야 할 길을 제시했다. 그는 제자들에게 자신을 닮으라고 요구하지도, 자신의 우월성을 과시하지도 않았다. 사람들에게는 저마다의 삶의 길들이 있고, 그 길들은 언젠가는 서로 통할 것이기 때문이었다. 뚜렷한 스승 없이 혼자 완성된 스승 공자는 이렇게 제자의 길을 막아서거나 자기 뒤만을 따르게 하지 않음으로써, 또는 자기 목 위에 태우려 하지 않음으로써 세상의 수많은 다른 길들을 자신의 길로 만들 수 있었다.

공자는 담담한 표정으로 제자들 앞에 앉아 말한다. 무언가를 안다고 호들갑 떨지 않으며 기억하고, 멈추지 않고 배우며, 너희들을 가르칠 때 게을리 하지 않는 것, 이 세 가지는 내가 자신 있구나! 이런 것들에 있어서야 내게 무슨 어려움이 있겠느냐? 그것만이 내게 주어진 힘이다. 그 이외의 다른 것들이야 너희들이 나보다 나을 수도 있다. 나는 그것으로 만족하려 한다. 너희들이 훗날 성공해 나의 가르침을 실천한다면, 나는 그 자리 제일 뒤에 앉아 있겠다. 나는 너희들이 지혜의 춤을 출 때, 객석 가장 마지막 줄에 앉아 남모르게 웃다가, 누구보다 가장 먼저 그곳을 빠져나올 것이다.

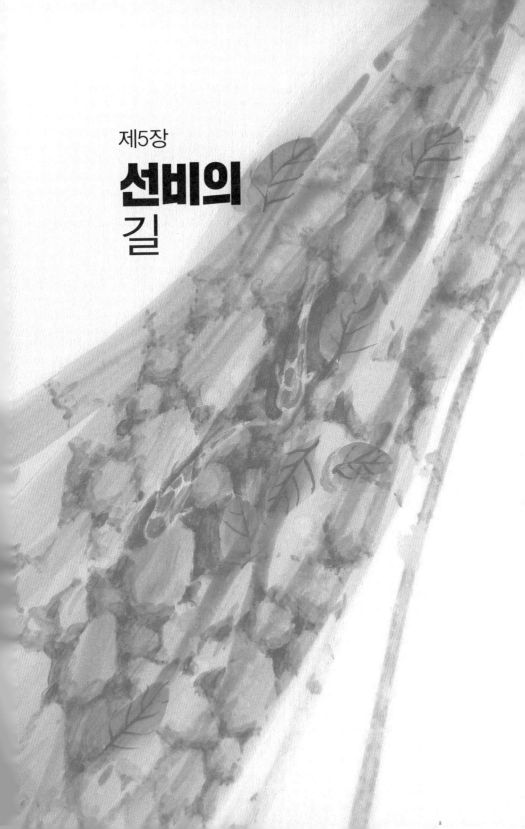

제5장
선비의
길

위기 속에서의 진정한 겸양

전쟁 영화에서 마지막까지 부하들을 구하려다 사지에서 빠져나오지 못하고 최후를 맞는 영웅적 군인들의 모습을 기억할 것이다. 나의 이익과 안전보다 남의 이익과 안전을 먼저 생각하는 것이 겸양이라면 이보다 더한 겸양이 세상에 어디 있겠는가?

불굴의 희생정신을 발휘했거나 용기 있는 결단을 보여 준 사람들의 공통적인 특징은 그들에게는 소중히 가꿔야 할 자아가 작았다는 점이다. 자아의 면적이 큰 사람들은 남을 위해 무언가 넘겨주기에는 지나치게 많은 것들로 꽉 차 있다. 타인이 비집고 들어갈 공간이 늘 부족하다. 그래서 그들은 스스로를 근엄하게 가꾸고 자신의 취향을 고집하며 체면을 잃지 않으려고 노력한다. 온통 자의식으로 가득 차 있으면서도 근사하게 보이고 싶어 하는 자아는 항상 타인의 시선에 배고프다. 그들은 육중한 자아를 돌보기 위해 언제나 굶주려 있는 자들이다.

용기와 겸양을 지닌 사람들은 자아가 작다. 그들의 자아는 이렇게 작은 공간을 차지하고 있지만 그 밀도는 매우 높다. 단단하게 결집된 자아가 타자들과 공유하는 넓은 우주 속을 자유롭게 옮겨 다니고 있다. 때문에 이런 사람들은 언뜻 속이 없어 보이고 지나치게 너그러워 보인다. 인색하지 않고, 금욕적이거나 고집이 세지도 않다. 그들은 자기 자신을 가꾸기 위해 많은 것들을 소비하지 않는다. 그 또는 그녀에게는 치장해야 할 자아가 작기에 그저 몇 가지 기본적인 것만 갖추면 만족한다.

조선시대 최고의 절의를 보여 준 사육신 성삼문은 평소 좌와무절(坐臥無節), 즉 앉고 눕고 하는 데 절도가 없었으며 우스갯소리나 실없이 해대는 유머러스한 인물이었다. 생육신 남효온이 〈육신전(六臣傳)〉에서 그렇게 적고 있다. 성삼문이야말로 타인들과 교류할 여유 공간이 매우 많았던, 자아가 작았던 사람이었음에 틀림없다. 거룩한 표정을 잘 짓고, 남의 유머를 이용해 상대를 낮춰 자기를 높이고, 타인의 군색함을 자기가 우아해 보일 수 있는 기회로 삼는 사람, 타인이 자아를 줄이는 순간을 자기가 이득을 볼 순간으로 챙기는 사람들은 결코 사육신이 될 수 없다. 이렇게 열사나 의사는 의외로 유머 넘치는 사람들이었다.

자신의 안전과 명예, 심지어 생명까지 남들에게 넘겨줌으로써 의로움을 실천하는 사람들은 그래서 평소에는 시답잖아 보인다. 무언가 근사한 일을 해낼 듯이 진지하지 않다. 실수도 많을뿐더러 견고하게 자신을 방어하는 데에도 무관심하다. 누군가는 악착같이 물고 늘어지며 잘잘못을 가릴 문제를 대범하게 넘어간다. 그들은 작은 싸움에 시간을 바칠 정도로 모질지 못하다. 하지만 조금만 그들과 가까이 해보면 그들이 그저 시시껄렁한 무골호인이 아님을 알아챌 수 있다.

무골호인의 자아는 작으면서 물렁하다. 이와 달리 의로운 사람의 자아는 작지만 비할 바 없이 단단하다. 그 또는 그녀가 내보이는 대범성은 자아가 허술해서가 아니라, 자아가 작고 간편하게 응집되어 만들어진 결과일 뿐이다. 화려한 장식을 필요로 하지 않는 이런 작고 날렵하며 단단한 자아는 대단한 일을 이루고도 이를 대단하다고 여기지 않는다. 자기의 공로에 대한 이러한 무관심은 안으로 더 큰 명예욕을 숨긴 위선은 결코 아니다. 그들은 이토록 너그럽고 대범하지만, 어떤 한계상황에 이르러서는 더 이상 물러서지 않는 강하고도 질긴 본성을 드러낸다. 그럴 때 의로운 사람들은 자기를 아끼지 않고 격렬하게 싸운다.

> 공자께서 말씀하셨다. "맹지반은 자기 공을 자랑하지 않았다. (제나라와의 전쟁에서) 패배하여 후퇴할 때 제일 뒤에 남아 (적을) 막아섰는데, 막 성문 안으로 들어설 때 말에 채찍질하며 '감히 후미에 선 것이 아니라 말이 늦었을 뿐'이라고 말했다."
>
> 《논어》 '옹야'편

> 子曰, "孟之反, 不伐. 奔而殿, 將入門, 策其馬曰, '非敢後也, 馬不進也!'"
>
> 《論語》 '雍也'篇

공자는 노나라 대부 맹지반을 통해 가장 위대한 겸손에 대해 묘사하고자 했다. 그는 두 가지를 지적한다. 첫째, 위대한 겸양은 위기의 순간에 빛을 발한다. 평소 작은 일에 겸양을 드러내기는 아주 쉽다. 음식을 양보하거나 약간의 돈을 대신 지불해 줄 수 있다. 하지만 난파선 구명정의 마지막 자리를 양보하기란 힘들다. 그건 자기희생을 요구하는 대단한 결단이다.

맹지반이 바로 그러했다. 그는 노나라 군대가 제나라의 강병에 패배하여 성으로 후퇴할 때 맨 마지막에 남아서 아군을 보호했다. 그는 목숨을 걸고 후미에서 적을 저지함으로써 노나라 군대가 안전하게 성 안으로 피할 수 있는 시간을 벌어 주었다. 의롭긴 하지만 외로운 싸움이었을 것이다. 아군들이 바라보며 함성을 질러 주거나 환호성을 외쳐 줄 명예로운 전투도 아니었다. 패잔병으로 퇴각하다 살해당했다는 오명까지 각오해야만 할, 개인적으로는 무의미한 전투였다. 맹지반은 아무도 알아주지 않을 그런 전투를 목숨을 걸고 감행했다.

둘째, 가까스로 살아남은 맹지만은 성 안으로 돌아오며 자신이 후미에 선 이유를 숨기고자 했다. 스스로의 공로를 자랑하지 않으려 그랬던 것 같지만, 실은 전우들을 보호하려 한 아름다운 행동이었다. 맹지반이 후미에 선 이유를 밝혔다면, 그것은 동료 전사들을 겁쟁이로 깎아내리는 짓이 되었을 것이다. 먼저 퇴각한 모든 노나라 군사들이 겁 많은 도주자가 될 판이었다. 때문에 맹지반은 말을 탓하며 아무 일 없었다는 듯이 성문 안으로 들어섰다.

맹지반의 겸양이야말로 남들을 먼저 배려한 위대한 겸양이다.

자고로 장부의 겸양이 이 정도는 되어야 하는 법이다. 누구도 인정해 줄 것 같지 않은 상황에서, 박수소리 없이, 묵묵히, 자신의 생명을 남들에게 건네는 자야말로 진정한 겸양의 소유자다. 국립묘지에는 그러한 겸양의 미덕을 불살랐던 수많은 무명용사들이 잠들어 있다. 나는 장군묘역보다 그곳에서 항상 더 숙연해지고 말로 표현할 길 없는 깊은 감동을 받는다.

욕망을 덜어 내야
배움이 가능하다

　세상을 살다 보면 자기를 드러내고, 고집을 세우며, 남과 험악하게 대치해야만 할 때도 있다. 그런 순간에는 자존심이 한껏 드높아져 몸과 마음을 다해 방어태세를 취하게 된다. 참으로 위험천만한 순간이다. 독기가 잔뜩 오른 뱀이 먼저 잡히고, 성질 급한 물고기는 어망을 빠져나오지 못한다. 대부분 타인과의 갈등은 필요 이상으로 과장되어 있는데, 이는 그것이 지나친 피해의식에서 나온 것일 때가 많기 때문이다. 그럴 때는 잠시 멈추고 자신의 어리석음에 대해 돌아볼 필요가 있다.

　갈등을 부추기는 어리석음은 도를 넘은 영민함으로부터 나온다. 영민해서 이해타산이 빠른 사람들은 상대의 사소한 언행을 미루어 그들의 사악한 내면을 넘겨짚는다. 그들은 한 걸음 더 나아가 과거의 일들을 낱낱이 들추며 자신의 불쾌한 상상을 확신으로 만들어 간다. 똑똑하고 잘난 나와 못난 데다 어리석기까지 한 타인들을 맞세우게 되면, 내 마음의 모든 모서리들이 못된 타인들과 불화를 빚는 전쟁터로 변할 뿐이다. 내가 너무 많아진다는 것, 나 자신을 애써서 염려한다는 것, 궁극적으로 나를 지나치게 아낀다는 것은 결국 남이 줄어든다는 것, 남을 배려하지 않는다는 것, 남을 소중히 여길 줄 모른다는 것을 의미한다.

머리는 좋지만 삶을 이해하지 못하는 어리석은 사람들은 모든 상황을 자신이 장악하려 들고, 타인의 약점을 끝까지 물고 늘어지며, 포기해야 할 순간에도 포기하지 못한다. 그들에게는 삶의 모든 순간이 자신을 뽐낼 기회이기에, 무대 위의 향연을 적당히 멈춰서는 안 되는 것이다. 반면 언뜻 어리석어 보이지만 삶을 제대로 이해하고 있는 사람들은 인내하는 법을 잘 알고 있다. 그들은 스스로에게는 가혹하지만 남들에게는 한없이 관대하다. 자기 내면의 약점들을 잘 알고 있는 그들은 삶이 주는 버거움과 불안을 결코 남들에게 전가하지 않는다.

> 공자께서 말씀하셨다. "군자는 음식을 먹어도 배부르길 구하지 아니하고, 한가히 처할 때에도 편안함을 구하지 아니하며, 일에 있어서는 민첩하되 말하는 것에는 신중하고, 도 있는 사람에게 나아가 스스로를 바르게 고친다면 배우기 좋아한다고 할 만하리라."
>
> 《논어》 '학이'편

子曰, "君子食無求飽, 居無求安, 敏於事而愼於言, 就有道而正焉, 可謂好學也已.”

　　모든 불화와 반목은 자기 삶을 지나치게 충족시키려는 욕망에서 만들어진다. 그래서 공자는 아주 사소해 보이지만 절박한 문제인 식욕을 먼저 언급하고 있다. 지나친 포만감은 결국 다른 사람이 먹어야 할 것을 많이 빼앗아 왔다는 의미다. 식탁에서 먼저 젓가락을 놀렸고 게걸스럽게 음식을 탐했다는 뜻이다. 마찬가지로 한가하게 지낼 때 자기 몸을 과하게 배려하는 행위는 누군가의 봉사와 희생을 전제하고 있다. 이처럼 좋은 음식과 좋은 잠자리는 항상 누군가를 무시하는 향유의 결과다.

　　결국 더 많은 음식과 더 편안한 주거 공간은 자아의 몫을 극대화시키고자 하는 욕망의 은유들이다. 이런 것들을 추구하면서 그 미욱함을 반성할 줄 모르는 사람들은 대부분 이기적이며 경쟁지향적일 수밖에 없다. 그들은 자신의 능력으로 얻어 낸 음식과 주거지를 아주 당연한 것으로 여긴다. 자신이 그것들을 얻는 과정에서 배제된 사람들에 대해 배려할 줄 모르기 때문이다. 무엇보다 그들은 봉사를 받는 데에 익숙해져 누구에게도 봉사할 줄 모르는 철부지로 전락할 것이다. 그래서 그런 사람들 주변은 물을 따르고 운전을 해주고 우산을 받쳐 주는 자들로 늘 북적인다.

　　이러한 어리석음의 원인을 공자는 다음 구절에서 암시하고 있다. 일에 민첩하고 말은 신중하다는 것은 자기에게 부여된 의무에는 기민하지만, 타인에게 무엇을 요구하거나 세상일에 간섭하는 것에는 신중하다는 뜻이다. 말없이 자기 일에만 몰두하되 남들의 세계로 무례하게 접근하지는 않는 것이다. 이처럼 말이란 타인에 대한 간섭이 되기 때문에 결국 화의 근원이 된다. 말이 많다는 것, 결국은 표현할 자아가 많다는 것은 내 몫을 더 많이 요구하는 행위라는 점에서 이기적이다.

　남보다 더 많이 먹으려 하고, 더 편히 쉬려 하며, 적게 일하면서 말만은 남보다 많이 하려는 사람들의 공통점은 스스로를 천재라고 여긴다는 점이다. 남보다 우월하기에, 더 똑똑하기에, 즉 존재할 가치가 더 많기에 그들은 많이 먹고 넓게 살며 발언권을 독점하면서도 조금도 미안할 줄을 모른다. 이들에게는 본질적으로 스승이 없으며, 때문에 배워야 할 것도 없다. 공자의 마지막 말은 바로 그 점을 정확히 드러내고 있다.

　자기에게 부족한 면이 있다는 것, 고쳐야 할 약점이 많다는 것을 인정해야만 배울 것이 생기고, 또 그래야만 세상에는 스승 삼을 사람이 많음을 깨닫게 된다. 도무지 세상에 나만큼 똑똑한 사람이 없어 보일 때, 그래서 타인의 말과 행동에 간섭하여 자꾸 꾸짖고만 싶어질 때, 타인의 마음을 다 꿰뚫고 있다고 여기며 그들과 충돌을 빚을 때, 그때는 자아가 풍선처럼 부풀려져 터지기만 기다리고 있는 인생 최대의 위기임을 알아야 한다.

가까운 곳에 있는
선비의 덕

18세기 최고의 진보적 지성이었던 연암(燕巖) 박지원(朴趾源)은 소설 〈양반전(兩班傳)〉에서 허위의식에 찌든 양반의 모습을 해학적으로 비꼬고 있다. 연암이 바라본 18세기 양반들은 실용성 없는 배움에 안주하며, 의미도 없는 허례허식에 빠져 현실을 바라볼 줄 모르는 소경과 같았다. 그들의 행태는 뜻도 모를 산스크리트어 불경을 온종일 외우고 또 외우는 어리석은 승려를 떠오르게 한다. 그리하여 그는 양반 신분이 돈으로 사고팔 수 있는 상품으로 전락하고 있음을 통쾌하게 풍자하고 있다.

어떤 이가 선비다운 이인가? 사실 이 질문은 2000년이 넘도록 지속된 뿌리 깊은 것이다. 누가 시대의 사명을 떠안을 도덕적 리더가 될 수 있는가는 결국 군자론과 맥이 닿는데, 이는 동아시아에서 문명국가를 세울 때 가장 중요한 문제이기도 했다. 그런데 국가체계가 견고해질수록 선비다움의 본질은 극소수 파워 엘리

트들의 선민의식을 보장해 주는 특권적 미덕으로 변질되어 왔다. 예컨대 선비들은 자기 손으로 돈을 잡지 않는 것을 자랑스럽게 여겼다. 물질적 욕망을 경계하기 위해서 만들어진 윤리 덕목이 경제 현실을 무시하는 맹목으로 오해된 셈이다.

어릴 적 필자의 선친은 돈을 많이 버는 것을 수치로 여겼음에도 상업에 종사하여 10여 년을 견뎌 냈다. 맹자를 좋아하는 중세의 양반이 현실적으로 출세하기란 아득한 일이라서 사업은 후덕한 씀씀이 와중에 쪼그라들었고, 선친의 빈 방에 남은 것은 그저 외톨이가 된 집안의 족보와 한적(漢籍) 더미였다. 그리고 그 분이 더 이상 존재하지 않는 방에서 발견한 유훈(遺訓)에는 '재물을 이루어라(成財物)'라는 구절이 첫 번째 덕목으로 올라 있었다. 늘 알아 왔던 현실 밖의 선비가 죽음 이후에야 현실 존재가 되어 이승 안으로 되돌아오는 기이한 역설이 아닌가?

어떤 이가 선비다운 이인가? 전통적 지식인임을 자임하던 집안의 어떤 분은 한문 식견과 그럴싸한 필체가 자랑이었는데, 자식이 미국에서 성공하자 미련 없이 이민을 떠나 미국에 한식당을 차렸다. '익쓰큐스 미'를 연발하고 있는 그 분의 입술을 떠올릴 때마다 선비 정신의 공허함에 마음이 서늘하다. 이 모든 쓸쓸한 일들은 이른바 선비다움이 지금 이곳의 준엄한 현실을 벗어나 자족적이고도 초월적인 이념의 신기루가 되면서 빚어졌던 것이다.

> 자로가 물었다. "어찌하면 선비라고 부를 수 있겠는지요?"
> 공자께서 말씀하셨다. "간절히 선을 권하며 노력하고 화락

하면 선비라 할 수 있겠구나. 벗들과는 서로 선을 권면하면서 힘써 행하려 노력해야 할 것이며, 형제와는 온후하게 서로 화락해야 할 것이다."

《논어》 '자로'편

子路問曰, "何如斯可謂之士矣?" 子曰, "切切偲偲怡怡如也, 可謂士矣. 朋友切切偲偲, 兄弟怡怡."

《論語》 '子路'篇

이상 국가를 건설하기 위해 수레를 타고 천하를 돌아다녔던 대석학의 선비론치고는 충격적이지 않은가? 공자의 깊은 속내는 이러했다. 제자들 가운데 가장 과격하고 성마른 행동주의자인 자로에게 가장 필요한 덕목이 바로 온화함이었다. 공자는 결단력과 용맹함에서는 따를 자가 없던 자로에게 가장 부족한 면을 선비의 덕목으로 제시함으로써 제자의 단점을 보완해 주려고 했던 것이다. 이보게, 자로! 성질을 좀 죽여서 친구들과 의논도 좀 하면서 살고, 가족한테도 신경 좀 쓰게. 선비의 품성이란 거 아주 가까운 데에 있는 거니 말일세. 공자의 마음 씀이 한편 고달파 보이면서도 우아하다.

공자에 따르면 선비다움이란 일상생활에서 우러나야 하는 미적 선택이다. 세상을 구제할 원대한 포부나 거창한 이념이 아니라 벗과의 관계로부터 출발해야 하는 실천철학이다. 또한 이것은 가장 허물이 없고 편한 사이일 수 있는 최초의 사회관계에 대한 금언일 수 있다. 친구처럼 막 대하면서도 편안한 관계가 어디 있을까? 방심하기 쉬운 그런 관계를 진지한 협력 관계로 만들 수 있는 능력, 공자는 그것부터 지적하고 있다.

또 이는 가족의 울타리를 벗어나 최초로 겪게 될 경쟁관계에 대한 금언이기도 하다. 친구는 친밀한 동지이기도 하지만 치열한 경쟁의 대상이기도 하다. 경쟁과 질투, 야심과 승부욕은 친구를 적으로 만드는 첩경이고, 벗의 좋은 점을 내 것으로 만들 기회를 박탈하는 독초다. 그러니 공자의 말은 친구라는 생산적 에너지를 대결 구도로 끌어들이지 말고, 같은 목표를 향해 전진하는 우군으로 삼으라는 뜻이다. 문득 생텍쥐페리의 말이 떠오르지 않는가? 사랑이란 둘이 마주 보는 것이 아니라 나란히 서서 한곳을 바라보는 것이라는!

끝으로 공자는 형제애를 강조하고 있다. 선비가 모든 것을 슬기롭게 다스려도 마지막에 새고 마는 곳, 그것이 가족이며, 그 가운데서도 가장 취약한 것이 형제관계. 부모의 애정을 놓고 다투었던 혈육, 재산과 명예의 상속을 두고 우선권을 겨뤄야 할 숙명의 존재, 다시 말해 애증이 뒤범벅이 된 또 하나의 나. 자고로 형제란 그런 것이다. 나를 비추는 거울이 되는 벗과 형제, 가장 나른하게 긴장을 늦추게 될 그 지점에서부터 훌륭한 선비는 자라난다.

지혜로운 자는 떠나고
어진 자는 남으리

   사막에 불시착한 비행기에서 간신히 살아남은 생존자들은 선택을 해야 한다. 몸에 남은 에너지가 모두 사라지기 전에 도와줄 사람들을 찾아 떠날 것인지, 아니면 그 자리에 머물러 최대한 힘을 비축하며 구조대를 기다릴 것인지. 재난에 관련된 다큐멘터리는 떠나라고 말한다. 필사적으로 인가를 찾아 떠난 사람들은 목숨을 건 고비들을 넘기고 마침내 스스로와 동료들을 구한다. 하지만 그건 사실의 전부가 아니다.

   실제로 사막에서 무작정 인가를 찾아 떠난 사람들 대부분은 살아서 돌아오지 못한다. 많은 사람들은 사고 현장에서 끈질기게 버티다가 구조된다. 물론 예외도 있다. 하지만 살아날 확률로만 치면 무작정 떠나는 것보다 안전한 곳에서 기다리는 게 더 유리하다.

   지혜가 많고 자기 판단력에 자신 있는 사람들은 가만히 앉아 자연의 처분만을 기다리는 수동적인 상태를 견디지 못한다. 그 또는 그녀들은 쉼 없이 대안을 모색하며 다음 단계를 예상한다. 이렇게 늘 치열하게 움직이므로 에너지 소비도 매우 많다. 때문에 그들은 쉽게 지친다. 지혜로운 자가 지쳤을 때 그를 믿고 따르던 다른 사람들은 갑자기 모든 대안을 잃고 좌절하게 된다. 지적으로 발달된 사람들은 역동적이지만, 자기 한계에 부딪쳤을 때 이처럼 순간적으로 무너진다.

재치 있고 분석을 좋아하는 지적 취향의 인물들은 즐거움으로 삶을 견딘다. 그들은 역경을 헤쳐 나가는 과정 자체를 즐긴다. 따라서 아무런 역경도 나타나지 않는 지루한 삶에는 몹시 취약하다. 노력하는 만큼의 진전도 없고, 그저 제자리에서 뱅뱅 도는 갑갑한 순환, 논리적 통찰이 전혀 필요 없는 기계적 노동, 무엇보다 자신의 수고를 보상해 줄 그 어떤 반응도 없는 고독 등은 그들에게는 상상할 수 없는 재앙이다. 그런 재앙조차 견딜 줄 아는 사람을 공자는 어진 자라고 불렀다.

> 공자께서 말씀하셨다. "지혜로운 자는 물을 좋아하고 어진 자는 산을 좋아하나니, 지혜로운 자는 움직이고 어진 자는 고요하며, 지혜로운 자는 즐거워하고 어진 자는 오래 산다."
>
> 《논어》 '옹야'편

> 子曰, "知者樂水, 仁者樂山, 知者動, 仁者靜, 知者樂, 仁者壽."
>
> 《論語》 '雍也'篇

공자에게 지혜로움과 어짊의 가치는 본질적으로 같았을 것이다. 단지 그 가치가 빛나는 상황이 서로 다를 뿐이다. 어진 자가 필요한 상황이 있고, 지혜로운 자의 역할이 중요한 상황도 있다. 그들이 맡은 역할은 다르다. 지혜로운 자는 물처럼 활발하게 움직이는 것, 변화하는 것을 좋아한다. 멈추지 않는 그들은 또 다른 경험을 찾아 모험을 떠난다. 그들은 바람이며, 사람 없는 곳에 처음 들어서는 사람들이다.

어진 사람은 지혜로운 자가 즐겁게 누리는 변화의 역동성을 누릴 줄 모른다. 반복을 잘 견디는 그들은 오직 반복 속에서야 삶의 온전한 의미를 깨닫는 존재들이다. 이는 같은 산을 평생 오르는 명상적인 산행과 흡사하다. 이런 사람들은 변화에 둔감하며, 급한 상황에 재빨리 대처할 수 있는 능력이 부족하다. 그 대신 같은 것을 다르게 볼 줄 아는 심미안이 발달되어 있다. 10년 전 계곡을 타고 오를 때 자신의 손을 잡아 주었던 사람의 미소, 하산하여 동료들과 마시던 막걸리 한잔, 다른 사람들에게는 이미 사라져 버렸을 이 사소한 기억들을 어진 자는 세세히 반추할 수 있으며, 그럴 수 있는 한 지루한 반복을 참아 낼 수 있다.

반복을 사랑하는 자는 자신의 유한함을 잘 알기에 무한과 겨루지 않는다. 무한을 잠시나마 잡아 보려고 무익하게 싸우는 대신 스스로가 무한의 일시적 표현이었다는 데 만족한다. 결국 어진 사람의 즐거움은 지혜로운 사람의 즐거움과는 질적으로 다르다. 지혜로운 사람의 즐거움이 존재의 활달한 움직임으로부터 나온다면, 어진 사람의 즐거움은 존재의 영원성으로부터 나온다. 지혜로운 자가 떠나야겠다고 결심하는 지점에서 어진 자는 멈추어 선다. 그렇다면 우리 모두는 떠나는 것을 더 좋아하기에 지혜로운 호모 사피엔스가 되었던 것인가? 그토록 어질어지기가 힘들게 되었던 것인가?

누군가의
좋은 벗이 된다는 것

나는 누군가에게 어떤 벗이었는가? 또 어떤 벗일 수 있는 사람인가? 항상 어떤 벗을 두어야 내게 좋을지만 따지지 말고, 스스로에 대해서도 반성해 볼 일이다. 그것이야말로 공자가 말하는 우정론의 본질에 더 가까울 듯싶다. 내가 좋은 벗이 될 수 없는데 어찌 훌륭한 벗을 곁에 둘 수 있겠는가.

후에 독일 총리가 되는 콘라트 아데나워는 젊은 시절에 친구들과 사냥을 마치고 돌아가고 있었다. 뒤에 처진 그는 발을 헛디뎌 늪에 빠지고 말았다. 몸을 움직일수록 찐득한 흙이 차올랐고, 다급해진 아데나워는 절박한 목소리로 친구들에게 도움을 요청했다. 마침 아데나워처럼 조금 늦게 사냥터를 벗어나던 한 친구가 기적적으로 그 소리를 들었다. 친구의 모습을 본 아데나워는 안심이 되었을 것이다. 하지만 그의 몸은 벌써 늪지의 중심 쪽으로 휘말려 들어가서 친구가 도울 수 없는 상황이었다.

친구는 갑자기 엽총을 들어 아데나워를 향해 겨누었다. 고통 없이 빨리 죽여 줄게. 친구는 정말 방아쇠를 당길 기세였다. 소스라치게 놀란 아데나워는 증오로 들끓어 친구를 노려보았다. 아데나워의 머릿속은 복잡해졌다. 그리고 정말 믿을 수 없는 힘이 아데나워의 내부에서 솟구쳐 올랐다. 아데나워는 죽을힘을 다해 늪의 가장자리로 움직였다. 어떻게 그렇게 할 수 있었는지 그 스스로도 알 수 없었다.

겨우 늪의 가장자리로 이동한 아데나워는 친구가 내밀어 준 나무줄기를 붙잡고 마침내 땅으로 올라섰다. 둘은 잠시 어색한 미소를 교환했다. 아데나워는 땅에 발을 디디는 순간 깨달았다. 친구가 자기를 살리기 위해 멋진 연기를 했음을. 평소 지기 싫어하고 투지에 불타는 자신을 살리려면 분노를 자극할 수밖에 없었음을. 짧은 순간 모든 상황 판단을 끝낸 친구가 자기를 살리기 위해 최선의 해결책을 발견했음을. 친구는 그 순간만큼은 온통 아데나워의 생명에만 집중했던 것이다.

콘라트 아데나워의 이야기가 우리에게 시사하는 바는 무척이나 많다. 진정한 벗은 말이나 표정 같은 겉치레로 자신의 존재를 증명하지 않는다. 그 또는 그녀는 벗의 삶을 진정으로 이해하고 있으며, 그 소중한 가치를 존중해 주고 있다. 그래서 어떤 경우에는 친구를 살리기 위해 죽음도 불사하지만, 또 다른 경우에는 한없이 차가워지기도 한다. 결국 양자는 같은 것이어서 겉으로 드러난 표현만으로 안에 깊이 숨어 있는 우정의 실체를 발견해 낼 수는 없다. 이처럼 진정한 벗이란 나의 위치에 대신 들어설 수 있는 존재이기에, 나 아닌 내가 되어 나의 삶을 통찰해 낸다. 그런 점에서 벗은 아주 잔인한 존재이기도 하다.

> 공자께서 말씀하셨다. "보탬이 되는 벗이 셋 있고 해로운 벗이 셋 있다. 강직한 사람과 벗하고 성실한 사람과 벗하며 들은 것이 많은 사람과 벗하면 보탬이 되지만, 알랑거리며 비위나 맞추는 사람과 벗하고 나긋나긋 아첨만 잘하는 사람과 벗하며 말만 잘하지 실속은 없는 사람과 벗하면 해롭다."
>
> 《논어》 '계씨'편

> 孔子曰, "益者三友, 損者三友. 友直, 友諒, 友多聞, 益矣, 友便辟, 友善柔, 友便佞, 損矣."
>
> 《論語》 '季氏'篇

공자가 좋은 벗으로 예를 든 세 가지는 너무 당연해 보일 것이다. 정직함, 신실함, 그리고 박학함. 하지만 입장을 바꿔 우리가 이런 미덕들을 갖춘 벗일 수 있는지 반성해 본다면 이 조건들이 얼마나 많은 노력을 전제하고 있는지 깨닫게 된다. 그런 벗이 되기란 정말 힘들다. 우선 벗들에게 곧기가 어렵다. 곧다는 것은 신념을 가지고 타협하지 않는다는 뜻이다. 벗만큼 타협하기 좋으며, 또 타협을 요청하기 쉬운 존재가 어디 있으랴. 그런 상대에게 원칙만을 고수하면서도 벗으로 남기란 매우 어렵다. 그건 말로 표현하기 힘들 정도로 깊은 신뢰를 쌓아야만 가능한 일이다.

마찬가지로 방심하기 좋은 벗에게 늘 성실하기란 쉽지 않다. 그건 평생 부부가 서로에게 긴장을 늦추지 않는 것과 비슷한 경지일 것이다. 그리고 그다음은 박식함이다. 나는 벗으로서 항상 발전하고 있어야 하며, 벗에게 새로운 비전을 제시해 줄 수 있어야 한다. 소견이 좁은 벗은 결국 상대마저도 우물 안 개구리로 만족하도록 하지 않겠는가! 진정한 벗은 상대를 더 큰 세계로 미련 없이 떠나보낼 수도 있어야만 한다. 그러기 위해서는 많은 것들을 본 자여야 한다.

좋은 벗의 요건들은 한결같이 오만으로 오해될 수 있다는 공통점이 있다. 정직과 성실은 때로 벗들을 떠나게 할 것이다. 너만은 도와줄 줄 알았다고, 다른 사람은 몰라도 너는 눈감아 줄 줄 알았다고 원망하지 않겠는가? 친구 사이란 볼 것 못 볼 것 다 보는 사이라며 같이 무너져 보자고도 할 것이다. 그 모든 것들을 거절해야만 하는 상황의 난감함을 상상해 보라! 게다가 나의 박식함은 벗들의 질시를 불러일으킬 것이다. 질투와 투정과 비아냥거림을 각오해야 할 것이다. 벗의 시야를 넓혀 준다는 것, 그건 벗과의 신의를 해치지 않으면서 상대의 스승이 되려는 위험한 모험이다.

한편 누군가에게 해로운 벗이 되기란 무척이나 쉽다. 우선 편벽됨. 벗들의 비위를 잘 맞춰 주며 그들이 지닌 힘에 영합하는 것이다. 내 울타리가 되어 줄 세력으로서 그들만큼 유용한 자들이 어디 있겠는가? 따라서 계속 타협하고 변죽을 울리면서 서로 변하지 않기로 맹세하는 그 좁은 소견머리들이 좋은 친구일 수는 없는 법이다. 다음은 불성실함. 벗이라는 이유로 약속을 가볍게 여기고, 만나면 온통 긴장을 놓아 버리는 축들이다. 때문에 만나기만 하면 불같은 결속감에 도취하여 타락해 버린다. 이런 사람들은 자기가 필요할 때만 만나다가 급해지면 연락을 끊기도 한다. 이런 나긋나긋하고 굽실굽실하며 간드러진 우정의 기쁨이란 나의 간사하고 사사로운 욕망의 다른 표현일 뿐이다.

마지막으로 허황됨. 벗과의 관계를 말잔치로 끝내려고 하는 유형이다. 이런 사람들은 실천에 대한 고민 없이 마구 떠벌이고 이것저것 무의미한 소문들을 마구 주워섬긴다. 벗들끼리 만나면 종종 이렇게 성대한 말의 향연을 열어 놓고 이런저런 수다를 떨지 않는가. 만나자마자 뭐 재미있는 이야깃거리는 없는지 묻고, 현실과 동떨어진 허세와 비난이 난무하지 않는가. 그리고 다음 날이면 다 잊어버리곤 하지 않았던가. 그토록 지치지도 않으면서 결국엔 망각할 이야기들로 파고들곤 하지 않았던가, 우리! 그런 다음 날 아침의 공허를 잊고 사는 우리는 누군가의 좋은 벗이 결코 아니다.

내가 행복한 세 가지 이유

　일상은 참 지겹다. 그러나 중고생 시절, 우리는 그 일상을 너무나 부러워했다. 학교 담 너머에 있는 시간들은 1교시에서 8교시까지, 그리고 방과 후 청소시간까지 어떤 모습으로 흘러가고 있었을까? 체육시간이 끝나고 땀내가 진동하는 나른한 교실로 간간이 그 일상의 소음이 침범하면 우리는 가끔 깔깔대며 웃다가 선생님께 무섭게 혼나기도 했었다.

　하지만 일상은 때로 우리를 지치게 한다. 여운 없는 반복 속에 하루하루를 흘려보내고, 힘겹게 맞는 주말도 가장들에겐 버겁다. 그리도 염원하던 일상의 세계로 뛰어들었건만 그들에게는 생활의 지옥이 버티고 서 있다. 그리고 저 답답하고 우울했던 교복내기들과의 시절을 추억하다가, 때로 그들과 만나기라도 하게 되면 가슴은 한껏 부풀어 오른다. 가능성이 있던 시절, 무언가를 미완성으로 남겨 둘 수 있었던 시절, 다시 말해 생의 여분이 넉넉히 남아 있던 시절 말이다.

　삶이 진정으로 의미 있을 때는 그것이 미지수였을 때이다. 완결되지 않아서 미래로 열려 있을 때 인생은 무엇으로든 변화할 수 있는 어떤 것으로 절실히 다가온다. 우리 인생 전체가 학창 시절일 수만 있다면, 그래서 하루하루가 서로 다른 반복이고, 그 반복이 조금씩 나를 변화시켜 줄 수만 있다면.

> 공자께서 말씀하셨다. "배우고 때로 익히니 기쁘지 아니한가? 벗이 있어 멀리서 찾아오니 즐겁지 아니한가? 다른 사람이 날 알아주지 않아도 성내지 않으니 그 또한 군자가 아닌가?"
>
> 《논어》 '학이'편

> 子曰, "學而時習之, 不亦說乎? 有朋, 自遠方來, 不亦樂乎? 人不知而不慍, 不亦君子乎?"
>
> 《論語》 '學而'篇

　아주 유명한 공자의 이 말이 어떤 맥락에서 나왔는지 우리는 알 수 없다. 그저 추측해 본다면 아마도 어느 그럴싸한 봄날, 모시던 제자들이 물어보았을 것 같다.

　"선생님. 선생님의 인생은 참으로 기구하여 어느 것 하나 신통하게 성공하지 못한 삶이셨던 듯합니다. 지금의 인생이 행복하신지요?"

　그래서 공자는 헤아려 보았으리라. 과연 나는 행복하고 기쁜가? 현세에서 인정받지 못한 채 역사에서 사라질 수도 있는데. 그래서 공자가 생각해 낸 이유, 내가 행복한 이유 세 가지가 바로 《논어》의 첫머리를 장식하고 있는 위의 구절들일 것 같다.

공자는 무엇보다 배움이 행복하다고 했다. 배우고 또 배운 것을 되새겨 연마할 수 있는 존재, 바로 학생이 아니던가! 학생인 공자는 살아 있는 동안 내내 무언가를 배울 수 있기에 기쁘다. 배운다는 것은 미래를 향하는 것이요, 가능성을 여는 것이며, 아직 죽음보다는 젊다는 것이다. 그래서 배우는 자는 내 삶에서 벌어질 어떤 사건을 설레는 마음으로 기다릴 수 있다. 오직 배우는 자만이 오늘 하루를 아주 길고 소중하게 소비할 수가 있다. 그러다가 죽으면 영원한 학생으로 남는다.

공자는 또 벗이 멀리서 찾아와 기쁘다. 벗을 의미하는 '붕(朋)'이라는 글자는 그냥 친구인 '우(友)'와는 달리 '함께 배우는 자'라는 의미가 있다. 내가 배우고 있기에 함께 배우는 자가 있고, 그 또는 그녀와 더불어 배움의 기쁨을 공유할 수 있다.

그냥 만나는 것은 재미가 없다. 무언가 사심 없는 동질성이 울타리를 만들어 줄 때, 그제야 우리는 서로 진심으로 만나서 기쁘고 화목하다. 그러기에 무언가를 진지하게 배우고 있는 사람들은 마음이 젊어져 서로 동창생이 되고, 순수한 발견의 호기심에 천진난만한 벗들로 변한다. 그들은 멀리 있어도 보고 싶어 서로를 찾아간다.

마지막으로 공자는 남이 알아주지 않아도 화가 치밀지 않아야 군자라고 했다. 《논어》 본문에는 생략되어 있지만, 사실은 그것이 정말 기쁘다! 지금 배우고 있으며, 또한 함께 배우는 벗이 있는 사람이라면 그것으로 족한 것이다. 세상의 다른 사람들이 나를 몰라준다 해도 내게는 배워야 할 내일이라는 축복이 기다리고 있으며, 그것을 함께 누릴 동지들이 있지 않은가.

남의 시선으로부터 자유롭게 떠나 있으면서도 자기 안에 충만한 기쁨이 샘솟는 사람, 군자란 바로 그런 사람이다. 공자가 제자들에게 남을 의식하거나 남에게 보이려는 공부인 위인지학(爲人之學)을 멀리하고, 오직 자기를 위하는 공부인 위기지학(爲己之學)에 전념하라고 한 이유도 여기에 있다. 군자는 배우는 기쁨을 아는 자요, 그 기쁨을 더불어 나눌 줄 아는 벗을 지닌 자이며, 따라서 세상의 잣대에 휘둘려 질투하고 시기하여 성낼 줄 모르는 자이다. 군자는 항상 진행 중인 인격이어서 다른 누구와의 비교가 불가능하고, 따라서 어떤 열등감도 생길 빈틈이 없다.

우리 주변에는 일상의 장벽에 좌절하여 또 다른 삶의 의미를 찾고자 방황하는 사람들이 많다. 술에 탐닉하고, 인터넷 게임에 중독되며, 때로는 우울증에 빠지기도 한다. 겉으로는 너무나 정상적으로 보이지만 몇 번 대화하다 보면 세상에 대한 콤플렉스로 가득 찬 사람들도 허다하다. 그런 사람들은 현재의 삶을 완결형으로 여겨서 미래의 가능성을 포기하고 있기가 십상이다. 그들은 배우기를 포기한 자들이다. 배움을 내던졌기에 오직 배움 속에서만 만들 수 있는 새로운 관계, 진정한 인격적 우애를 맺지도 못한다. 동지가 없는 세상은 지옥이고, 그 지옥에서는 남들의 싸늘한 평가로부터 자유로울 수 없다.

증자(曾子)의 감동적인 유언

　아름다운 죽음은 참 귀하다. 죽음 자체가 역겹고 두려운 현상이며 부패와 오염을 상징하기 때문이기도 하지만, 죽음에 임하여 나약해진 인간들이 평소에 유지하던 삶의 자세를 배반하기 때문이다. 살아야겠다는 지나친 욕망이 아름다웠던 과거를 온통 비참한 기억으로 변질시키고 나서야 너무 늦게 생을 포기하기 때문이다. 퇴장하기가 두려워 끝나 가는 생을 끝까지 부여잡으려는 이 모진 탐욕은 그들에 대한 마지막 추억을 망쳐 버리고 만다.

　물러날 순간을 놓쳐 추해지는 사람들이 한둘이 아니다. 권력의 중심부에서 조금이라도 떨어지지 않기 위해 부단히 시세를 염탐하고, 영향력을 유지하기 위해 사람들을 관리하면서 제 딴에는 자신이 매우 중요한 인물이라고 확신한다. 이리도 질긴 집착을 스스로도 불안해하면서 무대 옆을 기웃거리는 초라한 말년. 죽음을 앞두고 갑자기 어린아이로 돌변하여 살고 싶다고 응석을 부리는 사람들은 거의가 삶이라는 무대의 주연 자리에서도 내려오지 않으려고 악착같이 발버둥 쳤던 사람들이다.

어쩌다가 그리 되었을까? 자기를 지나치게 근심하고 배려하며 살아왔기 때문이다. 자기 몸, 자기 먹을 음식, 자기 옷, 자기 가정을 지나치게 챙기고 보호하려다 그리 된 것이다. 자기 자신만 배려하느라 바쁜 채로 한 세월 보내고 나니 세상에 대한 미련과 아쉬움이 얼마나 많이 남아있겠는가!

그럴 수 있을 때, 그럴 수 있는 장면에서 다 소비하고 다 태워 버렸어야 옳다. 인생을 걸고 두려움 없이 끝까지 한번 가보고 나서 포기했어야 옳다. 그러지 못했지 않은가? 그러면 멈춰야 하리라. 지금은 너무 늦었음을, 아니 이제는 물러나 뒷사람들이 그렇게 할 수 있도록 도와야 할 때임을 깨달아야 한다. 아쉽지만 어쩌겠는가?

> 증자가 병이 심하거늘 (노나라 대부였던) 맹경자가 병문안 왔다. 증자가 말하였다. "새가 장차 죽으려 할 때에는 그 우는 소리마저 서글프고, 사람이 장차 죽으려 할 때에는 그 하는 말이 선합니다. 군자가 귀하게 여기는 도가 세 가지 있습니다. 몸가짐을 갖출 때 (예법에 맞추어서) 난폭함과 오만함을 멀리하며, 얼굴빛을 바르게 하여 신의를 가까이 하며, 말을 하는 데에 (예법에 맞추어 잘하여) 비천하고 사리에 어긋난 것을 멀리하는 것이 그것입니다. 제기를 다루는 실무적인 일은 담당자들에게 맡기십시오."
>
> 《논어》 '태백'편

曾子有疾, 孟敬子問之. 曾子言曰, "鳥之將死, 其鳴也哀,
人之將死, 其言也善. 君子所貴乎道者三, 動容貌, 斯遠暴
慢矣, 正顔色, 斯近信矣, 出辭氣, 斯遠鄙倍矣. 籩豆之事,
則有司存."

《論語》 '泰伯'篇

증자의 죽음은 소박하면서도 아름답다. 멋진 퇴장이다. 오직 여한 없이 살아 본 사람만이 이렇게 미련 없이 아름다운 최후를 맞을 수 있다. 무엇이든 할 수 있을 때 철저하게 해본 자만이 죽음을 준비할 수 있다. 죽음을 준비할 시간을 벌 수 있다. 그렇지 않은 사람들에게 은퇴와 죽음은 도둑처럼 아무런 예고 없이 갑자기 찾아온다. 그때는 이미 너무 늦은 것이다. 준비가 안 된 사람들은 당황하고 슬프다가 울화가 치밀 것이다. 젊음의 영광을 되돌려 달라고 세상에 분노를 퍼부을 것이다. 자신에게 없는 것을 가진 자들을 시샘하고 미워할 것이다.

증자는 자신이 따르던 정치가에게 애틋한 고별사를 남기고 있다. 죽어 가는 새의 울음소리가 슬프듯이 죽어 가는 자는 착한 말만 한다지요. 저의 말을 의심하지 마시고 귀담아 들어 두셨다가 제 생각이 나시거든 떠올려 보세요. 어려운 이야기도 아니랍니다. 아주 쉽습니다. 우선 몸을 움직이실 때 더 점잖게 움직이십시오. 예에 맞게 천천히 거동하신다면 그것만으로도 남들의 비웃음이나 업신여김으로부터 벗어날 수 있답니다. 그리고 표정 관리를 잘하세요. 얼굴빛을 엄숙하게 유지만 하셔도 신뢰할 만한 사람들이 따를 겁니다. 다음으로는 말씀하실 때 위엄 있게, 지금보다 조금만 더 품위 있는 용어를 구사하시지요. 천박하거나 얼렁뚱땅하는 것들을 멀리하실 수 있을 겁니다. 이 세 가지만 지켜 주세요. 나머지 중요한 제사 관련 업무는 후임자에게 맡겨 두었으니 염려 마시구요. 이제 저 먼저 가겠습니다.

얼마나 구체적이고 단호한 유언인가? 대부 집안의 실권자였지만 세상 물정 모르고 무식했던 맹경자(孟敬子)에게 아이를 타이르듯 지킬 내용들을 쉽게 설명하고 있다. 증자의 마음이 느껴지지 않는가? 자신의 최후를 받아들이고 이를 경건히 치르려는 자만이 가질 수 있는 여유와 산 자들에 대한 배려. 마치 독배를 들기 전 빌린 닭 값을 대신 치러 달라던 소크라테스의 유언 같지 않은가? '제기 다루던 문제는 담당자에게 미리 말해 두었습니다.' 이런 제자를 두었던 공자가 나는 몹시 부럽다.

세상에서 인정받기의 힘겨움

어쩌다가 전혀 원치 않는 방면으로 공성이 나고, 마침내 그것으로 인정받게 되는 어처구니없는 일도 있다. 이를테면 공부를 하기 위해 모임에 참여했다가 술 잘 먹기로 소문이 나면 그때부터 갑자기 술로 유명세를 타게 된다. 일단 그렇게 지명도를 얻으면 다른 장기를 아무리 보여 봐야 결국은 술꾼으로 기억될 뿐이다. 연예인이 첫 단추를 잘 꿰어야 하는 것도 같은 이치다. 처음 데뷔할 때 만들어진 이미지는 여간해서는 떼어 내기 어렵다. 희극배우가 다부지게 마음먹고 아무리 정극 역할에 도전해 보았자 이전 배역의 희극성을 결코 상쇄하지 못하는 것처럼.

자신이 지닌 본질로 세상에서 대접받기란 이처럼 몹시 어렵다. 때문에 지혜로운 자는 성급히 세상에 알려져 인정받기보다는 차라리 긴 무명 기간을 견디며 제대로 인정받을 순간을 무던히 기다린다. 그건 영원히 세상에 알려지지 않은 채 생을 끝낼 수도 있다는 공포와 겨뤄야 하기에 쉬운 결심이 아니다. 실력을 길러야 하고, 때를 기다릴 줄 알아야 하며, 그때라는 것이 아예 오지 않아도 좋다는 자존심이 있어야 한다. 인정에 굶주린 자들은 한 순간 자기에게 찾아온 기회를 너무 쉽게 잡으려다가 본래 자신이 지녔던 고귀한 가치마저 헐값에 팔게 된다. 일단 헐값에 팔린 재능이 다시 제대로 대접받기 위해서는 더 어마어마한 대가를 치러야 하는데도.

> 위영공이 진을 치는 군사작전에 대해 공자에게 물었다. 공자께서 대답하셨다. "제기를 진설하는 제례에 관한 것이라면 일찍이 들어 본 바가 있습니다만 군대 다루는 문제는 아직 배운 것이 없군요." 그리고 다음 날 마침내 위나라를 떠났다. 진 땅에 이르러 식량이 떨어지고 따르던 자들은 병이 들어 일어날 수가 없었다. 자로가 성이 나서 공자를 뵙고 따졌다. "군자도 또한 이토록 곤궁할 수 있답니까?" 공자께서 말씀하셨다. "군자는 곤궁함을 견디며 피하지 않는다. 소인배들이나 곤궁해지면 이처럼 넘나는 짓을 하는 법이다!"
>
> 《논어》 '위영공'편

衛靈公問陳於孔子, 孔子對曰, "俎豆之事, 則嘗聞之矣, 軍旅之事, 未之學也." 明日遂行. 在陳絶糧, 從者病, 莫能興. 子路慍, 見曰, "君子亦有窮乎?" 子曰, "君子固窮, 小人窮斯濫矣!"

　　위나라에서 공자는 몹시 불쾌했다. 통치자인 영공은 도덕정치
에는 관심이 없었고, 그저 부인에게 휘둘리며 살고 있었다. 그래
도 공자는 미련을 버리지 못하고 영공과의 독대를 희망했고, 이를
추진하기 위해 노력했다. 이를 곁에서 지켜보던 자로, 스승을 수
행했던 제자들 가운데 맏형이었던 자로는 불만으로 가득했다. 여
비나 든든하게 챙겨서 다른 나라로 떠나거나 그냥 노나라로 돌아
가 다른 계책을 강구하는 게 상책처럼 보였다.

　　그래서 어렵사리 성사된 영공과의 대면 자리였다. 영공은 졸기
도 하고 공자의 출신에 대해 묻기도 하다가 영 성에 차지 않았는
지 다른 궁리나 슬슬 하고 있었다. 그러다가 혹시 군사를 동원해
진을 치는 병법 같은 건 아느냐고 물었다. 그런 거라도 알면 소개
한 사람들 체면을 생각해서 작은 자리 하나 내줄 속셈이었다. 빨
리 떼어 내고 혼자 음악이나 들으며 술 한잔 할 생각이었다. 저런
멍청한 작자가 유명해졌다는 노나라가 도대체 이해가 안 되는 영
공이었다.

　　유자에게 병가의 문제를 묻다니 공자는 분했을 것이다. 그래서
그는 상대의 질문을 우스갯소리로 만들 대답을 찾아냈다. 병사들
을 전장에서 이리저리 배치하는 진법은 잘 모르지만 제기들을 제
사상에 이리저리 진설하는 법은 조금 압니다. 그게 그거 아닌가
요? 저에게 병사들을 배치하는 병법을 물을 양이시라면 차라리 그

제5장 선비의 길　　　　　　　　　　　　　　　　　　319

릇 배치하는 법도 물으시지 그러십니까?

그러고 나서 공자는 화급히 위나라를 떠났는데, 그만 노잣돈 챙기는 걸 잊고 말았다. 영공 같은 위인을 다시 찾아가 여비를 요구할 기분은 아니었을 것이다. 스승은 무작정 길을 떠났다. 그래서 땅 이름마저 진을 친다는 뜻을 가진 진(陳) 땅에서 양식은 거덜 나고 제자들은 굶주림에 지쳐 쓰러지는 지경에 이르렀다. 단단히 화가 난 자로는 스승에게 볼멘소리들을 늘어놓았을 것이다. 어쩌자고 무작정 오신 겁니까? 노나라 군자들이 이렇게 굶주려 남의 땅에서 죽어야만 속이 풀리시겠습니까?

공자는 자로의 격분을 이해하면서도 참을 줄 모르는 그 성미가 밉살맞았으리라. 군자는 빈궁을 두려워 않는다. 제대로 인정받지 못한다면 차라리 빈궁함을 선택하는 것이 군자의 바른 도리니라. 너 같은 소인배들이나 빈궁함을 못 참고 금방 그렇게 달려드는 게다. 나 공자가 공자가 아닌 다른 사람으로 세상에 알려지길 진정 바라는 게냐? 누구의 녹을 먹느냐보다는 어떤 녹을 먹느냐가 중요한 게다. 여기서 살아 돌아간다면 그건 하늘의 뜻이요, 살아서 돌아갈 수 없다면 그것도 하늘의 뜻이니라. 나는 하늘을 상대로 싸우고 있다. 자로야, 우리가 세상에 태어난 뜻을 명심하자꾸나. 도는 무겁고 갈 길이 아직 멀다.

사람을 잃을 것인가,
말(言)을 잃을 것인가

마음에 맺힌 일이 있거나 세파에 직면했을 때, 또는 아주 기쁜 일이 생겼을 때, 사람들은 이를 함께 해줄 누군가를 찾는다. 진득하게 시간에 맡겨 버리는 인격자도 있지만, 보통 사람들은 아픔을 위로해 주거나 행복을 멋지게 장식해 줄 동료를 만나 그것에 대해 끝없이 되풀이해서 말하고 싶어 한다. 진정한 벗이란 이처럼 슬픔을 반으로 나누고 기쁨은 두 배로 늘려 주는 존재일 것이다. 하지만 불행하게도 세상에는 참된 벗이 그리 많지 않으며, 나의 불행과 행복 때문에 오히려 더 서먹해지는 관계들로 넘쳐 난다. 해서는 안 될 말을, 해서는 안 될 사람에게, 해서는 안 될 시점에 함으로써 우리는 얼마나 많은 벗을 잃고 쓸쓸해졌던가. 삶의 실수란 이렇게 대부분 말에서 기인하는 것이니, 말은 어쩌면 재앙의 근원이라 할 것이다.

그렇다면 말을 절제하고 침묵을 준수하는 삶이 더 현명한 것일까? 물론 말을 남발하느니 차라리 줄이는 게 더 나을 수도 있다. 하지만 꼭 해야 할 말을, 해야 할 순간에, 바로 그 사람에게 하지 않았기에 맞게 되는 불행도 적지 않다. 사랑한다고, 용서한다고, 사실은 내가 잘못했다고, 당신을 잃고 싶지 않다고 그때 말해야 했지만, 그럴 기회를 놓쳐 크게 후회하기도 한다. 말이란 남용되는 폭력일 수도 있지만, 내 진심을 상대에게 전할 가장 좋은 소통 수단이기도 하다.

　세상에서 가장 귀한 친구는 내가 무슨 말을 언제 어떻게 해도 편견 없이 들어주고, 또한 내가 아무 말도 하지 않는 상황에서도 마음으로 나를 이해해 주는 사람이다. 그런데 그런 관계는 오랜 시간 서로에게 익숙해진 혈육에게서나 기대할 수 있는 건 아닐까? 사회에서 우리가 맺는 대부분의 관계는 누구와 무슨 말을 어떻게 할 것인가를 두고 벌이는 치열한 교제의 전쟁일 수밖에 없다.

> 공자께서 말씀하셨다. "함께 말할 만한 사람과 더불어 말하지 않으면 사람을 잃고, 함께 말할 만하지 않은 사람과 더불어 말하면 말을 잃는(실언한)다. 지혜로운 자는 사람을 잃지도 않지만 말 역시 잃(실언하)지 않는 법이다!"
>
> 《논어》 '위영공'편

> 子曰, "可與言而不與之言, 失人, 不可與言而與之言, 失言. 智者不失人, 亦不失言."
>
> 《論語》 '衛靈公'篇

공자는 말한다. 상대와 내가 진실한 교감을 원하는 상황에서 무언가 말을 해야 한다면, 이것저것 재지 말고 기탄없이 속내를 드러내라. 문제는 상대가 그런 말을 건넬 만한 대상인지이지, 결코 네가 하는 말의 내용 자체는 아니다. 그렇게 하지 않는다면 말이 가져올 위험은 회피할 수 있을지언정 상대를 잃게 될 것이다.

또 공자는 말한다. 아무리 절박하게 할 말이 있더라도 상대가 그것을 받아 줄 만한 인물이 아니라면, 네가 하는 말은 결국 실언에 불과하리라. 우연한 말의 힘으로 잠시 사람을 얻을 수 있을지도 모르지만, 그건 잘못된 목표를 향해 날아간 화살처럼 어긋난 인연만을 만들 것이며, 결국 말은 그 말을 한 사람에게 지울 수 없는 상처로 남을 것이다. 사람을 잃어서는 안 되지만, 함부로 한 말 탓에 두고두고 후회해서도 안 된다.

공자의 논리는 말이 가지는 상호성에 초점을 맞추고 있다. 실언이나 실인은 말 그 자체보다 말이 진행되는 문맥에 의해 빚어진다. 이를 토대로 공자의 속마음을 헤아려 보면, 이는 실언보다는 차라리 실인을 택하라는 암묵적 계시이기도 하다. 침묵으로 잃은 관계는 언젠가 회복될 수 있을지 몰라도, 잘못된 말로 상실한 사람은 여간해선 돌아오지 않으며, 실언을 통해 사람을 얻어 봐야 그 관계가 오래갈 리 없기 때문이다. 그래서 침묵은 금이라고도 하는 것이다.

사실 말이 부족해서 사람을 잃는 경우는 많지 않고, 말만으로 얻을 수 있는 관계는 거의 없다. 따라서 말할 만한 사람과는 말을 해야 한다는 공자의 지침은 소극적인 제안일 뿐이다. 더불어 말할 만한 사람, 속을 터놓고 비밀을 공유할 수 있는 사람, 그런 사람은 세상에 정말 드물다. 그렇다면 공자의 말은 말할 만한 사람과 '반드시 말을 해야 한다'는 점에 강조가 놓여 있지는 않은 셈이다. 공자가 강조하고자 한 것은 나의 어떤 말도 실언으로 만들지 않을 소중한 존재를 그 사소한 말 때문에 놓쳐서는 안 된다는 바로 그 사실일 것이다.

그런 면에서 공자의 교훈은 이렇게 새길 수도 있을 것 같다. 즉, 말은 아껴야 하되 그것이 자기 자신을 아끼려는 의도 때문이어서는 안 된다는 것이다. 따라서 대화하다 침묵하여 상대를 압도하려는 자, 예의를 표하기 싫어하는 무례한 자, 상대가 먼저 말을 걸지 않으면 입을 다무는 자아도취적인 자들은 모두 제대로 말을 아낀 자들이라 할 수 없다. 상대에게 먼저 말을 건넨다는 것은 언뜻 비굴한 태도 같지만, 그건 호의와 친절의 표시이며 나의 마음 상태를 먼저 알리는 겸손의 표현이다.

말을 잃는 것도 사람을 잃는 것도 경중에 차이는 있지만 결국 다 못난 짓이다. 지혜로운 자는 사람을 잃지 않기 위해 '진짜 필요한 말'을 하고, 말을 잃지 않기 위해서 '구태여 필요하지 않은 말'을 하지 않는다. 이렇게 지혜로운 자는 여유 있게 언어라는 외줄을 타면서 인생이라는 춤을 성공적으로 추고 있다. 그런 사람은 아무리 말을 많이 해도 수다로 느껴지지 않으며, 아무리 적게 말해도 상대의 마음을 충만하게 해준다.

승패를 초월한 경쟁

경쟁을 좋아하는 사람치고 이기기 싫어하는 사람을 본 적이 없다. 그들은 승부에 집착하지 않은 채 경쟁 자체가 주는 긴장을 즐기고 있다고도 말한다. 거짓말이다. 과정이 몰고 오는 긴장만 즐기자면 등산보다 더 좋은 것이 없다. 혼자 하는 모든 운동이 자기와의 치열한 내적 긴장을 불러일으킨다. 그 긴장과 팽팽히 대결해 본 사람이라면 경쟁의 긴장만을 즐긴다는 거짓말의 정체를 안다. 모든 경쟁은 상대를 이기기 위한 싸움이며, 상대를 꺾어 얻는 승리감만이 유일한 목표다.

경쟁을 좋아하고 이기기 좋아하는 사람들은 공통적으로 열등감을 지니고 있기 때문에 내기도 좋아한다. 그들은 어떤 것에서건 승부를 가려 상대로부터 무언가 받아 내는 것을 즐긴다. 승리를 통해 이미 충분한 보상을 받았음에도 그들은 그 이상의 증거를 확인해야만 정말로 즐거울 수 있다. 상대가 내는 저녁 한 끼, 때로는 그저 동전 몇 닢도 괜찮다. 그것들은 자신의 승리를 물리적으로 기념해 주는 확실한 증거이고 자랑스러운 전리품이다. 하지만 패배한 상대방에게 그것은 작지만 확실한 패배의 상징이다. 이렇게 상대를 모욕하고도 잘 살 수 있을까?

경쟁에 휩쓸리는 인물들은 대체로 두 유형으로 나뉜다. 첫 번째는 우연히 경쟁을 하게는 되었지만 근본적으로 경쟁을 싫어하는 유형이다. 이런 사람들은 쉽게 져줌으로써 경쟁 관계를 끝낸다. 패배의 불쾌감도 거의 없다. 다만 경쟁상대 안에 도사리고 있는 열등의식이나 왜곡된 공격 성향을 꿰뚫어 보고 다시는 경쟁에 말려들지 않으려 할 것이다. 두 사람은 다른 세계에 속해 있다.

두 번째는 승벽이 강한 유형이다. 이런 사람들은 서로 닮은 데다 유사한 열등감을 타고났기 때문에 만나면 치열하게 경쟁하며 크고 작은 상처를 주고받는다. 그러다가 서로의 열등감에 공감하면 더없이 절친한 친구나 선후배 관계를 맺게 된다. 그들은 서로를 격려하며 힘을 합쳐 다른 경쟁상대를 물색한다. 끝없이 이겨야 하고 승부는 영원히 계속된다. 바로 이것이야말로 경쟁지향적인 사람들이 세상에서 우성집단이 되는 이유다.

불필요한 경쟁은 자기 자신과 타인을 모욕하는 행위다. 하지만 이 세상은 경쟁을 회피하면서 살 수 없도록 짜여 있다. 오히려 경쟁과 내기를 좋아하는 사람들이 편리하도록 만들어진 것이 이 세상인지도 모른다.

┃ 공자께서 말씀하셨다. "군자는 경쟁하지 않나니 꼭 해야

한다면 활쏘기를 할 뿐이다. 손을 모아 서로 절하고 당에 올라가 (활을 쏘고) 내려와 진 사람이 술을 마시는데 그 경쟁도 군자답게 이루어진다."

《논어》 '팔일'편

子曰, "君子無所爭, 必也射乎! 揖讓而升, 下而飮, 其爭也君子!"

《論語》 '八佾'篇

군자는 경쟁하지 않는다. 무언가를 놓고 누군가와 다투지 않는다. 만에 하나 경쟁을 피할 수 없다면 예를 갖춰 활을 쏘듯이 할 따름이다. 여기서 활쏘기는 군자가 경쟁하는 방법을 비유하고 있다. 군자들은 군자끼리 경쟁하되, 반드시 예를 갖춘다. 예를 갖출 수 없는 상황이라면 경쟁을 포기할 것이고, 당연히 예를 갖추지 못하는 소인들과는 결코 경쟁하지 않을 것이다.

군자들이 뛰어드는 경쟁이란 실은 예(禮)를 갖춘 예(藝)에 가깝다. 그들은 절도와 겸손을 근간으로 경쟁상대를 존중한다. 대등한 존재로 상대를 배려하므로 과녁에 누가 몇 개를 적중시켰는지는 중요하지 않은 것, 그것이 군자의 경쟁이다. 그런 경쟁은 승리의 증거로서 전리품을 필요로 하지 않는다. 그저 승자는 자기와 겨루어 준 상대에게 점잖게 벌주를 내릴 따름이다. 이긴 자가 진 자에게 오히려 무언가를 준다! 이는 그들의 경쟁이 절대 내기가 아니었음을 웅변한다. 그들은 뺏기 위해서가 아니라 무언가를 소중히 나누기 위해 겨뤘을 뿐이다.

이렇게 군자들이 속된 이전투구를 멋지게 피하면서 승패 없는 경쟁을 즐길 수 있는 이유는 바로 그들이 열등의식으로부터 자유로운 존재들이기 때문이다. 그들은 상대에게 은밀한 열등감을 지니고 있지 않다. 아니, 세상 그 누구에게도 새삼 증명해 보여야 할 성마른 자아가 내부에 숨어 있지 않다. 그들은 이미 충분히 강하다. 그들이 강하다는 걸 누구나 인정하고 있다. 무엇이 아쉬워서 자기를 증명하고자 다툰단 말인가? 설령 상대가 나보다 강하다 한들 어찌할 수 있단 말인가? 어차피 그 누구도 영원히 강자일 수는 없는 법이다.

진정한 승자는 예도를 갖추어 품새를 잡은 뒤 쓰러진 상대를 향해 불필요한 공격을 가하지 않는다. 그 또는 그녀는 어떻게든 상대를 이겨 자신을 증명해야만 하는 거리의 불량배가 아니다. 승리 자체를 목표로 무분별하게 칼을 휘두르는 비겁한 도전자도 아니다. 물론 가끔 군자들이 소인에게 패배하기도 한다. 그러나 그 패배는 소인을 자기 옆에 오도록 방치했던 군자의 순간적 방심에 연유했을 뿐이다. 군자는 소인과 결코 겨뤄서는 안 된다. 도전을 받아 줘서도 안 되며, 불행히 겨뤄야 한다면 예로써 겨루어 예로써 져주어라! 그게 공자의 현명한 경쟁감각이었다.

어디까지 함께 갈 수 있는가?
끝에 누가 남을 것인가?

　학창 시절 벗들과 밤의 도심을 걸으면 그 길은 끝없이 이어질 것 같았다. 바람은 향기로웠고 두근거리는 가슴은 밤의 여로를 따라 먼 미래로 이어질 것 같았다. 그렇게 함께 걷던 벗들은 지금 어디로 갔는가? 그들 가운데 결국 누가 내 곁에 남았는가? 비슷한 모습으로 성장한 우리들은 어쩌다 그리도 먼 평행선 위에 존재하게 되었는가?

　누구나 어린 시절에 한 번쯤은 도원결의하던 유비, 관우, 장비의 꿈을 꾼다. 그래서 어느 학교에나 삼총사가 있고, 그들은 먼 후일 다시 만날 것을 굳게 약속한다. 초심을 잊지 말고 하나의 목표점에서 재회해 힘을 합치자고 다짐한다. 하지만 세상에는 그런 신화가 무척 드물다. 삶의 반환점을 돌아 나오는 중년 무렵에 이르면, 사람들 대부분은 외로운 경주로에서 홀로 달리고 있었음을 문득 깨닫는다. 함께 달리고 있을 줄 알았던 벗들은 어느새 다른 길로 뿔뿔이 흩어져 있다.

영화 〈포레스트 검프〉에서 주인공 검프는 어느 날 갑자기 달리기를 시작해 현자가 되지만, 그 자신은 정작 달리는 이유를 알지 못한다. 소설 《광장》에서 아침 일찍 일어나 달리는 사람들을 바라보던 한 등장인물은 그들이 '외로워서' 달린다고 말한다. 그렇다! 목표를 상실한 채 혼자가 된 경주자들은 점점 자신이 달리는 이유를 잊게 된다. 그리고 마침내 외로움을 견디는 것이 목표가되어 그저 달리기 위해서만 달린다. 그토록 쓸쓸한 삶에 무엇이남았는가?

우리가 달릴 수 있는 거리는 목표를 상실하지 않을 수 있는 만큼의 거리다. 목표를 잃고 혼자 달리는 것은 방황에 지나지 않는다. 그런데 내가 아직 방향을 잃지 않고 제대로 뛰고 있음을 알려주는 이들이 있다. 언제부터인가 함께 달리기 시작해서 여전히 내곁에 있는 사람들, 우연히 만났지만 지금의 나를 이해해 줄 유일한 동반자들이 그들이다. 몇 시간의 고독과 피로를 상대로 싸워본 마라토너라면 동반자의 중요성을 잘 알고 있다. 그들은 경쟁자면서 조언자이며, 아무 말이 없어도 존재만으로 나를 위로해 줄수 있는 사람들이다. 나는 내가 가야 할 곳으로 제대로 가고 있는지, 바로 그들에게 절실하게 묻는다.

그리하여 누가 끝에 남을 것인가? 아니, 나는 누군가의 끝을 함께할 수 있는 사람인가? 수많은 좌절과 곤경 속에 힘겨운 여행을떠났던 공자는 그렇게 끝을 함께 바라볼 친구가 없었다. 그래서마지막에 남는 자를 갖기가 얼마나 어려운지 제자들에게 고백한

적이 있었다.

> 공자께서 말씀하셨다. "함께 배울 수는 있어도 (그러나 그것
> 만으로는) 아직 도를 향해 함께 나갈 수는 없으며, 도를 향
> 해 함께 나갈 수는 있어도 (그러나 그것만으로는) 아직 세상에
> 도를 함께 수립할 수는 없으며, 세상에 도를 함께 수립할
> 수는 있어도 (그러나 그것만으로는) 아직 임기응변하는 권도
> 를 함께할 수는 없다."
>
> 《논어》 '자한'편

> 子曰, "可與共學, 未可與適道, 可與適道, 未可與立, 可與
> 立, 未可與權."
>
> 《論語》 '子罕'篇

배움이란 결국 무엇인가? 인생을 항해하기 위한 독도법이 아니
겠는가. 그래서 우리는 누구나 배우고 나서야 길을 떠날 수 있다.
물론 처음에 떠날 채비를 같이했던 사람들은 많았을 것이다. 인생
이라는 공항 대합실에는 비슷한 장구를 꾸린 동료들로 넘치지 않
는가. 하지만 그들이 타는 여객기의 노선은 제각각이다. 그들은
같은 걸 배웠지만 서로 다른 길을 선택한다.

그렇게 우리 각자는 갈 길을 달리하기에, 어쩌다 같은 길을 걷
게 된 벗들은 너무나 값진 선물이 아닐 수 없다. 그들은 모르는 세
계를 향해 함께 나아가면서 서로에게 마지막까지 남는 사람이 되

고 싶어 한다. 하지만 누군가는 지쳐 뒤처지고, 누군가는 다른 길로 사라지며, 또 누군가는 이 길이 아니라면서 되돌아갈 것이다. 세상에서 같은 길을 더불어 걷는다는 것, 즉 도를 함께한다는 것은 이토록 어렵다.

성공을 함께 누리며 샴페인을 터트릴 때까지 얼마나 많은 사람이 남았던가? 고난을 지나와 뜻밖의 성공을 맛보는 순간, 터지는 플래시 불빛을 향해 같이 섰던 친구들을 헤아려 보라! 사진 속의 숫자는 얼마 되지 않을 것이다. 그럼에도 가치 있는 것을 이룬 사람들에게는, 마지막까지 남아 준 친구들이 반드시 존재한다. 목표를 향해 쉬지 않고 달려온 나를 밉지 않게 보아 도와준 누군가가 반드시 존재한다.

그런데 공자는 가슴 아픈 한마디를 덧붙인다. 그렇게 성공을 함께한 동지조차도 권도(權道)만큼은 함께하기 어렵노라고. 권도란 무엇인가? 저울추의 법칙이다. 정해진 규칙을 지키면서도 상황이 변화함에 따라 유연하게 적응하는 능력, 그것이 권도다. 공자는 나지막이 속삭인다. 완주 뒤의 희열이 오래가리라 믿지 마라! 상황은 시시때때로 변한다. 어쩌면 너희들은 벗과 함께했던 가치와 어긋나는 선택을 해야만 할 것이다. 함께했던 맹세를 잠시 유보해야 할 위기가 반드시 찾아오기 때문이다. 그때 너희를 변절자로, 배신자로 비난하지 않을 자가 있겠느냐? 나 공구에게는 없었다.

한나라 창건의 일등공신이었던 한신 장군은 어려서 가난할 때 동네 깡패들의 가랑이 사이를 기었다. 그의 가치를 알아본 사람은 빨래하던 동네 아낙이었다. 최초로 에베레스트를 등반한 에드

먼드 힐러리의 무모한 도전에 함께했던 사람은 많지 않았다. 텐진 같은 사람은 힐러리가 일생에 단 한 번 만날까 말까 한 존재였다. 마지막까지 남는다는 것, 누군가의 마지막을 같이할 수 있다는 것, 누군가 내 곁을 마지막까지 지켜 준다는 것은 그래서 참으로 힘든 일이다.

겉에 속지 말고
안을 꿰뚫어 보라

사람이 지닌 훌륭한 점을 지덕체(智德體)라고 부르곤 한다. 똑똑한 머리, 본받을 만한 인품, 건강하면서도 아름다운 몸을 뜻한다. 그런데 스포츠 감독 가운데 지장(智將)이나 덕장(德將)은 있는데 왜 체장(體將)은 없는 걸까? 언뜻 멍청한 질문 같지만, 생각하면 할수록 이상하지 않은가? 지장에게도 덕이 전혀 없을 수 없고, 그 반대 역시 마찬가지라면, 지와 덕을 어느 정도 갖춘 체장이 없을 리가 없다.

실제로 소크라테스와 친했던 아테네의 명장 알키비아데스는 빼어난 웅변술만큼이나 아름다운 외모로 유명했다. 균형이 잘 잡힌 단련된 몸과 준수한 얼굴 모습은 한 사람이 지닌 지적 재능을 돋보이게 만들며, 설령 인품이 다소 뒤처지더라도 이를 너끈히 보완해 준다. 알키비아데스가 바로 그런 경우였다. 그렇다면 세상에는 분명 체장이 존재했던 것이다! 그런데 왜 그들은 후세에 버젓한 자기 자리를 차지하지 못한 걸까?

그 해답은 신라시대의 학자였던 설총이 남긴 글 〈화왕전(花王傳)〉에서 찾을 수 있다. 이 글은 임금의 총명함을 흐리는 미녀로는 화려한 꽃인 모란을, 충성스러운 말을 우직하게 잘하는 신하로는 겉모습이 추한 할미꽃을 내세워, 미색에 빠진 왕을 풍자한 작품이다. 외면이 지나치게 화려한 존재는 어쩐지 내면이 볼품없거나, 심지어 그 외모에 비례해서 더 추악할 것이라는 선입견을 밑바탕에 깔고 있다. 실제로 현실이 어떠했건 그러한 믿음은 대중들 속에 널리 자리 잡고 있었다.

그런데 사람들이 미색을 그리도 경계하며 가치를 깎아내리려고 했던 동기는 무엇일까? 그토록 애써서 깎아내리지 않으면 안 될 정도로 너무나 매혹적이어서가 아니었을까? 사람들이 누군가를 판단할 때 미적인 동기가 너무나 강하게 작용하여 현명함을 종종 잃기 때문에, 그 반대급부로 도덕적 동기를 지나칠 정도로 강조했다는 말이다. 그럴 법하지 않은가!

당나라를 상징하는 꽃이 모란이었다. 꽃의 빛깔이 곱고도 화사하기도 하지만, 한꺼번에 우수수 떨어지는 광경은 가히 아름다움의 절정을 드러낸다. 그래서 문인들이 다투어 모란을 시로 읊으며 그 아름다움을 칭송했다. 하지만 그다음 왕조인 송의 문인들은 화려함을 숭상했던 선배들의 미적인 취향을 받아들이지 않았다. 그것을 상징하는 글이 '남들은 모란을 좋아한다지만 나는 연꽃을 좋아한다'고 시작되는 저 유명한 〈애련설(愛蓮說)〉이다. 이 글을 남긴 철학자 주돈이(周敦頤)는 외면적 아름다움에 현혹되지 않으려는 인류의 오랜 노력을 대변해 주고 있다.

> 공자께서 말씀하셨다. "덕을 좋아하기를 색 좋아하듯이 하
> 는 사람을 내 아직 보지 못했다."
>
> 《논어》 '자한'편

> 子曰, "吾未見好德, 如好色者也."
>
> 《論語》 '子罕'篇

　덕은 흔히 '얻는다'는 뜻을 가진 '득(得)' 자로 새겨진다. 두 글자
의 중국어 음가가 같고 의미도 서로 통하기 때문이다. 하늘로부터
획득된 각각의 자연스러운 성향이 바로 덕이며, 이를 잘 보존하여
유지하는 사람의 인격이 덕성이다. 도가의 경전 《도덕경(道德經)》
의 원래 명칭은 《덕도경(德道經)》이었는데, 이렇게 덕을 강조한 것
은 만물이 모두 제가 지닌 자연스러운 덕성을 그대로 유지한 채 서
로 조화를 이루기를 바랐기 때문이다. 따라서 악덕, 혹은 패덕이란
본디 제게 부여된 존재의 속성을 거스르는 행위를 말한다.
　색은 빛깔이므로 어떤 실체가 외면적으로 드러난 구체적인 양
상을 의미한다. 불교에서 색계(色界)가 본질계가 아닌 현상계를 의
미하는 것도 이 때문이다. 따라서 색의 세계는 본질의 관점에서
보자면 부차적인 가상일 수밖에 없다. 물론 모든 사물들은 자기
의 본질을 색이라는 현상의 차원으로 드러내기 마련이지만, 그럼
에도 색이란 어쩔 수 없이 순간순간 변형되기 때문이다. 설사 변

형되지는 않더라도, 색은 이를 바라보는 사람의 주관에 따라 전혀 달라 보이곤 한다. 예컨대 흑인의 미의 관점과 백인의 그것은 같을 수가 없다. 이처럼 색은 차별적이며 순간적이고 변덕스럽다. 한마디로 그것은 존재에 대한 바깥에서의 꾸밈에 지나지 않는 것이다.

공자의 말은 색을 좋아하듯이 덕을 좋아하라는 것으로 요약된다. 여기서 색을 좋아한다는 것은 현상 세계의 아름다움을 좋아한다는 것일 테다. 우주에 있는 삼라만상은 모두 저마다의 빛깔을 지니고 있다. 그 빛깔로 적을 위협하기도 하지만, 상대를 유인하거나 매혹시키기도 한다. 예컨대 모든 자연의 생물들은 살아남기 유리하도록 진화했는데, 때문에 형태나 빛깔, 냄새 등 외적인 특징들을 낯선 상대로부터 호의를 이끌어 내기 쉬운 쪽으로 발달시켜 왔다. 진짜가 아닌 것이다. 또한 다른 생물을 유혹하는 멋진 겉모습 속에는 때때로 치명적인 함정이 도사리고 있기도 하다. 독버섯이 그런 경우다. 아마도 공자가 말한 미색이나 여색도 결국은 그러한 생명체의 특징 중 일부라고 할 수 있다.

사람들은 본질을 통찰하기 전에 자극적인 겉모습에 먼저 주목한다. 아름다운 외모, 향기로운 냄새, 관능을 부추기는 리듬과 선정적인 춤 등은 그렇게 우리의 마음을 흔든다. 겉이 아닌 안을 꿰뚫어 보기 위해서는 이 모든 색들의 세계로부터 자유로워져야 한다. 하지만 그게 어디 쉽겠는가! 공자는 색을 좋아하듯 덕을 좋아하는 위정자를 평생 만나 볼 수 없었다. 아리따운 여인이나 향연이 주는 기쁨에 비교하면, 현실의 참모습을 드러내는 현자의 목소리는 너무나 초라해 보였을 것이다.

모든 덕 있는 자들은 아름다운 겉꾸밈을 싫어하며, 자신이 놓인 상황의 본질로 대뜸 다가간다. 그것은 자신을 불편하게 하는 진실에 섣부른 타협 없이 마주하려는 용기이기도 하다. 결국 그들은 모든 방면에서 큰 성공을 누릴 것이다. 반면에 색을 밝히는 사람들은 어느 분야에서든 실패하거나, 적어도 최고의 경지에는 오르지 못한다. 그들은 자기가 처한 현실이 있는 그대로의 모습으로 밝혀지는 것을 꺼려 하고, 그래서 자꾸 무언가로 현실을 예쁘게 꾸미려 하거나, 그렇게 꾸며진 것들로만 주변을 채운다. 위험하지 않겠는가?

진짜 좋은 사람들을 만나 인생에 성공하려면, 상대의 겉모습이 아니라 덕을 깨달아야 한다. 상대가 지닌 덕성을 이해해야만 상대가 내게 줄 수 있는 가치 있는 것들이 비로소 눈에 들어오고, 그렇게 우선 내 눈에 띄어야만 그것들을 슬기롭게 활용할 수도 있다. 공자는 그렇게 사람의 본질을 알아볼 줄 아는 통치자를 찾아 온 세상을 돌아다녔다.

먼 길 떠나는 자의
가방은 가볍다

선친은 어머니와 선보던 날, 하얀 면으로 된 속옷 위에 남에게 빌린 양복 윗도리만 걸치고 나타났다고 한다. 그러고도 전혀 미안하거나 부끄러워하지 않아 대단하게 보였고, 그래서 마음을 빼앗겼다고 한다. 생각할 때마다 재미있지만 또 한편 자랑스럽다. 자기 몸을 잘 가꾸어 소중히 다루려면 남들의 시간을 빼앗아야 하고, 그만큼 남들의 몸에 대해서는 무신경해져야 한다. 제 한 몸만 잘 다루라고 사람으로 태어난 건 아닐 것이다. 그래서 골프채 닦느라고 휴일 오전을 보내는 사람, 새로 뽑은 차 흠집 난 것 때문에 애태우는 사람, 외국 보낸 자기 자식 걱정하며 기부하지 않는 사람, 자고로 사람은 강남에서 살아야 한다는 사람을 만나면 사람으로 취급해 주기 싫어지곤 한다.

그 사람이 부끄러워하는 바를 보면 그 사람의 그릇이 드러난다. 부끄러움은 티가 잘 나지 않을 테니, 그럴 경우에는 자랑하는 걸

보면 될 터이다. 자신의 출신 학교, 연봉, 아내나 남편의 집안, 사는 지역, 취미의 종류 등을 떠들어 대며 위신을 세워 보려는 자들은 거짓 우월감에 사로잡혀 있다. 속물에서 한 치도 벗어나지 못하는 그들은 사실은 열등감에 빠져 허우적대며 살아간다. 그런 사람들과는 큰 도리나 염치에 대해서, 희생에 대해서 단 한마디도 나눌 수 없다. 그런 사람들과는 신형 외제차에 대해서, 유럽산 명품 가방에 대해서, 새로 개장한 골프장에 대해서만 잡담할 수 있을 뿐이다. 한마디로 잡담 인생들인 셈인데, 독일의 저명한 철학자 마르틴 하이데거도 이런 어리석은 대중들의 실존 방식에 얼마나 염증이 났는지, 대표적 저서인 《존재와 시간》에 '잡담'이라는 항목을 만들어 두었다.

잡담이나 수다의 태반은 자기 자랑이나 남에 대한 험담이다. 그렇다면 대중들은 왜 그런 수다에 열중하는가? 자신의 존재가 불안하기 때문이다. 존재가 텅 비어 있기 때문에 무언가로 채워야 하고, 기왕에 채울 거라면 자신이 가진 걸 자랑해 존재를 확인받을 수 있고, 타인의 결핍을 증명해 스스로의 삶에 안심할 수 있는 이야깃거리들로 채우게 되는 것이다. 이것이 우중(Das Man)의 생활 철학이다.

우중들은 지독한 열등감에 빠져 있다. 그들은 자신들의 삶에 목표를 잃었고, 시간이 흐르며 목표를 잃었다는 사실조차 까먹고 살고 있다. 마침내 삶의 본질을 대체해 줄 무언가를 찾아 헤매던 그들은 생존에 가장 절실하게 필요한 것들, 즉 의식주를 과도하게 부풀려 이 문제를 해결한다. 잘 입고, 잘 먹고, 잘 사는 동안 그들은 정말 살아 있음을 느낀다. 따라서 그들에게 사치는 부차적인 것, 이를테면 과시적인 소비일 뿐만이 아니다. 부와 사치는 그들에게 존재 그 자체로 탈바꿈한다.

> 공자께서 말씀하셨다. "선비가 도에 뜻을 두고도 거친 옷과 거친 음식을 부끄러워한다면 아직 더불어 말하기에 부족하다."
>
> 《논어》 '이인'편

> 子曰, "士志於道, 而恥惡衣惡食者, 未足與議也!"
>
> 《論語》 '里仁'篇

천하를 수레로 돌며 자신의 철학을 세상에 실현해 보려 노력하던 스승은 어느 날 나무 아래에서 쉬고 있었을 것이다. 먹을 것이 자주 떨어진 공자 일행은 이제 식량을 구해 와야 할 판이었다. 제자들은 서로를 바라보며 한숨을 몰아쉬었으리라. 몸에 제대로 된 옷이라도 걸친 제자가 없어 자로가 선뜻 나서지 않았을까? 값비싼 옷을 걸친 자와 마주하고서도 전혀 부끄러워하지 않았던 자로가 아닌가?

자로가 어린 제자 몇몇을 데리고 떠나간 뒤, 잠시 정적이 찾아들자 공자가 말했다. 나쁜 옷과 나쁜 음식은 우리 같이 도를 찾는 사람들에게는 중요한 문제가 아니다. 제자들이여! 먼 길 떠나는 자는 그런 사소한 것에 얽매이지 않는 법이다. 사나흘 유람 떠나는 자들이나 먹을 것 입을 것을 잔뜩 싸는 것이다. 우리는 도를 찾아 떠나왔음을 잊지 말자꾸나.

공자 학단은 그 후 무사히 천하 주유를 마치고 노나라로 돌아왔다. 이 여행을 통해 공자 문하를 대표하게 될 우수한 제자들이 정신적으로 더욱 성숙하게 됐고, 공자는 정치의 희망을 접었다. 무엇이 스승과 제자들의 삶을 바꿨을까? 안전하게 준비되지 않은 여행을 떠나 본 자만이 자기 자신의 끝과 만난다. 먹고 자는 문제를 스스로 해결해야 할 순간에서야 제대로 된 여행이 시작된다. 그때가 되어서야 자기 주변이 진짜 살아 있는 현실로 변화한다. 아침에 일어나 화장할 일만을 걱정해도 되는 패키지여행은 그래서 가짜 여행이다. 그건 인공으로 만들어진 테마 공원에서 사파리 투어를 하는 것과 크게 다르지 않다.

외국에 나가 보면 먹을 것 잘 곳을 밝히는 여행자들이 참 많다. 그 귀중한 시간들을 맛있는 것 먹으려고 다 소비해 버린다. 쇼핑하면서 남은 시간마저 탕진하면, 밤에는 한국과 별다를 것도 없는 유흥구역에서 노름을 하거나 노래를 한다. 그리고 지친 채 한국과 다를 바 없는 호텔로 돌아와 쾌적하게 잔다. 그들이 깊이 곯아떨어질 때, 진짜 여행자는 허름한 게스트하우스에 짐을 풀고 현지인들과 함께 그들의 음식을 먹을 것이다. 그들의 언어를 배우고 그들의 위험한 거리를 활보할 것이다. 그렇게 그들의 시간을 살아 자신의 시간도 제대로 살게 될 것이다. 우리 인생도 여행과 마찬가지다.

도를 찾아 떠나는 길은, 자기 존재의 본질을 탐구하려 시작한

여정은 현실 속에서 끝을 보려는 여행이며, 따라서 안전하지 않은 여행이다. 내일 당장 죽어도 좋을 절실함에서 출발한 여행이기에, 그런 여행을 시작하는 자는 한 달 뒤까지 염려하여 먹을 것 입을 것을 챙기지 않는다. 그건 한 달짜리 여행자나 하는 짓이다. 자신의 모든 인생을 걸고 도에 대해 질문하였기에 대답 역시 온 삶을 건 노고를 요구하리라. 그런 노고에 기꺼이 몸을 던진 사람들은 오늘 아침의 먹을 것과 내일 저녁의 잠자리를 근심하지 않는다. 자신이 걸친 남루한 옷을 수치스러워하지 않는다.

학문의 에움길,
학습과 사색

공부를 잘하는 사람들에게는 특징이 있다. 그들은 자료를 정리하는 데에 탁월하여, 정보들을 계통적으로 학습함으로써 효율을 높인다. 다른 사람들이 볼 때 놀랄 만한 분량의 지식을 짧은 시간 안에 처리하고, 또 그것들을 효과적으로 배치할 줄 안다. 말하자면 뛰어난 정보처리 기술자들이다. 이것이 과연 학문의 본질일까?

학자들 가운데는 젊은 시절 내내 일차 자료들을 모아 놓고, 남은 생애 동안은 그저 방법론만 조금씩 바꿔 가며 그것들을 재배치하는 사람들이 있다. 더러는 공부 잘하는 사람들로 통한다. 성실하고 꼼꼼하며 때로는 방대한 데이터들을 이용해서 동서고금을 마구 꿰뚫고 다닌다. 그들의 주된 무기는 바로 문장마다 빽빽이 다는 주석들이다.

공부를 해본 사람이라면 주렁주렁 달린 주석들의 허황됨에 대해 잘 알고 있다. 주석 자체는 단지 독서의 증명에 지나지 않는다. 문제는 독서 이후의 생각이 그 이전과 어떻게 달라졌느냐가 아니겠는가? 그런데도 생각의 변화를 가져오지도 않은 독서의 흔적들을 주석으로 남기는 이유는 무언가? 자신이 하는 말에 이미 학립된 권위를 빌리겠다는 의도일 것이다. 물론 기왕에 이루어진 성과들을 딛고 한 걸음 더 나아가는 것이 학문의 길임에는 분명하다. 하지만 이전에 이루어진 성과들을 이리저리 복기하는 것에 그치는 수많은 글들은 우리를 좌절하게 한다.

평소 저술을 통해 그 명망을 접하고 나서, 꼭 한 번 만나 보고 싶었던 학자들이 많았다. 그런데 직접 만나 보고 실망하는 경우도 꽤 있었던 걸로 기억한다. 그들이 생각보다 무식했다거나, 속물적이었기 때문만은 아니다. 그들의 학문적 노력이 너무나 얇은 문제의식 위에 쌓여진 것임을 확인했기 때문이었다. 짭짤한 주제를 찾아낸 뒤 이런저런 관련 자료들을 수집하고, 그 위에 선행 논문들을 끌어들이거나 통계를 돌리게 되면, 학계에 대해 예우를 갖춘 논문 한 편이 나온다. 그런 글들 대부분은 일관된 문제의식이 담긴 그런 글들이 아니다.

같은 마을엔 명의나 명창이 없다고 했던가? 가까우니 쉽게 보이고 못나 보일 수도 있겠다. 한 배를 탄 학자면서도 제 분수도 모르고 이상적인 학자상만 남들에게 들이대고 있으니, 참 속절없는 짓이다. 그러니 공자의 말로 학문타령을 대신하는 게 좋으리라.

공자께서 말씀하셨다. "학습만 하고 사색하지 않으면 흐리멍덩해지고, 사색만 하고 학습하지 않으면 위태로워진다."

《논어》 '위정'편

子曰, "學而不思, 則罔, 思而不學, 則殆."

《論語》 '爲政'篇

공자는 근거 없는 사색보다는 구체적이고 실용적인 지식의 습득이 중요함을 강조했다. 예컨대 그는 '위영공(衛靈公)'편에서 '내 일찍이 하루 종일 먹지도 않고 온 저녁 내내 잠자지도 않으면서 사색에만 잠겨 보았지만, 보탬이 없어서 학습하는 것만 같지 못하였다(吾嘗終日不食, 終夜不寢, 以思, 無益, 不如學).'고 했다. 공자는 사고 실험이라고 할 수 있는 사색보다는 구체적인 배움의 대상을 지닌 학습을 우선시했음이 분명하다.

학습 또는 습득이란 남들이 쌓아 놓은 지식을 받아들이는 과정을 의미한다. '옛 성현들의 말씀을 이어받되, 제 스스로 새로운 의견을 만들지 않는다'는 '술이부작(述而不作)'의 《논어》 정신을 참고해 볼 때, 유가 학파에게 있어 학습은 앎의 거의 전부일 수도 있었다. 그런데도 공자는 사색의 고민이 빠진 맹목적인 학습이 결국에는 흐리멍덩한 앎의 반죽을 빚을 뿐이라고 경계한다. 기계적 학습에만 능한 제자들을 가르쳐 본 공자의 경험이 녹아 있는 말이다.

평범한 교양인을 길러 내는 건 학습만으로도 충분하다. 이미 검증된 지식을 체계적으로 외우게 하고, 그 뜻을 새겨 주기만 해도 어엿한 지식인을 길러 낼 수 있다. 하지만 공자는 그저 교양이나 갖춘 품성 좋은 제자만을 길러 내고 싶지는 않았다. 스승으로서 그가 가진 꿈은 그보다 훨씬 컸다. 공자는 스스로의 위상을 주공의 도를 계승한 문화의 전수자로 규정했던 바가 있다. 그렇다면 그의 제자들 역시 그러해야 하지 않겠는가? 전해 내려오는 것을 외우는 데에서 그치지 않고, 그것에 새로운 생명력을 불어넣을 정도의 창조성을 갖춰야 하지 않겠는가?

술이부작과 더불어 '온고지신(溫故知新)' 역시 《논어》 정신의 핵심 가운데 하나다. 옛것을 잘 새겨서 잇되 반드시 현재에 맞게 재창조해야 한다면, 그저 지식을 잘 익힐 뿐만 아니라 그것에 대해 자주적인 사고도 할 줄 알아야 하리라. 공자가 사색의 중요성을 결코 무시하지 않은 이유가 여기에 있다.

그런데 자신만의 정신세계를 세울 수 있는 사색 능력을 갖추기란 몹시 어렵다. 헤겔 같은 철학자는 당대에 여럿 태어나지는 않는다. 하지만 그러한 위대한 인물들이 있기에 시대를 해석하는 큰 담론이 만들어질 수 있고, 세상의 큰 문제들을 해결할 미래 세대가 길러질 수 있다. 대학이라는 곳은 그러한 헤겔들을 배출하려는 곳이다. 때문에 공자는 지식의 습득을 개인적으로 애호했음에도, 문화를 전수해야 할 교사로서의 책임감으로 사색의 중요성을 먼저 언급했다.

다음으로 공자는 사색에만 몰두하여 구체적인 정보 습득에 게으른 태도를 위태롭다고 규정했다. 근거 없는 자기만의 상상력을 통해 사변의 탑을 쌓아 올리지만, 그것을 증명할 논리적 근거가

약하다면 위태로운 사상누각에 지나지 않을 것이다. 따라서 사색가는 도서관을 가까이해야 한다. 자료들을 찾고 그것들을 비교하며 신빙성을 검증해야 한다. 주장하려는 내용의 근거 자체가 거짓이라면 그 이후에 펼쳐질 이론은 모두 무너지고 말 것이기 때문이다. 이렇게 말하고 보니 공자는 제자 욕심이 끝없었던 인물이라는 생각마저 든다.

편집을 마치면서

"삶이 진정으로 의미 있을 때는 그것이 미지수였을 때이다. 완결되지 않은 미래로 열려 있을 때, 인생은 무엇으로든 변화할 수 있는 어떤 것으로 다가온다."

돌아보면 그 모두가 부끄러운 원고들이지만, 나 또한 다른 필명으로 《논어》에 관한 책을 출간했었다. 당시 구성을 참고할 만한 책들을 읽어 보다가, 어느 페이지에 인용하느냐 적어 두었던 교수님의 글귀. 수업을 들은 기억보다도 꼭지가 돌도록 함께 술을 마신 기억이 더 큰 지분인 추억인 터, 교수님이 이런 필력의 소유자이신 줄은 그때 처음 알았다. 하긴 교수님께는 나의 지금이 예상치 못했던 미지수였을지 모를 일이지만….

학부 시절의 《사기(史記)》 '열전(列傳)' 강독 시간. 어떤 맥락에 잇대어졌던 것인지는 기억나지 않는데, 교수님이 한창 프랑스 문학과 사랑에 빠졌던 대학 시절 이야기를 들려주셨던 적이 있었다.

수업을 들었던 학생들 중에, 지나치듯 하신 이 이야기를 기억하는 이들이 얼마나 될까? 그런데 기억하고 있는 이가 왜 나인지는 모르겠다. 어찌 됐건 그 시절에야 그 말이 무슨 의미인지를 이해할 수가 있나. 그런데 먼 훗날, 아직도 그 말을 기억하는 한 졸업생이 프루스트의 《잃어버린 시간을 찾아서》에 빠져 있게 된다.

끝내 무산이 되었지만, 《시카고 플랜》 2탄으로 세계문학사 기획을 준비하던 중에 내가 맡은 부분이 프랑스 문학이었다. 그래서였을까? 그 시절에 교수님이 하신 말씀이 문득문득 떠올랐다. 그렇듯 뭔가 스토리텔링이 되려고 하면, 삶은 나름의 기승전결을 갖추는 방향으로 나아간다. 다만 대표님과 친분이 있는 휴머니스트 디자인 실장님과 만난 어느 날, 대화 도중에 내가 휴머니스트에서 예전에 출간된 《논어감각》을 언급할 일이 있었다. 당시에 이미 대표님과 《논어》에 관한 기획이 이야기되고 있었기도 했고, 마침 또 대표님이 교수님과 같은 고려대 출신이다 보니 그 이후로도 대표님께 가끔씩 교수님 이야기를 꺼냈었다.

그러던 어느 날 교수님께 전화를 드렸다. 그리고 10여 년 만의 만남, 늘어난 흰 머리카락의 개수 말고는 예전 모습 그대로셨다. 동행했던 대표님은 기분이 이상할 것 같다고 말했는데, 정작 나는 그냥 어제 본 사이인 듯한 느낌이었다. 교수님도 내 얼굴을 본 지가 그리 오래된 것 같진 않다고 하셨다. 그런데 실상 꽤 오래됐다. 한참의 시간이 지나 편집장이 되어 교수님을 저자로 모시고 싶다며 나타난 제자. 이젠 학부시절과는 조금은 다른 격과 결의 대화로 술잔을 기울이는 사이, 뭔가 조금 쑥스럽다고나 할까? 내 과거를 알고 있는 분에게, 신분 세탁을 하고 나타나 대면하는 것 같아서….

12년 전 출간 당시에는, 책의 볼륨 문제였던지, 출판사와의 협의하에 20개의 절을 덜어 냈었단다. 그렇게 덜어 낸 원고를 다른 책에 활용하기에도 결이 맞지 않아서 그냥 놓아두고 있으셨단다. '개정증보'란 결국 그 20개의 절을 원래 자리로 되돌린 의미이다. 편집장 업무를 맡은 이후로 종종 그런 경험들을 하게 된다. 저마다의 사연으로 묻혀져 나를 기다리고 있었던 것 같은 이야기들. 교수님을 다시 뵌 날의 조금 이상한 기분이라면, 내가 부탁을 드리러 간 것이었는데, 마치 교수님도 오래전부터 나를 기다리고 있으셨던 것 같은 느낌. 하여튼 내 요즘 감성은, 의도했건 그렇지 않건 간에, '잃어버린 시간을 찾아서'로 수렴한다.

그런 것 보면, 삶이란 미지수로 기다리고 있는 시간이 아닌가? 한문 전공자인 내가 프랑스 철학과 문학을 공부하게 될 줄을 누가 알았겠는가. 또한 이런 식으로 교수님을 다시 만나 뵙게 될지 누가 알았겠는가. 그렇듯 어떻게 되어 갈지 아직 모르지만, 그렇기에 어떤 것도 될 수 있는 삶의 가능성. 그것에 관한 책 바깥의 이야기 또한 이《논어감각》이 포함하고 있는 주제일 터, '완결되지 않은 미래로 열려 있을 때, 인생은 무엇으로든 변화할 수 있는 어떤 것으로 다가온다.'

2020년 7월 여름 안에서 민이언

논어감각

근엄한 윤리의 액자에서 빼내어 실존과 생존의 감각으로

글 윤채근
발행일 2020년 7월 22일 초판 1쇄

발행처 다반
발행인 노승현
책임편집 민이언
출판등록 제2011-08호(2011년 1월 20일)
주소 서울특별시 금천구 가산디지털1로 24 503호
    (가산동, 대륭테크노타운13차)
전화 02) 868-4979 **팩스** 02) 868-4978

이메일 davanbook@naver.com
홈페이지 davanbook.modoo.at
포스트 post.naver.com/davanbook
블로그 blog.naver.com/davanbook
페이스북 www.facebook.com/davanbook
인스타그램 www.imstagram.com/davanbook

ISBN 979-11-85264-44-8 03150
* 이 도서는 《논어감각》의 개정증보판입니다.

다반—일상의 책